우리가
바라는 교육
우리가
만드는 교육

현장에서 시작되는
진짜 변화의 **이야기**

우리가 바라는 교육
우리가 만드는 교육

이찬승 지음

교육을바꾸는사람들

추천의 글

— 이찬승 대표는 책을 왜 썼는지 이렇게 말한다. "'교육을 바꾸는 사람들'을 만들어 15년 넘게 달려온 나에게, 이 책은 그동안의 성과와 한계에 대한 솔직한 성찰이자, 다음 세대를 위한 새로운 전략 제안이다." 그리고 서문의 끝에 적었다. "그래서 지금, 우리는 교육을 뿌리부터 다시 세워야 한다." "우리는 지금 교육의 뿌리가 썩어가고 있는 것을 목격하고 있다"는 경종을 울리고 나서이다.

웬만한 나라에서 교육은 이제 '누구나 누리는' 활동이고 '누구나 아는' 활동이며, 백년대계로 꾸려야 하는 국가 과업이다. 국민의 '교육 수요'를 충족시키는 일은 또한 복지국가라면 으뜸으로 챙겨야 할 과제로 여겨진다. 그렇기에 교육정책은 당연히 모든 국민이 참여하는 숙의를 거쳐 만들어져야 한다고 인식되며, 교육의 실제 역시 국가의 전통과 문화를 반영하여 독특해지기 마련이다.

학교 교육을 걱정하고 미래를 걱정한다면 이 책을 짚고 넘어가야 할 것이다. 우리 교육의 문제를 그냥 두고 볼 수 없어서, "15년 넘게" 그 문제와 씨름해 온 결과를 성찰하며 내놓은 보고(報告)는 필경 소중한 공공 자산일 터이다. 이 책은 교육 발전을 위한 민주적 숙의의 바탕이 되어 주리라 믿는다. 교육은 사회 구성원 각각의 지혜 올로 웅대한 밧줄을 엮어 이어가는 인류 과업에 비유할 수 있다. 이 책은 그 밧줄에 이찬승 대표가 먹이는 매우 단단한 올이다.

강태중 (중앙대학교 명예교수)

— 현재 한국 교육은 마치 화산재 속에 깊이 파묻혀 있는 듯하다. 교육의 미래 비전은 물론, 구체적인 실행 방안까지 명확하고 신속하게 제시해야 할 절실한 시점이다. 이러한 상황에서 문제 해결의 출발점이 '통제'가 아니라 '이해'라는 애너하임의 새로운 리더십에 주목한 이찬승 대표님의 저서가 출간되어 큰 울림을 준다.

이 책은 현 교육의 문제를 명징하게 꿰뚫어 보고 있다. 이번 저서는 애너하임의 교육 실천과 마이클 풀란의 이론을 바탕으로 '균형 교육 생태계'와 '생태적 학습 네트워크'로 나아가는 구체적인 전략을 제안하고 있다. 어느 한 부분도 놓칠 것이 없는 필독서라고 할 수 있다. 이제 이 책을 통해 비로소 '사람에게서 출발하는 진정한 교육 개혁'을 꿈꿀 수 있게 되었다.

김덕년 (온배움터 생태교육연구소장, 경기도지속가능발전협의회 교육위원장)

— 교육운동을 하면서 기, 승, 전, 구조개혁론(대입, 교육부, 교육청, 교장)의 '클리셰(cliché)'를 반복하고 있다는 고민과 성찰을 할 때가 있다. 저자는 시간과 공간을 아우르면서 우리의 통념과 속설을 있는 그대로 드러내고, 이론과 과학의 근거를 활용하여 하나하나 따져 묻는다. 현장의 언어를 많이 사용하면서 독자들에게 공감대를 형성한다. 교육

개혁이 성공하려면 구조-문화-주체성이, 또는 거시적 비전-미시적 실천이 함께 만나야 한다. 저자는 구조와 거시적 관점에서 문제의 본질을 짚어낸다. 동시에 혁신과 실천, 희망의 가능성을 문화와 실천 사례를 통해 제시한다. 망원경과 현미경을 동시에 작동시키는 희한한 책이다. 특히, 미국 애너하임의 사례 분석이라든지 3가지 시나리오가 인상 깊다. 교육 및 사회대전환의 길을 우리에게 보여준다.

이 책은 특정한 이해관계에 매몰되지 않았기에 자유롭게 던질 수 있는 질문, 뼈 아프도록 사무친 문제의식, 시간·공간·영역을 넘나드는 넓이와 깊이가 담보된 학습, 한국 교육에 대한 안타까움과 애정, 다양한 주체들과의 상호작용이 잘 버무려진, 가히 어른이라고 말할 수 있는 저자의 지혜와 통찰이 담겨진 선물이다.

김성천 (한국교원대 교육정책전문대학원 교수, 전 국가교육위원회 위원)

— 지금은 교육 개혁이 절실히 필요한 시점이다. 과거와 같은 실패를 되풀이하지 않기 위해서는 상투적인 개혁안이나 방법에서 벗어나 참신한 안을 놓고 활발히 토론할 필요가 있다. 이런 차원에서 이찬승 대표의 제안은 반갑고 주목할 필요가 있다. 그의 안에는 교육 전문가로서의 무게가 있다. 잘 알려져 있듯이 이 대표는 성공적인 교과 전문가이고, 어떤 학자 못지않게 꾸준히 교육 문제를 탐구해오신 분이다. 교육 현안이 발생할 때마다 설득력 있는 해결 방안과 대안을 제시해왔고, 이 책도 그 연장선에 있다. 이 대표의 교육 대개혁에는 세계적인 흐름과 보편적인 교육 개혁의 원리가 녹아 있다. 세계 여러

나라에서 시도한 교육 개혁에 관해 이 대표만큼 다양한 지식과 정보를 가진 분이 많지 않다. 그런 차원에서 지금까지 거론된 어떤 주장과 개혁안 못지않게 깊이가 있다.

교육 대개혁을 주장하지만 공교육 체제 개편이나 대학체제 개편 등의 주제를 소홀히 취급하지 않는가 생각하는 사람이 있을지도 모른다. 사회 통합이나 합의를 전제로 하는 교육 개혁안이 교육 현장에서 교육 기득권 세력과 갈등을 겪는 사람들에게 한가한 소리로 들릴 수도 있을지 모르겠다. 하지만, 옳은 주장 못지않게 중요한 것이 국민적 공감을 얻는 안을 마련하는 것이고, 공허한 주장에 머무르지 않고 현실화할 수 있는 교육 개혁을 마련하는 것이다. 그런 차원에서 좀 늦게 가더라도 많은 사람이 공감하고 합의할 수 있는 안을 담은 이 대표의 책은 큰 의미가 있다.

사실 개인적으로는 우리 교육 현실이 더 이상 퇴보하지 않고 현상 유지만 해도 최선일지 모른다고 생각한다. 그만큼 과거의 신자유주의 교육정책의 폐해가 크고 극복하기 힘들고, 교육 개혁을 염원한다는 반증일 것이다. 아무쪼록 우리 교육계의 큰 어른이라고 할 수 있는 이 대표의 교육 대개혁안에 많은 사람이 관심을 가져, 우리 교육이 고질적인 입시 경쟁의 굴레에서 벗어나 밝은 미래 사회를 열었으면 한다.

김학윤 (전 경기여고 교사, 함께하는교육시민모임)

— 교육대전환의 외침이 어느 때보다 뜨겁다. 그런데 어디에서부터,

무엇을, 어떻게 할 것인지 차분하게 들려주는 목소리는 거의 없다. 대전환 이후 우리가 만날 교육의 모습을 보여주는 그림도 없다.

그런 면에서 이 책은 교육 개혁과 대전환을 향해 나아가는 데 있어 소중한 나침반이자 토론자료가 되어줄 것이다. 그 어떤 교육자보다 교육 현장의 고통을 잘 이해하고, 그 어느 정치가보다 대한민국의 미래를 걱정하시는 이찬승 대표의 차분한 목소리에 귀 기울여보기 바란다.

이광호 (한국교원대 전문경력교수, 전 이우학교 교장, 전 청와대 교육비서관)

— 책을 읽으면서 놀랐다. 이렇게 술술 잘 읽히는 책은 근래에 드물게 접했다. 그렇다고 가벼운 교양서도 아니다. 우리 교육의 문제를 근본에서 성찰하고 우리 교육 개혁이 어디에서 실패했는지를 진단하며, 우리 교육의 사명·철학·비전을 다시 묻는 책이다. 교육 개혁을 가로막는 우리 교육계에 만연한 오해와 속설을 31가지로 일목요연하게 정리하고 있다. 그렇다고 대책 없는 비판에 머무르지도 않는다. 백캐스팅(backcasting)이라는 미래 연구 기법에 터하여 한국 교육의 세 가지 미래 시나리오를 설정하고, 2035~2045년을 내다보며 우리 교육이 나아갈 방향을 설득력 있게 제시하고 있다. 이렇게 광범위한 분야의 주제를 이렇게 쉬운 언어로 풀어낸 책이 근래에 있었던가 싶다. 더구나 우리 교육의 미래와 관련하여 이 정도의 청사진을 제시하는 책 또한 드물다. 그 점에서 이찬승 대표의 노고에 존경과 감사를 표

하지 않을 수 없다.

책을 읽는 내내 국가교육위원회 산하 중장기 국가교육발전 전문위원회에서 1년 반 가까이 활동했던 경험이 겹쳐졌다. 4~5년마다 바뀌는 정파적인 교육정책의 문제점을 해결하고, 초당적인 협력과 협의를 위해 만든 기구가 아니었던가? 그러나 정작 더 정파적으로 위원들이 구성되고, 만나면 서로 협력하고 연대하기보다는 자기 의견을 관철하느라 신경전만 벌이다가 시간을 허비했던 아픈 기억이 생생하다. 이찬승 대표께서 강조하였듯이 교육은 사람들의 습속과 제도와 문화가 결합된 복잡계이다. 따라서 점진적인 해결책은 오히려 시스템 내에 생태학적 오류만 불러일으킬 가능성이 많다. 결국 문제는 교육의 철학과 비전, 실천과 제도와 문화를 총체적으로 고려하는 시스템적 전환이다. 그런데 나는 그 전환의 출발점은 현장이어야 한다고 항상 생각해 왔다. 교육은 사람의 마음을 상대하는 것이며, 사람의 성장에 승부를 거는 것이다. 그리고 새로운 마음을 가진 사람들이 새로운 제도와 문화를 만드는 선순환 구조를 만들어 내는 것이 필요하다. 그 점에서 이찬승 대표의 이 책은 눈물이 나도록 반가운 책이다. 개혁에 대한 조급함을 버리고 조금은 긴 호흡으로 한 발 한 발 나아간다면, 우리는 2035년, 2045년에는 새로운 교육, 새로운 사회에서 살게 될 것이다.

이혁규 (청주교육대학교 교수, 전 총장)

차례

추천의 글   4
서문   14

제1부. 교육은 왜 존재하는가
: 사명, 철학, 비전을 다시 묻다   18

위기의 신호   22
핵심 가치   25
교육 철학과 신념   28
교육의 사명, 비전 그리고 목적   33
왜 교육을 다시 말해야 하는가   37

제2부. 변화는 어떻게 시작되는가
: 실패와 성공에서 배우다   38

1. 현장이 증언하는 교육 개혁의 한계 -30년의 목소리   43
반복되는 교육 개혁의 실패 원인   44
시스템 구조의 한계와 관성   48
제도를 바꿔도 교실은 왜 그대로인가   53

2. 학생이 교육의 주인이 된다면 -애너하임의 실험　　65
모든 학생의 성공을 향한 여정　　66
어떤 리더십이 진짜 변화를 만드는가　　78
성공하는 교육 혁신의 8가지 비밀　　89

3. 애너하임이 한국 교육에 주는 교훈　　105
성과와 한계를 넘어　　106
지금, 우리가 실천해야 할 것들　　109
새로운 교육 문명은 어떻게 시작되는가　　116
시스템을 바꾸는 개인의 힘　　122

제3부. 교육 개혁은 왜 실패했는가
: 30년의 성찰과 전환의 필요성　　128

1. 5.31 교육 개혁 30년의 명암 -왜 다시 교육 개혁을 말하는가　　133
5.31 교육 개혁은 무엇이었는가　　134
철학과 핵심 방향　　136
5.31 교육 개혁 30년, 성과와 한계　　140
세상은 바뀌었는데, 교육은 왜 그대로인가　　145
개혁의 유산과 우리가 배워야 할 교훈　　150

2. 우리 교육이 마주한 5대 구조적 도전

-익숙한 위기, 낯선 관점에서 다시 보기　　　　　　　163
입시 체제의 자기강화와 교육 본질의 왜곡　　　　　164
뒤바뀐 중심축, 커지는 사교육 의존　　　　　　　　168
교사 소진과 교육 전문성 약화　　　　　　　　　　174
학생의 마음 건강과 학습 동기 저하　　　　　　　　178
인구 급감과 학교 생태계의 붕괴　　　　　　　　　182
결론　　　　　　　　　　　　　　　　　　　　　　187

3. 패러다임 전환의 길 -교육을 다시 설계해야 하는 이유　189
교육 개혁의 실패 이유　　　　　　　　　　　　　　190
새로운 패러다임 전환이 필요하다　　　　　　　　　192
• 교육 개혁을 가로막는 **31가지 오해와 속설**　　　　198

제4부. 교육의 판을 다시 짜다
: 교육 대전환 2035를 향한 실천 전략　　　　　　　252

1. 시나리오 분석을 위한 접근
-시나리오 구성을 위한 핵심 변수와 분석 틀　　　　257
시나리오 분석의 목적과 방법　　　　　　　　　　　258
시나리오별 실현 가능성 개관　　　　　　　　　　　263

2. 2035~2045년 한국 학교교육 시나리오 3가지   267
시나리오1: 시험 공화국   268
시나리오2: 균형 교육 생태계   278
시나리오3: 생태적 학습 네트워크   286
미래교육을 위한 전략적 과제   298

제3장. 미래교육의 나침반 -2035~2045년 비전과 전략 방향   303
어디로 가야 하는가   304
어떻게 실행할 것인가   316

제4장. 함께 설계하는 미래교육 -시민설명회   329
교육 대전환, 왜 지금인가   332
주체별 역할과 실천 방안   335
시민들의 질문에 답하다   343
2035~2045년, 우리가 만들어낸 미래교육   349

후기   353
찾아보기   356

서문

한국 교육,
이제 뿌리부터 바꿔야 할 때

교육은 사회가 다음 세대에게 건네는 미래의 설계도이다. 그것은 어떤 인간을 길러낼 것인가, 어떤 사회를 만들어갈 것인가에 대한 공동의 약속이자, 다음 세대가 살아갈 방향을 함께 그려나가는 지도와 같다. 그러나 확고한 교육 철학과 모두의 열망을 담은 명확한 비전 없이 입시 중심과 민원 처리식의 땜질 대응만 반복되는 사이, 교육은 점점 본래의 목적과 기능을 잃어가고 있다.

30년 전, 우리는 교육 혁신을 꿈꿨다. 1995년 5.31 교육 개혁은 '개별화 교육', '평생학습 사회', '학교 자율화', '수요자 중심 교육'이라는 새로운 언어를 교육 현장에 가져왔다. 그러나 30여 년이 지난 지금, 우리 교실의 풍경은 어떤가?

아이들은 여전히 밤늦도록 학원을 전전하고, 교사들은 생활지도와 학부모 민원, 과도한 행정업무로 소진되어 가며, 학부모들은 치솟는 사교육비 부담에 신음한다. 무엇보다 우려스러운 것은 이 모든 과열과 피로가 학생들의 성장과 배움의 기쁨을 송두리째 앗아가고 있다는 점이다.

이런 현상들은 단순한 부작용이 아니다. 오늘의 학교는 전인적 성장을 돕는 배움의 터전이 아니라 사회적 지위 획득을 위한 경쟁의 장으로 전락하고 말았다. 교육은 인간을 기르는 일이 아니라 성적을 올리는 기술이 되었고, 학생은 꿈을 키우는 주체가 아니라 입시 시스템의 부품으로 취급받고 있다. 협력보다는 경쟁이, 창의성보다는 정답 맞추기가, 자기주도적 탐구보다는 수동적 암기가 교실을 지배하고 있다.

우리는 지금 교육의 뿌리가 썩어가는 것을 목격하고 있다. 초저출생으로 문 닫는 학교가 늘어나고, 공교육에 대한 신뢰는 바닥으로 추락했다. 입시 중심 시스템은 더욱 공고해졌고, 교사들은 교육자로서의 정체성마저 흔들리고 있으며, 다수의 아이들이 우울과 무기력에 빠져 있다. 이 모든 위기가 동시에 터져 나오는 지금, 우리는 스스로에게 물어야 한다. 과연 지금과 같은 방식으로 10년을 더 버틸 수 있을까?

이 책은 바로 이 절박한 질문에서 시작되었다. 우리에게 필요한 것은 더 이상 '교육정책'의 미세 조정이 아니다. 교육을 바라보는 틀 자체를 뿌리부터 바꾸는 패러다임 전환이 필요하다.

30년 전의 개혁이 '기존 시스템 개선'이었다면, 지금 우리에게 필요한 것은 '새로운 시스템 창조'다. 상대평가 중심의 경쟁 구조, 정답 찾기 중심의 평가 방식, 대학 서열 중심의 진학 시스템, 교사 중심의 일방향 수업, 이 모든 뿌리 깊은 구조를 송두리째 바꿔야 한다.

이 책은 다음과 같은 여정으로 독자들을 안내한다.

첫째, 현실을 직시한다. 지금 한국 교육이 직면한 위기를 진단하고, 교육의 본질적 가치와 철학을 다시 묻는다.

둘째, 변화의 가능성을 탐색한다. 미국 애너하임의 교육 혁신 사례를 통해 '모든 학생의 성공'이 어떻게 현실이 될 수 있는지 살핀다.

셋째, 지난 30년을 성찰한다. 5.31 교육 개혁의 성과와 한계를 냉정히 분석하고, 왜 근본적 변화가 이루어지지 못했는지 구조적 원인을 파헤친다.

넷째, 미래를 설계한다. 2035~2045년 한국 교육의 시나리오를 제시하고, '균형 교육 생태계'와 '생태적 학습 네트워크'로 가는 구체적 전략을 제안한다.

'교육을바꾸는사람들'을 만들어 15년 넘게 달려온 나에게, 이 책은 그동안의 성과와 한계에 대한 솔직한 성찰이자, 다음 세대를 위한 새로운 전략 제안이다.

더 이상 미룰 시간이 없다. 지금 초등학교에 입학하는 아이들이 성인이 되는 2040년대, 그들은 어떤 교육을 받고 자랐다고 기억하게 될까?

지금이 아니면 늦다. 지금이기 때문에 가능하다.

이 책이 더 나은 교육을 꿈꾸는 모든 이들에게 작은 나침반이 되기를, 그리고 이 전환의 길을 함께 걸어갈 동지들과의 연대를 위한 출발점이 되기를 간절히 바란다.

그래서 지금, 우리는 교육을 뿌리부터 다시 세워야 한다.

2025년 9월

이찬승

교육은 왜 존재하는가

사명,
철학,
비전을 다시 묻다

2025년, 서울의 한 초등학교 4학년 교실.

수학 시간이 시작되자 민준이는 고개를 숙였다. 칠판에 적힌 분수 문제가 외계어처럼 보였다. 선생님의 설명이 귓가를 스쳐 지나갔고, 옆자리 친구들의 연필 소리만 또렷했다. '나는 원래 수학을 못해.' 민준이는 또다시 스스로에게 낙인을 찍었다.

같은 시각, 부산의 한 중학교에서는 다른 이야기가 펼쳐지고 있었다. 수현이는 친구들과 함께 '우리 동네 미세먼지 해결책'을 주제로 열띤 토론을 벌이고 있었다. 수학, 과학, 사회 지식이 자연스럽게 섞이면서 아이들의 눈빛이 반짝였다.
"선생님, 우리가 정말 이 문제를 해결할 수 있을까요?"

당신은 어떤 교실을 원하는가? 지금 이 순간에도 전국의 교실에서는 이 두 가지 이야기가 동시에 펼쳐지고 있다. 한쪽에서는 아이들의 자신감이 무너져 내리고, 다른 한쪽에서는 새로운 가능성이 움트고 있다. 차이를 만드는 것은 무엇일까?

위기의 신호
우리 교육 현장의 진단

"선생님, 이거 배워서 어디에 써요?"

누구나 학창시절 이런 질문을 던진 적이 있을 것이다. 수업이 시작되는 순간, 거의 모든 학생들이 무의식적으로 던지는 질문이기도 하다.

문제는 이 질문에 명쾌하게 답할 수 있는 어른이 점점 줄어들고 있다는 것이다. 어떤 교육을 지향할 것인지를 말하기 전에, 먼저 교육적 신념과 가치관을 분명히 해야 한다. 지금 우리가 마주한 교육의 위기는 단지 정책이나 제도의 문제가 아니라, 교육의 근본 목적을 망각한 채 입시 중심의 관성만을 따르고 있다는 데 있다.

현실을 직시해 보자. 기초학력 미달 학생 비율이 해마다 증가하고 있고, 학교폭력과 학생 자살률이 여전히 높다. 교사들의 소진(burnout)과 사기 저하가 심각하며, 학부모들의 사교육비 부담이 천정부지로 치솟는다. 아이들은 "공부가 재미없다"고 말한다. 하지만 이런 현상들 뒤에는 더 근본적인 질문이 숨어 있다.

우리는 도대체 왜 교육을 하는가?

교육 현장의 목소리를 들어보자.

공부는 학원에서 하고, 학교 수업 시간에는 엎드려 자는 아이들이 많아요. 그래도 깨우지 않아요. 깨우면 '왜 깨워요?'라고 되묻거든요.

― 중학교 교사 김○○

기초를 놓친 우리 아이는 빠른 진도를 따라가지 못해, 수업시간마다 열패감만 쌓아가고 있어요.

― 학부모 윤○○

학교에서 배우는 건 재미없고, 진짜 궁금한 건 유튜브에서 찾아봐요.

― 고등학생 박○○

이런 목소리들 뒤에는 단순한 교실 운영의 문제가 아니라, 더 깊은 구조적 문제와 시스템의 위기가 자리 잡고 있다. 현장과 연구를 통해 드러난 우리 교육의 위기 신호들을 정리한 것이 **<도표 1>**이다. 이 10가지 위기 신호는 단순한 문제 진단을 넘어, 교육이 회복해야 할 핵심 가치를 환기해 준다.

<도표 1> 우리 교육이 직면한 10가지 위기 신호

<핵심 원인>	<문제 상황>	<필요한 처방>
기회의 불평등	양극화, 불평등 심화	포용성, 형평성 구현
경쟁 위주 문화	개인 성공만 추구	더불어 사는 삶 추구
인간을 수단으로 취급	도구주의 교육관	인간 존엄성 회복
기초 지원 부족	배움에서의 배제	기초를 튼튼히 세우는 교육
다양성 무시	획일적 교육	문화 반응적 수업
시민성 교육 미흡	민주주의 위기	책임 있는 시민성 함양
과도한 경쟁 압박	만성 스트레스	개인적·사회적 웰빙
삶과 괴리된 교육	의미 없는 학습	삶과 연계된 학습
주입식 교육	수동적 학습 문화	자기주도적 학습
인간적 요소 경시	AI 기술 맹신	관계와 공동체 강화

핵심 가치
우리가 지켜야 할 교육의 나침반

"교육정책을 세울 때, 수업을 준비할 때, 항상 가장 도움이 필요한 아이를 먼저 떠올려보세요."

이 원칙은 복잡한 교육 현실 속에서 우리가 놓치지 말아야 할 가장 중요한 가치를 일깨워준다. 우리가 교육정책을 논할 때, 교육과정을 설계할 때, 수업을 준비할 때 항상 가장 먼저 떠올려야 할 것은 바로 가장 도움이 필요한 아이다.

교육이 지향해야 할 방향은 시대의 변화에 따라 조정될 수 있다. 그러나 그 중심을 지탱하는 철학적 기준은 흔들려서는 안 된다. 앞서 살펴본 위기 신호들은 오늘날 한국 교육이 잃어버린 가치를 역설적으로 보여준다. 여기서 소개하는 7가지 핵심 가치는 그러한 위기 진단을 바탕으로 정리된 사례이며, 모든 아이를 위한 교육의 철학적 기준이자 실천의 나침반이 될 수 있다. 이는 특정한 가치 체계를 보편 해답으로 제시하려는 것이 아니라, 각 교육 공동체가 자신만의 핵심 가치를 설정하고 이를 중심으로 교육의 방향을 모색할 때 어떤 가능성이 열릴 수 있는지를 보여주는 하나의 실천적 모델이다.

- **존엄**(dignity) 모든 아이는 귀한 존재이며, 그 존엄을 지키는 것이 교육의 출발점이다. "너는 할 수 있어."와 "너는 왜 이것도 못 해?" 사이에는 큰 차이가 있다. 전자는 아이의 존엄을 인정하는 말이고, 후자는 그것을 무너뜨리는 말이다.
- **형평**(equity) 진정한 공정은 같은 조건이 아니라 각자의 차이를 고려한 실질적 기회의 보장이다. 모든 학생에게 같은 교재를 나누어주는 것이 아니라, 각자의 필요에 따른 맞춤 지원을 제공하는 것이 진정한 형평성이다.
- **사회정의**(social justice) 교육은 단지 개인의 성공이 아닌, 더 나은 사회를 만드는 정의의 실천이어야 한다. 교육은 사회적 약자와 소수자를 배제하지 않고 포용하며, 모든 아이들이 자신의 잠재력을 발휘할 수 있는 공정한 출발선을 보장해야 한다.
- **웰빙**(wellbeing) 몸과 마음이 안전하고 건강해야 배움도 가능하다. 교육은 학생의 전인적 웰빙을 우선시해야 한다. 성적 경쟁보다는 전인적 성장을 추구해야 한다.
- **기초**(foundational skills) 기초학력과 정서적 안정은 교육의 최소 기준이자 모든 변화의 토대이다. "못 하는 건 네 탓"이라고 말하는 대신 "기초를 확실히 다지고 다음 단계로 나아가자"는 자세가 필요하다.
- **의미**(meaning) 사람의 뇌는 의미 있는 내용에만 주의를 기울인다. 따라서 삶과 연결된 학습이 효과적이다. "시험에 나오니까"가 아니라

"네 삶에 이런 의미가 있어."라고 말할 수 있어야 한다.

- **자기주도성**(agency) 모든 아이는 스스로 배우고 성장할 수 있는 힘을 지닌다. 학습은 의미와 목적을 찾을 때 지속된다. 일방적 주입이 아니라 스스로 발견하는 기쁨을 경험하게 해야 한다.

학창시절 가장 좋아했던 수업은 무엇이었는가? 그 수업에 위의 일곱 가지 가치 중 어떤 것들이 담겨 있었는지 생각해보라. 아마도 그 수업에서는 당신이 존중받고 있다고 느꼈을 것이고, 의미 있는 배움이 일어났을 것이며, 스스로 참여할 기회가 주어졌을 것이다.

교육 철학과 신념
변화를 이끄는 힘

"선생님, 저도 잘 할 수 있을까요?"

교실에서 가장 가슴 아픈 순간은 아이가 이런 질문을 할 때다. 그 작은 목소리 안에는 무너진 자신감과 간절한 희망이 동시에 담겨 있다. 우리의 대답이 그 아이의 미래를 바꿀 수 있다.

교육이 흔들리지 않으려면, 뿌리가 깊어야 한다. 그 뿌리는 교육을 어떻게 바라볼 것인가에 대한 철학에서 시작되고, 그 가치를 현장에서 어떻게 구현할 것인가에 대한 신념으로 이어진다. 철학은 교육의 나침반이고, 신념은 교육의 추진력이다. 이 둘이 함께할 때, 교육은 단지 제도가 아니라 사람을 바꾸고 사회를 바꾸는 살아 있는 힘이 될 수 있다.

여기에 제시하는 교육 철학과 신념은 특정한 정답을 강요하려는 것이 아니다. 다만, 교육이 어떤 철학과 신념을 품고 실천될 때 그것이 얼마나 강력한 동력이 될 수 있는지를 보여주는 하나의 사례로 보아주길 바란다. 각 교육 공동체는 자기만의 철학과 신념을 바탕으로 교육을 설계할 수 있으며, 중요한 것은 그것이 뚜렷하게 존재하느냐의 문제이다.

─ 우리가 믿는 교육 철학

- 교육은 사람을 바꾸고, 사람은 세상을 바꾼다. 한 아이의 변화가 가정을 바꾸고, 한 교실의 변화가 학교를 바꾸며, 한 학교의 변화가 지역사회를 바꾼다. 교육의 파급력을 믿는다.
- 교육은 인간의 존엄과 가능성을 회복시키는 사회 정의의 실천이다. 교육은 단순한 서비스업이 아니다. 불평등을 해소하고 희망을 되찾아주는 가장 강력한 사회적 도구다.
- 교육은 아이가 자기 삶의 주인으로 살아가는 힘을 길러준다. 교육이 단순한 지식 전달을 넘어 배움의 권리를 보장하고, 생각하는 힘을 기르며, 따뜻한 관계를 형성할 때, 아이는 주체적인 삶을 살아가는 존재로 성장한다.
- 교육은 경쟁의 도구가 아닌, 더불어 사는 법을 익히는 경험이다. 누군가를 이기기 위한 교육이 아니라, 자신을 세우고 타인과 함께 성장하는 법을 배우는 것이 교육이어야 한다.
- 공교육은 가장 약한 아이를 기준으로 설계되어야 한다. 교육정책과 제도의 최종 판단 기준은 '가장 도움이 필요한 아이에게 도움이 되는가'여야 한다.

그러나 오늘날 한국의 교육 현실을 돌아보면, 이러한 철학과 신념이 실제 정책과 교실 속에서 얼마나 살아 숨 쉬고 있는지 되묻게 된다. 입시와 성적 중심의 체제 속에서 교육은 점점 경쟁의 도구로 전락했고, 가장 약한 아이는 여전히 소외되기 쉽다. 이는 철학의 부재라기보다, 철학이 우선순위에서 밀려난 결과다.

교육 개혁은 제도 이전에 철학의 회복에서 시작되어야 한다. 각 학교와 교사는 자신만의 철학과 신념을 명확히 세우고, 그것을 바탕으로 실천을 쌓아야 한다. 그래야 교육이 다시 사람을 위한 것이 되고, 사회를 바꾸는 힘이 될 수 있다.

— **우리의 신념**

이런 철학을 바탕으로 우리가 현장에서 지켜야 할 신념들이 있다. 그 출발점은 "모든 아이는 배울 수 있다"는 믿음이다.

- 아이는 누구나 배우고자 하는 내면의 에너지를 지니고 있다. 호기심은 모든 아이의 본능이며, 우리의 역할은 그 불씨가 꺼지지 않도록 지지하고 격려하는 것이다.
- 모든 아동은 성공적으로 배울 수 있고, 성공으로 가는 경로는 다양하다. 배움의 속도와 방식은 저마다 다르며, 한 가지 방법이 맞지 않으면 아이에게 맞는 새로운 길을 함께 찾아야 한다.

- 공교육은 배움에서 소외되는 단 한 아이도 없도록 하는 마지막 안전망이다. 사교육의 도움을 받기 어려운 아이들에게 공교육은 마지막이자 유일한 희망이며, 우리는 그 책임을 외면해서는 안 된다.
- 교육은 기회의 실질적 형평성을 확보해야 한다. 형식적 평등만으로는 부족하며, 출발선이 다른 아이들에게 더 많이 지원하고 배려하는 것이 진정한 형평성을 실현하는 길이다.

이러한 신념을 실현하기 위해서는 현실을 직시하는 용기가 필요하다. 기초학력의 위기, 입시 경쟁의 비인간화, 학습 의욕을 잃고 자리를 지키는 데 급급한 아이들, 이는 단지 교육만의 문제가 아니라 우리 사회 구조의 실패를 드러낸다. 하지만 동시에 교육은 계층, 지역, 기회의 단절을 회복할 수 있는 가장 강력한 사회적 수단이기도 하다. 그리고 변화를 만드는 신념도 분명하다. "교육 개혁은 거창한 계획이 아니라 작은 실천의 축적이다."

- 아이 한 명의 배움을 지키고,
- 교사 한 명의 열정을 회복시키며,
- 지역 하나의 교육 생태계를 되살리는 것.

그 작은 변화가 곧 교육 혁명의 시작이다.

물론 이러한 신념은 아직도 많은 교실과 정책 현장에서 제대로 구현되지 못하고 있다. 여전히 배움에서 소외되는 아이들이 존재하고, 교육은 기회가 아니라 차이를 확대하는 도구가 되기도 한다. 그러나 그렇기에 우리는 더욱 단단한 신념으로 돌아가야 한다.

교육이 무엇을 위해 존재하는지, 우리는 왜 교사이고, 왜 이 자리를 지키는지를 다시 묻고 답해야 한다. 지금, 여기서부터 다시 시작하자. 오늘 내 앞의 아이를 믿고 기다리는 태도, 그 아이의 가능성을 포기하지 않는 끈기에서 변화는 시작된다.

신념은 말이 아니라 실천으로 증명될 때 진짜 힘이 된다.

교육의 사명, 비전
그리고 목적

상상해 보자. 2035년의 어느 교실······.

"선생님, 저희가 조사한 우리 동네 독거노인 문제 해결책을 시장님께 제안드려도 될까요?"

아이들의 눈빛이 반짝인다. 단순히 교과서 속 지식을 암기하는 것이 아니라, 배운 것을 실제 문제 해결에 적용하며 세상을 바꿀 수 있다는 자신감이 넘친다. 이것이 우리가 꿈꾸는 교육의 모습이다.

― 교육의 사명과 목적

> "모든 아이가 온전한 인간으로 성장하여, 숨겨진 가능성을 발견하고, 자신의 삶을 주체적으로 개척해 나갈 힘을 기른다."

이 문장은 앞서 제시한 7가지 핵심 가치를 바탕으로 우리가 제안하는 하나의 교육의 사명과 목적이다. 이는 특정한 방향성을 제시하는 예시일 뿐이며, 모든 교육이 이를 그대로 따라야 한다는 의미는 아니다. 교육 사명과 목적은 각 지역과 학교, 교육공동체의 철학과 여건에 따라 다양하게 정의될 수 있다.

중요한 것은 어떤 교육을 지향하는지에 대한 분명한 비전과 목적을 스스로 정의하고 구성원들과 공유하고 있는가이다. 결국, 교육의 비전과 목적은 핵심 가치와 함께 방향을 잡아주는 나침반의 역할을 한다. 그것 없이 이뤄지는 교육은 목적지도 나침반도 없이 떠나는 항해와 다르지 않다.

이 사명 속에는 세 가지 핵심 키워드가 담겨 있다.

- **온전한 인간으로 성장**: 인지적·정서적·사회적·신체적 발달의 균형을 추구한다. 아이는 자신의 고유한 재능과 개성을 발견하고, 실패와 좌절을 딛고 일어설 수 있는 회복탄력성을 기른다.
- **숨겨진 가능성을 발견**: 획일적인 기준이 아니라 개별적 잠재력을 인정하고, 다양한 경험을 통해 자기 자신을 탐색하며, 꿈과 비전을 구체화할 수 있도록 지원한다.
- **자신의 삶을 주체적으로 개척해 나갈 힘**: 수동적으로 주어진 길을 따르는 것이 아니라, 스스로 목표를 설정하고 계획을 세워 실행하는 자기주도적 역량을 기른다. 또한 변화하는 환경에 능동적으로 적응하며, 자신만의 길을 만들어가는 용기와 실행력을 갖춘다.

─ 우리의 교육 비전

> "비판적으로 사고하고 세상의 아픔에 공감하며, 더불어 살아갈 줄 아는 사람을 기르는 교육"

이 한 문장 안에는 세 가지 핵심 요소가 담겨 있다.

- 비판적 사고: 정보를 그대로 받아들이지 않고 의문을 제기하며, 다양한 관점에서 문제를 바라보고, 근거에 기반해 논리적으로 결론을 내리는 능력이다.
- 공감: 나와 다른 사람의 처지를 이해하고, 사회적 약자의 목소리에 귀 기울이며, 불의에 분노할 줄 아는 마음이다.
- 더불어 사는 삶: 함께 살아가는 힘이다. 협력을 통해 더 큰 결과를 만들고, 갈등을 건설적으로 해결하며, 공동체의 이익을 함께 고려하는 자세다.

─ 당신도 이 변화의 주인공이 될 수 있다

그래서 우리는 구체적으로 무엇을 어떻게 바꿔야 할까? 지금까지 우리가 제시한 가치, 철학, 비전은 단순한 이상론이 아니다. 이미 국내외 곳곳에서 이런 교육을 실현하고 있는 현장들이 있다.

- 핀란드에서는 어떻게 모든 아이가 행복하게 배우고 있을까?
- 캐나다 온타리오주는 어떻게 학력 격차를 줄였을까?
- 우리나라에서 변화를 만들어가는 학교들은 무엇이 다를까?

당신이 지금 당장 시작할 수 있는 작은 실천들이 있다.

- 교사라면 오늘 수업에서 한 아이라도 더 관심을 갖고, "너는 할 수 있어."라고 한 번 더 말할 수 있다.
- 학부모라면 성적표보다 아이의 마음을 먼저 살피고, "어떤 하루였어?"라고 물어볼 수 있다.
- 시민이라면 우리 지역 학교에 관심을 갖고, 교육정책에 목소리를 낼 수 있다.

교육의 비전과 목적은 외부에서 일방적으로 주어지는 것이 아니라, 각 교육공동체가 구성원들의 열망과 바람직한 미래상을 담아 스스로 정의하고 공유할 때 비로소 실천력을 갖게 된다.

왜 교육을
다시 말해야 하는가

변화는 이미 시작되었다. 이 여정에 함께할 당신의 목소리가 더해질 때, 비로소 교육의 미래는 현실이 된다. 거창할 필요도 없다. 한 명의 교사가 교육의 본질을 붙들고 수업을 바꾸려는 시도, 한 명의 학부모가 아이의 성장에 귀 기울이는 관심, 한 사람의 시민이 지역 교육 현안에 대해 발언하는 행동이 모두 소중한 변화의 출발점이다.

그러나 동시에 우리는 알고 있다. 아무리 훌륭한 철학과 비전을 제시해도 그것만으로는 교육을 바꿀 수 없다는 사실을. 수많은 교육 개혁이 명확한 사명과 올바른 가치를 내세웠지만, 현장에서는 늘 같은 장벽에 가로막혀왔다. 그 장벽은 단지 교실의 문제가 아니었다. 교사에게 자율성과 신뢰를 주지 않는 제도, 평가와 입시에 모든 것을 맞추는 정책, 현장의 목소리를 반영하지 않는 탁상행정, 이들이 반복된 실패의 근본 원인이었다.

이제 우리는 스스로 물어야 한다. 왜 교육 개혁은 반복해서 좌절되었는가? 이번에는 과연 무엇이 달라야 하는가? 이 질문에 답하기 위해, 제2부에서는 지금까지의 개혁을 가로막아온 깊은 구조적 원인들과 무의식적인 통념들을 하나하나 들여다보려 한다.

변화는
어떻게
시작되는가

실패와
성공에서
배우다

2

제1부에서 교육의 사명과 2035~2045년을 향한 비전, 그리고 이를 실현하기 위해 지켜야 할 핵심 가치들을 제시했다. 또한 존엄, 형평, 사회정의, 웰빙, 기초, 의미, 자기주도성이라는 7가지 가치가 단순한 구호가 아니라 교육 혁신을 이끄는 실질적 기준이 되어야 한다고 강조했다. 하지만 이런 비전과 가치가 실제로 구현될 수 있을지에 대해서는 여전히 의문이 남는다. 정말 가능한 일일까? 이상적인 이야기로 끝나는 것은 아닐까? 지금까지 수많은 교육 개혁이 좌절되었는데, 이번에는 왜 다를 수 있다고 말할 수 있는가?

제2부는 바로 이런 회의와 궁금증에 대한 구체적인 답이다. 먼저 한국 교육 개혁이 왜 반복적으로 실패해 왔는지 그 구조적 원인을 냉정하게 분석할 것이다. 지난 30년간 이어진 개혁의 시도들이 왜 교실의 본질적 변화로 이어지지 못했는지, 어떤 시스템의 관성과 한계가 변화를 가로막았는지를 현장의 목소리를 통해 들어볼 것이다. 그리고 이러한 실패의 교훈을 바탕으로, 진정한 변화가 어떻게 가능한지를 보여주는 구체적 사례를 제시할 것이다. 그 대표적인 사례가 바로 미국 캘리포니아주 애너하임 연합교육청(AUHSD)[01]의 혁신 실험이다. 애너하임을 주목하는 이유는 세 가지다.

01　애너하임 연합교육청(Anaheim Union High School District: AUHSD) - 미국 캘리포니아주 오렌지카운티에 위치한 중등 교육청으로, 20여 개의 중고등학교와 약 29,000명의 학생이 소속되어 있다. AUHSD는 '모든 학생의 성공'을 목표로, 사회정의 기반 교육, 역량 중심 교육과정, 학생 주도 학습, 커뮤니티 참여 확대 등 다양한 교육 개혁을 선도하고 있는 대표 사례로 주목받고 있다.

첫째, 불과 10년 전까지만 해도 한국과 크게 다르지 않은 전형적인 문제들을 안고 있던 평범한 교육청이었다는 점이다. 학습격차 심화, 교육 불평등, 교사들의 소진, 학생들의 수동적 학습 태도, 형식적 교육과정 운영 등 우리가 겪고 있는 문제들과 본질적으로 같았다.

둘째, 마이클 풀란의 체계적인 이론을 바탕으로 구조와 문화를 동시에 바꾸는 통합적 접근을 시도했다는 점이다. 단편적인 정책 변화가 아니라, 교육 생태계 전체를 재설계하는 근본적 전환을 추진했다. 셋째, 그 결과가 단순한 성과 향상이 아니라 학생, 교사, 지역사회 모두의 삶의 질을 개선하는 총체적 변화로 이어졌다는 점이다.

애너하임의 변화 과정에서 우리는 진정한 교육 혁신이 어떤 리더십에서 시작되고, 어떤 전략으로 지속되며, 어떤 조건들이 갖춰져야 성공할 수 있는지를 구체적으로 확인할 수 있을 것이다. 더 나아가 애너하임의 경험이 한국 교육에 어떤 교훈을 주는지, 지금 당장 실천할 수 있는 것은 무엇인지까지 탐구할 것이다.

제2부의 여정은 실패에서 성공으로, 절망에서 희망으로 이어지는 학습의 과정이다. 과거의 실패를 직시하는 것은 미래의 성공을 위한 필수 과정이다. 애너하임의 이야기는 단순한 성공 사례 소개가 아니라, 제1부에서 제시한 교육 철학과 가치가 어떻게 현실에서 구현되는지를 보여주는 살아있는 증거이자, 한국 교육이 나아갈 방향에 대한 구체적인 로드맵이다.

1
현장이 증언하는 교육 개혁의 한계
— 30년의 목소리

1995년 5.31 교육 개혁 이후 매 정권마다 교육 개혁을 외쳐왔다. 하지만 교실의 본질은 여전히 바뀌지 않았다. 제도는 달라졌지만 수업은 그대로이고, 정책은 쏟아졌지만 교사들의 일상은 더 팍팍해졌다는 현장의 목소리는 점점 커져만 갔다.

이 장에서는 반복되는 개혁의 실패를 교사와 학교 현장의 시각에서 재조명한다. 과거의 개혁이 왜 실패했는지를 이해하는 일은, 앞으로의 개혁이 실패하지 않도록 하기 위한 첫걸음이기 때문이다.

반복되는 교육 개혁의
실패 원인

― 반복되는 개혁, 변하지 않는 현실

"또 교육과정이 바뀐다고요?"

새로운 교육과정 개편안(초안)이 발표되자, 20년 차 김 선생님이 한숨 섞인 목소리로 말했다.

"제가 교직에 들어온 이후로만 벌써 다섯 번째 개편이에요. 그런데 아이들이 배우는 건 예전이랑 크게 다르지 않고, 바뀔 때마다 준비하느라 교사들만 더 힘들어요."

한국 교육은 끊임없이 '개혁 중'이었다. 적어도 겉으로 보기엔 말이다. 창의적 체험활동, 자유학기제, 역량 중심 교육, 고교학점제, 늘봄학교 전국 확대, AI 디지털 교과서 도입……. 그럴듯한 이름의 정책들은 줄줄이 쏟아졌지만, 정작 교실의 풍경은 이전과 크게 달라지지 않았다. 아이들은 여전히 시험을 위해 공부하고, 교사들은 진도 나가기에 급급하며, 학부모들은 사교육에 의존한다.

왜 개혁은 반복되는데, 현실은 그대로일까? 지난 30년간의 교육 개혁을 되짚어보면, 놀랄 만큼 비슷한 실패의 패턴이 반복되어 왔다.

애초에 "이번엔 정말 다를 거야."라는 기대 자체가 사라진 지 오래다. 반복되는 개혁의 실패를 경험한 교사들은 새로운 정책을 '이 또한 지나가리라'는 냉소적 시각으로 맞이할 뿐이다. 개혁 피로감이 쌓인 현장에서는 정작 필요한 변화조차 의심의 눈초리로 바라보게 되었다. 이런 악순환은 왜 반복되는 것일까?

— 사람이 빠진 개혁의 공허함

"정책이 아니라 사람이 문제야."

이런 말을 들어본 적이 있는가? 하지만 진짜 문제는 정반대다. 사람을 고려하지 않은 정책이 문제인 것이다.

리처드 엘모어 하버드대 교수(2021년 별세)는 현재의 학교 시스템을 신랄하게 비판한 바 있다. 그는 학교가 본래의 교육적 목적에서 벗어나, 학생을 통제하는 보호 시설, 졸업장이나 학위를 부여하는 자격증 부여 기관, 끊임없이 평가만 반복하는 시험 중심 체제로 고착되었다고 지적한다. 이러한 구조 아래에서 학교는 학생의 자율성과 내적 동기를 억누르고, 학습을 형식적 성취의 수단으로 전락시키며, 배움 자체에 대한 흥미와 의미를 잃게 만든다는 것이다.

캐나다 토론토대학교 온타리오교육연구소(OISE)의 명예교수이자 세계적 교육 개혁 전문가인 마이클 풀란은 교육 개혁이 실패하는 가장 큰 이유를 이렇게 설명한다.

"정책이 나빠서가 아니라, 교사, 학생, 학부모 등 각 참여자가 그 변화에 개인적 의미를 느끼지 못하거나 그 의미가 피상적이기 때문이다."

아무리 좋은 정책도 현장에서 실행하는 이들이 "왜 해야 하는가?"라는 질문에 스스로 답을 찾지 못한다면 형식만 남을 뿐이다. 이는 변화의 본질에 대한 깊은 통찰을 담고 있다. 진정한 교육 개혁은 제도나 정책이 아닌 사람에게서 출발한다. 사람의 변화는 스스로 의미를 찾는 데서 시작되며, 그 의미를 공동체와 함께 공유하고 실천할 때 비로소 진정한 변화가 가능하다.

— 복잡성을 무시한 단순 사고의 오류

"대입 제도를 바꾸지 않고는 어떤 교육 문제도 해결할 수 없다." 한국의 교육 문제 해법을 모색할 때 자주 듣는 주장이다. 그러나 교육은 그렇게 단순하지 않다. 현대 교육은 다양한 요인들이 복잡하게 얽혀 있어, 하나의 제도 변화만으로는 해결되지 않는다.

대입 제도는 분명 교육의 많은 문제에 영향을 준다. 특히 전인교육의 실종은 그 대표적인 폐해 중 하나다. 정서적 안정, 사회성, 창의성, 공동체 의식 등 학생의 균형 잡힌 성장을 위한 교육 활동은 입시 중심의 평가 체제 아래에서 우선순위에서 밀려나기 쉽다.

하지만 교육 문제의 원인을 입시 제도로만 환원하는 시각은 위험하다. 전인교육이 실현되지 못하는 근본 원인은 단지 학교 안의 문제가 아니라, 사회 전체의 가치 체계와 구조에서 비롯된다. 경쟁적 사회 분위기, 출신 대학으로 사람을 평가하는 사회 구조, 임금 격차와 직업의 서열화, 좋은 일자리의 부족 등이 결합되면서, 교육은 '인간다운 성장'보다 '성공을 위한 경쟁'에 집중할 수밖에 없게 된다.

학교는 아이들이 자율성과 공감, 협력과 창의성을 키우는 공간이 되어야 하지만, 사회가 요구하는 것은 여전히 높은 성적과 스펙이다. 이런 구조 속에서 아무리 교육과정과 제도를 바꾸어도, 전인교육은 주변부로 밀려날 수밖에 없다.

영국의 정치분석가 샘 프리드먼은 『국정 실패의 늪(Failed State)』(2024)에서 "중앙정부는 감당하기 어려울 만큼 많은 일을 하려 하고 있고, 너무 큰 부담 속에 놓여 있다."라고 경고한다. 교육도 마찬가지다. 중앙정부가 모든 것을 통제하려 할수록 "중심은 더 이상 버틸 수 없는(the center cannot hold)" 현실에 직면한다. 복잡성 앞에서 중앙정부 주도의 교육 개혁은 실패할 수밖에 없다는 교훈을 주고 있다.

시스템 구조의
한계와 관성

― 위에서 아래로만 흐르는 개혁의 한계

"오늘 신문 보셨죠? 국가교육위원회가 중장기 교육 개혁안을 발표했더군요."

한국의 교육 개혁은 늘 위에서 시작된다. 중앙정부가 정책을 설계하고, 시도교육청이 이를 전달하며, 학교가 실행하는 하향식 구조는 오랫동안 당연한 방식으로 여겨져 왔다. 그러나 이와 같은 하향식 개혁은 왜 현장에서 번번이 실패하는 걸까?

마이클 풀란은 이러한 구조의 한계를 뚜렷이 지적한다. 그는 교육 개혁을 단순한 정책 변화가 아니라, 복잡계로서의 학교 생태계 전환으로 이해해야 한다고 강조한다. 즉, 지속 가능한 개혁은 교사와 학교의 내적 역량 구축, 공동체 기반의 변화, 시스템 수준의 리더십을 통해 이뤄져야 하며, 단선적 명령 체계로는 결코 실질적 변화를 이끌 수 없다는 것이다.

풀란의 연구에 따르면, 교육은 단순한 명령과 제도로 움직이지 않는다. 교사의 신념과 수업 관행, 학교의 조직 문화, 학생의 삶과 정체성, 지역사회의 기대와 압력 등 수많은 요소가 얽혀 있는 복잡한 생태계이기 때문이다. 이러한 구조에서는 중앙에서 설계한 정책이 학교 현장에 전달되는 과정에서 본래 취지가 왜곡되거나, 현장의 복잡성만 더 증가시키는 경우가 자주 발생한다. 대표적인 사례가 고교학점제다. 이 제도는 학생 선택 중심 교육과정과 맞춤형 학습을 목표로 설계되었지만, 충분한 인프라와 제도적 기반이 마련되기 전에 성급히 도입되면서 교사들에게 과도한 행정 업무와 수업 부담을 안기고 있다. 더구나 2023년 교육부가 발표한 '2028 대학입시제도 개편 시안'은 여전히 상대평가를 고수함으로써 성취평가제 확대 방향과 충돌하면서 학교 현장에 큰 혼란을 초래했다.

"학생 선택권을 늘린다면서, 왜 대입에서는 여전히 상대평가를 유지하나요?" 이러한 교사들의 당혹스러운 반응은, 정책 간 정합성이 부족할 때 교육 현장이 어떤 혼란에 빠지는지를 단적으로 보여준다. 그 결과 많은 학교에서는 고교학점제가 형식적인 선택과목 개설에 그치고, 여전히 주요 과목 중심의 획일적 운영에서 벗어나지 못하고 있다. 뿐만 아니라 고교학점제의 핵심 요소 중 하나인 '최소성취수준 보장 지도(이하 '최성보')' 역시 현장 교사들에게 실질적인 부담과 우려를 끼치고 있다. 이처럼 정책 설계와 실행 현실 사이의 괴리, 그리고 정책 간의 부조화는 단순한 행정 문제가 아니라, 개혁의 본질을 훼손하는 구조적 위험으로 작용하고 있다.

― 구조만 바꾸고 문화는 그대로 둔 실수

"왜 좋은 제도를 도입해도 현장은 좀처럼 달라지지 않는 걸까?" 이것이 모든 교육 개혁자들이 마주하는 근본적 딜레마다. 아무리 좋은 정책을 만들어도 현장의 문화가 바뀌지 않으면 아무 소용이 없다는 것을 우리는 수없이 경험해왔다. 마이클 풀란은 "구조 없는 문화는 무기력하고, 문화 없는 구조는 황폐하다"고 강조하며, 교육 개혁이 제대로 작동하려면 반드시 구조와 문화를 함께 바꿔야 한다고 본다. 그러나 한국 교육은 구조 중심의 하향식 개혁에 머물러 왔고, 이는 지속적인 실패로 이어져 왔다. 교원평가제와 최성보는 구조와 문화의 괴리를 보여주는 대표적 사례이다.

2010년 전면 도입된 교원평가제는 교사의 전문성 신장과 수업 개선을 목표로, 동료교원평가와 학생·학부모 만족도 조사라는 새로운 평가 구조를 만들었다. 그러나 학교 현장의 문화는 그대로였다. 동료평가는 '서로 눈치 보며 무난하게 넘어가기'로, 학생·학부모 평가는 '형식적 절차 밟기'로 전락했다. 많은 교사들이 '솔직한 피드백을 주면 관계가 어색해진다'며 동료평가에서 실질적 개선 의견을 제시하기를 꺼렸고, '평가 점수가 나쁘면 인사에 불이익이 있을까 봐'라는 불안감이 만연했다. 결국 교원평가제는 교육의 질 향상이라는 본래 목적과는 거리가 먼, 또 하나의 행정 업무로 자리 잡았다.

고교학점제의 핵심 요소인 최성보는 학생이 최소성취수준에 도달하지 못할 경우 보충 지도를 통해 학습 결손을 해결하도록 하는 제도이다. 구조적으로는 모든 학생의 기초 학력을 보장한다는 교육적 취지가 명확했다. 하지만 현실에서는 복합적인 문제가 드러났다. 학습 동기가 낮은 학생들에게 실질적인 보충 지도를 제공해야 하는 교육적 목표와 '미이수 발생을 최소화해야 한다'는 정책적 압박 사이에서 현장은 딜레마에 빠졌다. 충분한 시간과 자원 없이는 진정한 학력 향상을 이루기 어려운 상황에서, 수행평가 비중을 높이거나 기본점수를 부여하는 방식으로 미이수를 피하는 편법이 벌써부터 나타나고 있다. 여기에는 '미이수 학생의 유급을 용인하지 않는 문화'와 '형식적 성과를 중시하는 관행'이 맞물려 있지만, 동시에 제도 설계와 현장 여건 사이의 구조적 모순도 작용했다.

이처럼 구조만 바꾸고 문화는 그대로 둔 개혁들은 겉모습은 화려해 보이지만, 실제 교육 현장에서는 기존 관행과 새로운 제도 사이의 괴리만 더 크게 만들었다. 문화 변화 없는 구조 개편이 왜 지속 가능한 개혁으로 이어지지 못하는지를 보여주는 대표적 사례들이다.

— **시스템 전체가 잘못된 방향으로 가고 있다**

지금까지 한국 교육의 실패는 개별 정책 하나하나의 문제가 아니다. 진짜 문제는 이런 정책들이 만들어지고 집행되는 방식, 즉 시스템 구조에 있다.

현재의 교육 시스템은 중앙정부가 정책을 설계하고, 교육청은 이를 일방적으로 전달하며, 학교는 실질적 논의 없이 이를 따라야 하는 하향식 구조로 되어 있다. 이런 구조에서는 현장 의견이 반영될 여지가 거의 없고, 정책은 현장에 뿌리내리지 못하고 문서상 이행에 그치는 경우가 많다. 그래서 이러한 구조에서는 정책이 아무리 바뀌어도, 교사들은 이를 형식적으로 따를 뿐 실제 수업이나 학교 문화의 변화로 이어지지 않는다. 학생과 학부모는 반복되는 피로감과 불신을 느낀다. 결국 반복되는 실패의 근본 원인은 개별 정책이 아니라, 이러한 하향식 구조와 형식적 실행을 낳는 시스템 자체에 있다.

현장에서는 이런 구조에 대한 피로와 체념이 곳곳에서 감지된다. 교사들은 "정책을 바꿔도 현장에서는 시늉만 할 뿐이에요."라며, 제도 변화가 현장 교사들의 마음을 얻지 못하고 있음을 지적한다. 학생들 역시 "우리는 성적의 노예고, 문제 풀이 기술자일 뿐이에요."라며 입시 중심 교육의 반복에 지쳐 있다. 학부모는 "남보다 뒤처질까 봐 불안해서 결국 사교육에 의지할 수밖에 없어요."라고 하소연하고, 학교장은 "교육의 본질과는 무관한 새로운 사업이 너무 자주 하달돼요. 학교가 감당하기엔 이미 한계입니다."라며 현장의 피로감을 토로한다.

제도를 바꿔도
교실은 왜 그대로인가

─ 보이는 변화와 보이지 않는 저항

"요즘 새 교육과정이 탐구 중심 수업을 강조하던데, 실제로 해 보신 선생님 계세요?"

얼마 전 교사들과 함께한 스터디 모임에서 나온 질문이다. 새로운 2022 개정 교육과정이 강조하는 탐구 기반 수업에 대해 한 교사가 조심스럽게 이야기를 꺼내자, 잠깐의 정적 후 경력이 많은 한 교사가 고개를 저으며 답했다. "그거, 연수 때만 반짝하지 실천하기엔 현실이 너무 달라요. 수능이 그대로인데 수업 방식이 달라지겠어요?"

이 짧은 대화에는 한국 교육 개혁이 겪는 가장 본질적인 딜레마가 고스란히 담겨 있다. 아무리 교육과정이 바뀌고, 아무리 혁신적인 교수법이 소개되어도, 교실 안은 좀처럼 달라지지 않는다. 왜일까? 눈에 보이는 제도는 달라졌지만, 눈에 보이지 않는 관성과 압력은 그대로이기 때문이다. 그 이면에는 제도 변화만으로는 흔들 수 없는 깊은 문화적 관성이 있고, 여전히 수능이라는 강력한 제도적 압력이 이를 견고히 뒷받침하고 있다.

― 구조와 문화, 보이는 것과 보이지 않는 것

한국 교육이 바뀌지 않는 이유는 단순히 제도가 부족해서가 아니라, 구조와 문화의 단절 때문이다. 앞서 살펴본 교원평가제나 최성보 교사의 사례에서도 볼 수 있듯이, 제도(구조)는 바뀌었지만 그 제도가 작동하는 방식(문화)은 그대로였다.

구조는 '보이는 변화'다. 공식 문서로 확인되는 교육과정, 평가 매뉴얼, 교원 임용 시스템, 공문과 연수 자료들이다. 반면 문화는 '보이지 않는 저항'이다. 교무실의 대화, 수업 시간의 교사 행동, 학생과 학부모의 인식 속에 스며 있는 오래된 믿음과 감정이다. 예를 들어 실수하면 안 된다는 완벽주의, 조용한 교실이 좋은 교실이라는 신념, 탐구 활동보다 문제 풀이가 점수에 도움이 된다는 학생들의 판단은 겉으로는 드러나지 않지만 구조의 실질적 작동을 가로막는 강력한 힘이다.

한국 교육은 구조 개혁만큼은 빠르게 진행된다. 교육부가 정책을 발표하면 곧바로 법령이 바뀌고 공문이 내려간다. 연수도 활발히 이루어진다. 겉으로 보기엔 많은 것이 달라진 것처럼 보인다. 하지만 교실은 정작 달라지지 않는다. 여전히 칠판 앞에서 교사가 설명하고, 학생은 조용히 받아쓴다. 평가는 여전히 정답 중심이고, 학부모는 성적표를 먼저 본다.

이는 문화가 구조보다 훨씬 더 강력하고 느리게 움직이는 특성을 갖고 있기 때문이다. 구조는 명령으로 바꿀 수 있지만, 문화는 신념과 경험으로만 바뀐다. 교사가 스스로 '이 방식이 더 낫다'는 내면의 확신을 갖지 않는 한, 그 어떤 제도 변화도 교실 안에서는 껍데기만 남는다.

— 한국 교육 문화의 뿌리 깊은 DNA

"결국 수능이 모든 걸 결정한다."

이 말 속에는 한국 교육문화의 핵심이 담겨 있다. 우리 교육 시스템에는 수십 년간 축적된 문화적 DNA가 있다. 성적이 곧 능력이고, 경쟁에서 이기는 것이 성공이며, 좋은 대학에 가는 것이 인생의 목표라는 믿음이 그것이다.

이런 문화는 단순히 개인의 선택이 아니다. 사회 전체의 구조적 압력이 만들어낸 결과다. 취업 시장에서 학벌이 아직도 상당한 영향을 미치고, 사회적 성공의 척도가 어떤 대학을 나왔느냐와 연결되어 평가되는 경향이 여전한 상황에서, 개별 학교나 교사가 혼자서 다른 길을 가기는 어렵다. 학부모들도 마찬가지다. 아이의 행복을 위해서라면 무엇이든 하겠다고 하면서도, 결국 그 행복의 기준을 성적과 대학입시에서 찾게 된다.

이런 문화적 압력은 새로운 제도가 도입될 때마다 그것을 기존 방식으로 해석하고 활용하게 만든다. 창의적 체험활동이 도입되면 입시에 도움이 되는 스펙 쌓기 시간으로 활용하고, 자유학기제가 시행되면 수능 준비를 위한 선행학습 기회로 받아들인다. 제도의 본래 취지와는 전혀 다른 방향으로 현장에서 변질되는 것이다.

더 근본적인 문제는 이런 문화가 자기강화적이라는 점이다. 모든 사람이 입시 경쟁에 몰두하니까, 혼자서 다른 길을 선택하기가 더욱 어려워진다. 그래서 '모두가 하는 대로 하는 것이 안전하다'는 인식이 더욱 강화되고, 변화에 대한 저항도 더욱 커진다.

— 보이지 않는 저항의 메커니즘

제도 개혁이 현장에서 제대로 작동하지 않는 또 다른 이유는 보이지 않는 저항 때문이다. 이는 의도적인 반대나 거부가 아니라, 무의식적으로 작동하는 방어 기제에 가깝다.

교사들의 경우를 살펴보자. 새로운 수업 방법이나 평가 방식이 도입되면, 표면적으로는 따르는 것처럼 보이지만 실제로는 기존 방식을 유지하려고 한다. "학생들이 혼란스러워 할 것 같아서", "학부모들이 우려를 표할 것 같아서", "시간이 부족해서" 같은 합리적인 이유를 들면서 변화를 회피한다. 이는 게으름이나 무능력 때문이 아니다.

오히려 불확실한 변화보다는 검증된 기존 방식이 더 안전하다고 느끼는 심리적 반응이다.

학생들도 마찬가지다. 토론이나 프로젝트 수업을 하면 처음에는 신선해하지만, 시간이 지나면서 "그냥 강의로 해주세요."라고 요청하는 경우가 많다. 능동적인 참여보다는 수동적인 듣기가 더 편하고, 스스로 생각하고 판단하는 것보다는 정답을 알려주는 것이 더 안전하게 느껴지기 때문이다.

학부모들의 반응도 복잡하다. 말로는 '창의적이고 행복한 교육'을 원한다고 하면서도, 실제로는 우리 아이만 뒤처지는 것은 아닌지 걱정한다. 혁신적인 수업을 하는 교사를 만나면 처음에는 반가워하지만, 다른 반 아이들이 문제집을 더 많이 푼다는 소식을 들으면 불안해한다.

이런 반응들은 모두 이해할 만하다. 개인이 감당해야 할 위험은 크고, 변화의 결과는 불확실하며, 기존 시스템의 압력은 여전히 강력하기 때문이다. 문제는 이런 개별적 저항들이 모여서 시스템 전체의 관성을 만들어낸다는 점이다.

── **의미의 부재: 왜 변화해야 하는지 모르겠다**

풀란이 강조하는 '주관적 의미(subjective meaning)'의 중요성이 여기서 드러난다. 제도 개혁이 실패하는 가장 큰 이유는 정책이 나빠서가 아니라, 그 변화가 각 개인에게 어떤 의미로 받아들여질지에 대한 고려가 부족했기 때문이다.

예를 들어, '학생 중심 교육'이라는 정책이 도입된다고 하자. 교사에게는 이것이 무엇을 의미하는가? 더 많은 준비 시간? 더 복잡한 수업 설계? 학생들의 산만한 반응? 학부모들의 불만? 이런 부담만 보인다면 그 교사에게 학생 중심 교육은 "피해야 할 것"이 된다.

반대로 같은 정책이라도 그 교사에게 "아이들이 더 적극적으로 참여하는 수업", "진짜 배움이 일어나는 교실", "교사로서의 보람을 느끼는 순간"을 의미한다면 상황은 완전히 달라진다. 동일한 정책이라도 개인이 느끼는 의미에 따라 저항의 대상이 될 수도, 환영받는 변화가 될 수도 있다.

문제는 지금까지의 교육 개혁에서는 이런 개인적 의미에 대한 고려가 부족했다는 점이다. 정책을 만드는 사람들은 "이렇게 하면 좋아질 것"이라는 객관적 논리에만 집중했고, 실제로 그 정책을 실행해야 하는 사람들이 갖는 "왜 내가 이것을 해야 하는가?"라는 질문에 대한 답은 제공하지 못했다.

― 객관적 의미와 주관적 의미의 괴리

풀란은 교육 변화에서 객관적 의미(objective meaning)와 주관적 의미(subjective meaning)를 구분한다. 객관적 의미는 교육 내용과 교수법, 평가 방식 등에서 나타나는 실제 변화의 방향을 말한다. 개인화 학습, 학습자 중심 교육, 학습과학에 기반한 교수 설계, 핵심 개념 중심의 교육, 전인적 성장과 생애 발달을 중시하는 접근 등이 모두 객관적 의미에 해당한다.

이런 객관적 의미는 대부분 교육학적으로나 이론적으로 타당하다. 연구 결과도 뒷받침하고, 전문가들도 동의한다. 문제는 이런 객관적으로 옳은 방향이 현장에서 주관적으로 받아들여지는 과정에서 왜곡되거나 거부된다는 점이다.

한편, 주관적 의미는 각 개인이 그 변화를 어떻게 받아들이고 해석하는가와 관련이 있다. 같은 '학생 중심 교육' 정책이라도, 어떤 교사에게는 "드디어 내가 오랫동안 하고 싶었던 창의적 수업을 할 수 있게 됐구나."라며 전문성을 인정받는 기회로 받아들여질 수 있고, 다른 교사에게는 "지금까지 내가 해온 수업 방식이 잘못되었다는 뜻인가?"라는 생각과 함께 내 경험을 무시하는 압박으로 느껴질 수 있다. 이런 주관적 의미는 그 사람의 경험, 신념, 상황, 성향에 따라 천차만별이다.

더 복잡한 것은 이런 주관적 의미가 감정과 밀접하게 연결되어 있다는 점이다. 풀란이 지적하듯이, 변화는 상실감, 불안, 저항, 혼란, 두려움, 냉소, 회의감과 같은 정서적 반응을 수반한다. 많은 교육 개혁이 실패하는 이유는 이러한 변화의 심리적, 사회적 역학을 무시한 채 제도적 변화만을 추진하기 때문이다.

― 공유된 의미를 만드는 것의 어려움

진정한 변화가 일어나려면 개인의 주관적 의미가 교육의 객관적 변화와 연결되고, 나아가 학교 공동체 내에서 공유된 의미(shared meaning)로 확장되어야 한다. 이는 단지 정책을 따르는 것이 아니라, '왜 이 길을 함께 가는가'에 대한 공동의 성찰과 합의, 그리고 실천의 과정이다.

하지만 공유된 의미를 만드는 것은 매우 어려운 일이다. 우선 시간이 많이 걸린다. 각자 다른 배경과 경험을 가진 사람들이 공통의 이해에 도달하려면 충분한 대화와 소통이 필요하다. 그런데 학교 현장은 항상 바쁘고, 즉각적인 결과를 요구받는다. 깊이 있는 성찰과 논의를 할 시간적, 심리적 여유가 부족하다.

또한 위계적인 조직 문화도 걸림돌이 된다. 교육청에서 내려온 지시를 '따라야 할 것'으로 받아들이는 분위기에서는 '왜 이것을 해야 하는가'를 함께 고민할 기회가 제한된다. 교사들은 자신의 의견을 자유롭게 표현하기보다는 시키는 대로 하는 것이 안전하다고 느낀다. 갈등을 회피하려는 문화도 문제다. 의미를 공유하는 과정에서는 필연적으로 다른 견해들이 부딪힌다. 이런 갈등을 건설적으로 다루어야 진정한 합의에 도달할 수 있는데, 한국의 조직 문화에서는 갈등 자체를 부정적으로 보는 경향이 강하다.

― 새로운 의미를 창조하는 길

그렇다면 어떻게 해야 할까? 풀란은 '새로운 의미(new meaning)'의 형성을 강조한다. 이는 제도나 형식의 변화가 아닌 내용과 질의 변화, 분절적 혁신이 아닌 총체적 전환, 정책 도입이 아닌 역량 개발, 학교 문화를 바꾸는 교육 혁신을 뜻한다.

새로운 의미를 만들어가는 과정은 학생에게는 배움이 시험 준비가 아닌 자기 정체성과 삶의 방향을 탐색하는 일이 되고, 교사에게는 교육이 단순한 지식 전달이 아닌 공동체를 위한 실천이 되는 것을 뜻한다. 이런 의미 전환이 일어날 때, 제도 변화와 문화 변화가 비로소 하나가 될 수 있다.

하지만 이런 변화는 위에서 강요할 수 없다. 각자가 스스로 의미를 발견하고, 그것을 다른 사람들과 나누며, 함께 실천해 보는 과정을 통해서만 가능하다. 실패와 시행착오를 두려워하지 않고, 작은 변화라도 의미 있게 받아들이며, 그 과정에서 새로운 가능성을 발견해 나가는 것이다.

이것이 바로 애너하임 교육청이 보여주고 있는 길이다. 제도를 바꾸는 것에서 시작하지 않고, 사람들이 함께 새로운 의미를 만들어가는 것에서 시작하는 변화. 그래서 제도와 문화가 자연스럽게 함께 바뀌어가는 전환. 그것이 우리가 주목해야 할 진정한 교육 혁신의 모델이다.

― 그렇다면 답은 무엇인가

"전혀 다른 길이 필요하다."

무너진 교육을 다시 세우기 위해서는 지금까지와는 전혀 다른 접근이 필요하다. 기존의 '정책→제도→실행→평가' 방식에서 '현장→실험→확산→진화' 방식으로의 패러다임 전환이 절실하다. 구조를 바꾸면 문화가 따라올 것이라는 관점에서 구조와 문화를 동시에, 함께 바꿔야 한다는 관점으로, 중앙정부가 설계하고 현장이 실행하는 방식에서 현장이 주도하고 정부가 지원하는 방식으로 근본적인 전환이 일어나야 한다.

다행히 전 세계 곳곳에서 다른 길을 실험하는 교육자들이 있다.

그중 가장 주목할 만한 사례가 바로 미국 캘리포니아주 애너하임 연합교육청의 실험이다. 마이클 풀란의 자문 아래 진행되고 있는 이 실험은 학생을 교육의 공동 설계자로 인정하고, 교사를 지식 전달자에서 학습 촉진자로 전환하며, 하향식이 아닌 현장 중심의 변화를 추진하고, 구조와 문화를 동시에 바꾸는 통합적 접근을 보여주고 있다.

이제 한국 교육도 근본적인 질문을 던져야 할 시점이다. "우리는 진정 학생을 배움의 주체로 대하고 있는가?", "교사는 변화의 동반자인가, 과중한 책임을 진 피고용자인가?", "우리는 시스템을 진짜 바꿀 용기가 있는가?" 이 질문들에 진지하게 답할 수 있는 교육자와 정책가가 있다면, 한국 교육도 다시 시작할 수 있다.

실패만 있는 것은 아니다. 전 세계적으로 진짜 변화를 만들어낸 교육 현장들이 존재한다. 이들의 공통점은 명확한 철학과 비전을 공유하고, 구성원들이 자발적으로 참여하며, 지속적인 실험과 개선을 통해 실패를 두려워하지 않는 용기를 보이고, 작은 변화를 축적해나간다는 것이다.

애너하임의 실험은 우리에게 분명히 보여준다. 단지 제도만 바꾸는 것으로는 교실을 바꿀 수 없다는 사실을. 그리고 그럼에도 불구하고, 진심에서 비롯된 변화는 현실이 될 수 있다는 희망을.

이곳에서는 학생이 진정한 교육의 주인이 되고, 교사는 단순한 지식 전달자가 아니라 의미 있는 배움의 동반자로 거듭난다. 학교는 더 이상 정답을 가르치는 곳이 아니라, 질문과 탐색이 살아 숨 쉬는 공간이 된다.

이것은 먼 미래의 이상이 아니다. 이미 가능성을 증명한 현실이며, 우리가 만들어갈 수 있는 변화의 이야기다.

2

학생이 교육의 주인이 된다면
— 애너하임의 실험

미국 캘리포니아주 애너하임에서는 지금 놀라운 실험이 진행되고 있다. 학생들이 수업을 직접 설계하고, 교육청 의사결정에 참여하며, AI 개발에까지 목소리를 낸다. 한국 교육계가 수십 년간 추구해 온 '학생 중심 교육'이 여기서는 현실이 되고 있다.

어떻게 이런 일이 가능했을까? 무엇이 이들을 변화시켰을까? 애너하임의 경험은 우리에게 교육 개혁의 새로운 가능성을 보여준다.

모든 학생의
성공을 향한 여정

― 불가능해 보였던 일이 현실이 되다

"학생들이 직접 수업을 설계한다고요?"

2023년 가을, 미국 캘리포니아주 애너하임 교육청 소속 한 고등학교에서 벌어진 일이다. 환경과학 시간에 기후변화를 배우던 학생들이 갑자기 손을 들었다. "선생님, 우리가 직접 조사해서 우리 지역사회의 환경 문제를 해결해 보면 안 될까요?"

한국이라면 교사가 고민에 빠졌을 것이다. '좋은 아이디어지만 진도는 어떻게 맞추지? 다른 반과의 진도 차이는?'이라며 망설였을 가능성이 높다. 하지만 이 교사의 반응은 달랐다.

"좋은 아이디어네. 그럼 너희들이 직접 프로젝트를 설계해 볼래? 내가 도와줄게."

그렇게 시작된 프로젝트는 놀라운 결과로 이어졌다. 학생들이 지역의 대기 질 데이터를 수집하고, 시청 공무원과 인터뷰하며, 전문가에게 자문을 구했다. 마지막에는 시의회에서 직접 발표까지 했다. 이 과정에서 과학 지식은 물론이고, 조사 방법, 데이터 분석, 의사소통 능력, 시민 의식까지 자연스럽게 배웠다.

더 놀라운 것은 학생들의 변화였다. 평소 수업 시간에 졸던 아이가 새벽까지 자료를 찾아보고, 발표를 싫어하던 아이가 시의원들 앞에서 당당히 자신의 의견을 말했다. "이게 진짜 공부구나!"라고 말하는 학생들의 눈빛이 완전히 달라졌다.

─ 성공의 재정의: 객체에서 주체로의 패러다임 전환

애너하임의 실험이 혁신적인 이유는 단순히 새로운 교수법을 도입했기 때문이 아니다. 교육에 대한 근본적인 패러다임을 바꾸었기 때문이다. 기존 교육에서 학생은 '교육의 객체'였다. 어른들이 정해놓은 교육과정을 따라가고, 주어진 내용을 암기하며, 출제된 문제를 푸는 존재였다.

하지만 애너하임에서는 학생을 '교육의 주체'로 인정한다. 단순히 학습자가 아니라 '공동 설계자(co-creator)', '공동 조종사(co-pilot)'로 보는 것이다. 이 표현은 학생이 계획과 실행, 결정 과정에 참여하고, 교육 경험을 교사와 함께 만들어가는 파트너이자 책임 있는 주체임을 상징한다. 이는 교사가 일방적으로 이끄는 수직적 관계에서, 학생과 교사가 함께 방향을 설계하고 조종하는 협력적이고 수평적인 관계 구조로의 전환을 뜻한다. 단순한 역할 변화가 아니라, 교육의 권한 구조와 관계 모델 자체를 바꾸는 철학적 전환이다.

이런 패러다임 전환은 교사의 역할도 완전히 바꾼다. 교사는 더 이상 '지식 전달자'가 아니라 '학습 촉진자'가 된다. 정답을 알려주는 대신 질문을 던지고, 일방적으로 가르치는 대신 함께 탐구하며, 평가하는 대신 성장을 지원한다.

이것이 가능한 이유는 애너하임이 마이클 풀란의 자문 아래 시스템 전체를 학생, 교사, 지역사회와 함께 다시 설계했기 때문이다. 이는 단순한 수업 방법의 변화가 아니라, 교육청 차원에서 구조와 문화를 동시에 바꾸는 통합적 실험이다.

― 모든 학생의 성공을 위한 구체적 실천들

애너하임의 변화는 추상적인 이론에 머물지 않는다. 실제 교실에서, 실제 학교에서 구체적으로 어떤 일들이 벌어지고 있는지 살펴보면 그 의미가 더욱 선명해진다.

- 공동 설계 수업에서는 학생들이 직접 학습 주제를 제안하고 탐구 방법을 설계한다. 앞서 언급한 환경 문제 프로젝트처럼, 교사는 가이드 역할을 하고 학생들이 주도적으로 배움을 이끌어간다. 이 과정에서 학생들은 단순히 지식을 습득하는 것뿐만 아니

라, 스스로 배우는 능력까지 기른다.
- 학생 참여 거버넌스는 더욱 파격적이다. 교육청 산하 혁신위원회나 학교운영위원회에 학생이 정식 구성원으로 참여한다. 한 중학교에서는 학생 대표가 점심시간 확대를 제안했고, 학생들이 직접 설문조사를 실시한 결과를 바탕으로 제도가 실제로 개선되었다. 학생들이 자신들의 교육 환경에 대해 목소리를 내고, 그것이 실제 변화로 이어지는 경험을 하는 것이다.
- AI 공동 설계 프로젝트에서는 교사와 학생들이 함께 'Skrappy'라는 AI 학습 도우미를 개발하고 있다. 한 학생이 "수학 문제 풀이 중 자주 틀리는 유형을 분석해 주는 기능이 있으면 좋겠다."라고 제안했고, 실제로 그 기능이 구현되었다. 학생들이 단순히 AI를 사용하는 것이 아니라, AI 개발 과정에 직접 참여하여 자신들의 학습에 최적화된 도구를 만들어가는 것이다.
- 캡스톤 과제[02]는 전통적인 시험을 대체하는 혁신적인 평가 방식이다. 학생들은 사회적 주제나 자신의 관심 분야를 바탕으로 장기간 프로젝트를 수행하고, 다양한 방식으로 그 성과를 표현한다. 한 학생은 '이민자의 정체성과 소속감'이라는 주제로 인터뷰

---

02 **캡스톤 과제(Capstone Project)** – 주로 고등학교나 대학교 과정의 마지막 단계에서 학생들이 수행하는 종합적인 프로젝트로, 그동안 배운 지식과 기술을 통합하여 실제 문제를 해결하거나 창작물을 완성하는 과제를 말한다. '캡스톤(capstone)'은 건축에서 아치나 벽의 맨 위에 놓는 마지막 돌을 의미하는 것으로, 학습 과정의 정점을 나타낸다. 전통적인 객관식 시험과 달리 학생의 창의성, 비판적 사고력, 문제해결 능력을 종합적으로 평가할 수 있어 21세기 교육에서 주목받고 있는 평가 방식이다.

를 진행하고, 문헌을 조사하며, 에세이를 작성하고, 영상까지 제작했다. 이런 과정을 통해 학생들은 지식의 깊이와 적용 능력, 창의적 표현력을 종합적으로 기를 수 있다.

─ 정체성이 곧 성공의 출발점: "나는 누구인가"에서 시작하는 교육

애너하임 실험에서 가장 주목할 점 중 하나는 정체성 중심 학습(Identity-Driven Learning)이다. 커리큘럼의 중심 질문이 '무엇을 알아야 하는가'가 아니라 '나는 누구인가, 왜 배우는가'가 된 것이다.

한 라틴계 학생의 사례를 보자. 이 학생은 자신의 문화적 뿌리를 탐구하는 프로젝트를 진행했다. 조상들의 이민 역사를 조사하고, 라틴 문화의 특징을 연구하며, 그것을 예술 작품으로 표현했다. 이 과정에서 역사, 사회, 예술, 언어 등 다양한 교과 내용을 자연스럽게 학습했지만, 더 중요한 것은 자신의 정체성에 대한 깊은 성찰이었다.

"내가 누구인지 알게 되니까 왜 공부해야 하는지도 알겠어요." 이 학생의 말은 정체성 중심 학습의 핵심을 보여준다. 배움이 외부에서 강요된 의무가 아니라 자신의 삶과 연결된 의미 있는 활동이 될 때, 학생들의 동기와 집중력은 비교할 수 없을 정도로 높아진다.

이런 접근은 특히 다문화 배경을 가진 학생들에게 큰 의미가 있다. 기존 교육에서는 자신의 문화적 배경을 숨기거나 부끄러워하는 학생들이 많았다. 하지만 애너하임에서는 다양성이 자산이 되고, 각자의 고유한 배경이 배움의 출발점이 된다.

정체성 중심 학습은 또한 진로 교육과도 자연스럽게 연결된다. 학생들은 자신이 누구인지 알아가는 과정에서 자신의 관심사와 재능을 발견하고, 그것을 바탕으로 미래를 설계한다. 단순히 '좋은 직업'을 찾는 것이 아니라, '의미 있는 삶'을 위한 방향을 탐색하는 것이다.

— 분산 리더십: 함께 성공하는 문화 만들기

애너하임의 LEAD 프로그램[03]은 분산 리더십(distributed leadership)[04]의 구체적 실현이다. 이 프로그램에서는 교사와 학생이 함께 교육 리더십을 고민하고 실천한다. 예를 들어, 한 고등학교에서는 과학 교사와 학생들이 에너지 절약 캠페인을 공동 기획하고 학교 전체를 대상

---

[03] LEAD 프로그램(Leadership, Excellence, Achievement, and Development Program) - 미국 캘리포니아주 애너하임 연합교육청(AUHSD)에서 운영하는 교육 프로그램으로, 학생들의 리더십 개발과 학업 성취 향상을 목표로 한다. 이 프로그램의 핵심은 전통적인 교사 중심의 수직적 리더십 구조를 벗어나, 교사와 학생이 함께 교육과정을 설계하고 실행하는 분산 리더십 모델을 실현하는 것이다. 학생들은 단순한 학습자를 넘어 교육의 동반자이자 공동 설계자로 참여하며, 실제 사회 문제 해결을 통해 리더십과 시민 의식을 기른다.

[04] 분산 리더십(distributed leadership) - 특정 개인(예: 교장)에게 집중시키는 대신, 학교 구성원 전체가 역할과 책임을 나누어 함께 이끌어가는 리더십 모델이다. 이는 학교 내 다양한 전문성과 집단지성을 활용하여 조직의 자율성과 역량을 높이고, 변화에 유연하게 대응할 수 있도록 돕는다. 교사, 부장, 학생 등 다양한 주체가 리더십을 실천하는 방식으로, 수직적 지시가 아닌 수평적 협업과 공동의 책임을 강조한다. 교육 개혁이 지속되기 위해서는 이러한 리더십의 구조적 전환이 핵심 요소로 간주된다.

으로 교육을 진행했다.

이런 과정에서 흥미로운 변화가 일어난다. 학생들은 단순히 캠페인에 참여하는 것이 아니라, 기획 단계부터 실행, 평가까지 전 과정에 주도적으로 관여한다. 어떤 메시지를 전달할지, 어떤 방법이 효과적일지, 어떻게 평가할지를 교사와 함께 고민한다. 이 과정에서 리더십은 한 사람의 전유물이 아니라 구성원들이 함께 만들어가는 집단 역량이 된다.

마이클 풀란은 이를 "리더의 역할은 추종자를 만드는 것이 아니라, 더 많은 리더를 길러내는 것이다."라고 표현한다. 애너하임에서는 이 철학이 실제로 구현되고 있다. 교장이나 교사만이 리더십을 발휘하는 것이 아니라, 학생들도 각자의 영역에서 리더십을 발휘하고, 그것이 학교 전체의 역동성을 만들어낸다.

분산 리더십은 또한 교사에게도 새로운 성장 기회를 제공한다. 학생들과 함께 프로젝트를 기획하고 실행하면서, 교사들은 자신이 몰랐던 학생들의 역량을 발견하고, 새로운 교육 방법을 배운다. "학생들에게서 많은 것을 배운다."는 교사들의 증언이 이를 뒷받침한다.

─ 살아 있는 배움: 지역사회와 연결된 성공 경험

애너하임의 교육이 강력한 이유 중 하나는 학교가 지역사회와 긴밀하게 연결되어 있다는 점이다. 앞서 언급한 환경 프로젝트에서 학생들이 시의회에서 발표한 것처럼, 배움이 교실을 넘어 실제 세상과 만난다.

이런 연결은 우연이 아니라 의도적으로 설계된 것이다. 애너하임 교육청은 지역의 기업, 시민단체, 정부 기관과 파트너십을 맺고, 학생들이 실제 사회 문제에 참여할 수 있는 기회를 체계적으로 제공한다. 학생들은 지역 병원에서 봉사하며 의료 시스템을 배우고, 환경단체와 함께 생태 보전 활동을 하며 과학을 체험하고, 스타트업에서 인턴십을 하며 경영과 기술을 익힌다.

이런 경험은 학생들에게 두 가지 중요한 깨달음을 준다. 첫째, 자신이 배우는 것이 실제 세상에서 어떻게 쓰이는지 알게 된다. 수학이 건축 설계에, 과학이 환경 보호에, 언어가 의사소통에 어떻게 활용되는지 직접 체험한다. 둘째, 자신이 사회의 일원이며 변화를 만들 수 있는 존재라는 것을 깨닫는다. 어른들의 도움을 받는 존재가 아니라, 지역사회에 기여할 수 있는 주체라는 인식을 갖게 된다.

교사들에게도 이런 연결은 새로운 자극이 된다. 교실에서만 가르치던 내용을 실제 현장과 연결하면서, 교육의 의미와 가치를 새롭게 발견한다. 지역 전문가들과의 협력을 통해 자신의 전문성도 확장할 수 있다.

― 기술과 인간이 함께 만드는 성공

애너하임의 AI 활용 방식은 다른 곳과 확연히 다르다. AI를 단순히 '편리한 도구'로 보는 것이 아니라, '학습 파트너'로 인식한다. 중요한 것은 AI가 인간을 대체하는 것이 아니라, 인간의 학습과 성장을 지원하는 역할을 한다는 점이다.

'Skrappy' AI 학습 도우미 개발 과정을 자세히 들여다보면 이런 철학이 명확히 드러난다. 기존의 AI 교육 도구들은 대부분 개발자나 교육 전문가들이 만든 것이다. 하지만 애너하임에서는 실제 사용자인 학생들이 개발 과정에 참여한다. 학생들이 '이런 기능이 있으면 좋겠다'고 제안하면, 그것이 실제로 구현된다.

한 고등학생은 AI가 자신의 관심사를 분석해서 개인화된 학습 콘텐츠를 추천해 주는 기능을 제안했다. 'Thrively' 진단 도구[05]를 통해 파악된 학생의 강점과 관심사를 바탕으로, AI가 최적화된 학습 경로를 제시하는 것이다. 하지만 최종 선택은 여전히 학생에게 있다. AI는 옵션을 제시할 뿐, 학생이 스스로 판단하고 결정한다.

교사들도 AI와 새로운 방식으로 협력한다. AI가 학생 개개인의 학습 패턴을 분석해 주면, 교사는 그 데이터를 바탕으로 더 효과적

---

05 **Thrively 진단 도구** - 미국에서 개발된 학생 강점 기반 진단 및 성장 플랫폼으로, 주로 초중고등학교에서 학생의 강점(strengths), 흥미(interests), 가치관(values) 등을 파악하고 그에 기반한 개인화 학습 경로나 미래 진로 탐색을 돕는 데 사용된다.

인 피드백을 제공한다. 하지만 AI가 할 수 없는 영역, 즉 감정적 지지, 동기 부여, 창의적 영감은 여전히 교사의 몫이다. 이런 역할 분담을 통해 교사는 더 중요한 일에 집중할 수 있게 된다.

변화의 결실: 모든 학생이 꽃피우는 성공

애너하임의 실험이 단순한 이상론이 아니라는 것은 구체적인 결과로 증명된다. 고등학교 졸업률은 상승했고, 중도 탈락률은 감소했으며, 4년제 대학 진학률과 대학 진학 후의 학업 지속률도 크게 향상되었다. 하지만 진정한 변화는 단순한 수치 이상의 영역에서 나타났다. 교육과정에 사회정서적 학습(SEL)과 진로 탐색이 통합되면서 학생들은 자신의 삶의 목표를 발견하고, 지역사회와의 연계 속에서 의미 있는 배움을 경험했다. 교사들은 전문성과 만족도가 높아졌고, 학교와 지역사회는 상호 신뢰를 회복하며 새로운 교육 공동체를 형성했다. 그 결과 애너하임은 학생·교사·지역사회 모두의 삶의 질이 향상되는 총체적 변화를 이루었고, 오늘날 교육 혁신의 대표적 모델로 주목받고 있다.

학생들의 학습 동기가 근본적으로 바뀌었다. '시험을 위해서'가 아니라 '내가 궁금해서', '세상을 바꾸고 싶어서' 공부하는 학생들이 늘어났다. 교사들도 마찬가지다. '진도를 나가야 해서'가 아니라 '아이들의 성장을 위해서' 가르치는 교사들이 많아졌다.

학교 분위기도 완전히 달라졌다. 경쟁과 긴장이 지배하던 분위기에서 협력과 창의성이 넘치는 공간으로 변했다. 학생들은 서로의 성공을 응원하고, 함께 문제를 해결하며, 각자의 다양성을 인정하고 존중한다.

지역사회의 인식도 바뀌었다. 학교가 '아이들을 맡아주는 곳'이 아니라 '지역의 미래를 만드는 곳'으로 인식되기 시작했다. 지역 주민들이 학교 활동에 적극적으로 참여하고, 학생들의 프로젝트에 관심을 보이며, 실제로 도움을 제공한다.

— 한국 교육이 나아갈 길: 모든 아이의 성공을 향하여

애너하임의 실험이 우리에게 던지는 메시지는 명확하다. 학생을 교육의 주체로 인정하는 것이 불가능한 일이 아니라는 것이다. 물론 애너하임과 한국의 교육 환경은 다르다. 입시 제도도 다르고, 사회적 기대도 다르며, 문화적 배경도 다르다.

하지만 핵심은 변하지 않는다. 모든 아이는 배우고 싶어하는 내재적 동기를 가지고 있고, 자신의 학습에 주도적으로 참여할 능력이 있으며, 의미 있는 일에 몰입할 때 놀라운 성과를 보인다는 것이다. 문제는 기존 교육 시스템이 이런 가능성을 억누르고 있다는 점이다.

애너하임의 사례는 이런 가능성을 현실로 만드는 구체적인 방법들을 보여준다. 학생들에게 선택권을 주고, 의미 있는 프로젝트에 참여할 기회를 제공하며, 실제 세상과 연결된 배움을 경험하게 하는 것이다. 그리고 무엇보다, 학생들을 믿고 지지하는 어른들이 있다는 것이다.

한국에서도 작은 변화부터 시작할 수 있다. 한 시간의 수업에서, 한 주의 프로젝트에서, 한 학기의 실험에서 학생들에게 더 많은 주도권을 주는 것이다. 그리고 그 과정에서 일어나는 변화를 지켜보고, 격려하고, 확산시키는 것이다.

애너하임의 실험은 아직 진행 중이다. 하지만 이미 증명한 것이 있다. 학생이 교육의 주인이 되는 것은 꿈이 아니라 현실이 될 수 있다는 것이다. 그리고 그런 교육에서 자란 아이들이 어떤 사람으로 성장하는지도 보여주고 있다.

이제 우리도 그 길에 함께 나설 때다.

어떤 리더십이
진짜 변화를 만드는가

— 명령하지 않고도 사람을 움직이는 힘

"당신이 교장이라면 어떻게 하시겠어요?"

2023년 봄, 애너하임 교육청의 한 워크숍에서 던져진 질문이다. 참가자들에게 가상의 상황이 주어졌다. 한 학교에서 교사들이 새로운 수업 방식에 저항하고, 학부모들이 불만을 제기하며, 학생들은 무기력해 하고 있다. 이런 상황에서 어떻게 변화를 이끌어낼 것인가?

대부분의 답변은 예측 가능했다. "강력한 리더십으로 방향을 제시하겠다.", "명확한 목표를 설정하고 성과를 관리하겠다.", "저항하는 교사들을 설득하겠다." 같은 전통적인 접근들이었다.

그런데 한 참가자의 답변이 모든 사람을 놀라게 했다.

"저는 먼저 가장 힘들어하는 한 명의 교사를 찾아가서 커피를 마시며 이야기를 들어보겠어요. 그 분이 왜 힘들어하는지, 무엇을 걱정하는지부터 이해하고 싶거든요."

이 답변이 놀라운 이유는 문제 해결의 출발점이 '통제'가 아니라 '이해'였기 때문이다. 변화를 강요하는 대신 사람을 먼저 보겠다는 것이었다. 바로 이것이 애너하임에서 실천하고 있는 새로운 리더십의 핵심이다.

― 공감적 시스템 리더십: 마음에서 시작하는 변화

애너하임의 리더십 혁신은 MIT의 피터 센게와 메테 보엘이 제안한 '공감적 시스템 리더십(Compassionate Systems Leadership)' 개념에 기반한다. 이 리더십의 핵심은 세 가지 차원에서 나타난다. 자기 자신에 대한 깊은 성찰, 타인과의 진정성 있는 관계 형성, 그리고 복잡한 시스템에 대한 이해와 대응 능력이다.

기존의 리더십이 '결과'에 집중했다면, 공감적 시스템 리더십은 '과정'에 주목한다. 목표 달성을 위해 사람을 수단으로 보는 것이 아니라, 사람의 성장과 변화를 통해 자연스럽게 목표에 도달하는 것을 추구한다. 이는 단순히 방법론의 차이가 아니라, 인간에 대한 근본적인 관점의 차이다.

공감적 시스템 리더십에서 가장 중요한 것은 개인의 스트레스나 소진을 개인의 문제가 아닌 시스템의 결과로 이해한다는 점이다. 교사가 번아웃을 겪는다면, 그것을 개인의 역량 부족으로 보지 않고 시스템의 구조적 문제로 인식한다. 따라서 해결책도 개인 차원이 아닌 시스템 차원에서 찾는다.

애너하임의 한 교장은 이렇게 말한다.

"교사가 힘들어할 때 '더 열심히 하라'고 말하는 대신, '무엇이 당신을 힘들게 하는가?'를 묻습니다. 그리고 그 원인을 함께 해결하려고 노력해요. 그러면 교사는 자연스럽게 더 열정적으로 변해요."

— **연결된 리더십: 혼자가 아닌 함께**

전통적인 리더십에서는 리더가 모든 것을 결정하고 책임진다. 리더 한 사람의 역량과 판단이 조직 전체의 성패를 좌우한다고 믿는다. 하지만 애너하임에서는 완전히 다른 접근을 한다. 리더십을 한 사람의 전유물이 아니라 조직 구성원들이 함께 만들어가는 집단 역량으로 본다.

이런 관점은 LEAD 프로그램에서 구체적으로 실현된다. 이 프로그램에서는 교사와 교육대학 연구자, 교육청 관리자, 그리고 학생들이 함께 리더십을 연구하고 실천한다. 각자가 서로에게서 배우고, 함께 문제를 해결하며, 공동으로 변화를 만들어간다.

한 고등학교에서 벌어진 실제 사례를 보자. 학교 내 괴롭힘 문제를 해결하기 위해 교장이 일방적으로 규칙을 만들고 처벌을 강화하는 대신, 교사들과 학생들이 함께 해결책을 모색했다. 학생들은 자신들의 경험을 바탕으로 문제의 원인을 분석했고, 교사들은 교육적 대안을 제시했으며, 교장은 제도적 지원을 약속했다. 그 결과 만들어진 '회복적 정의 프로그램'[06]은 단순한 처벌이 아니라 관계 회복에 초점을 맞춘 혁신적인 접근이었다.

이 과정에서 흥미로운 변화가 일어났다. 학생들은 자신들이 문제 해결의 주체가 될 수 있다는 것을 깨달았고, 교사들은 학생들의 통찰력에 놀랐으며, 교장은 혼자서는 생각하지 못했을 창의적 아이디어들을 얻었다. 모든 사람이 리더이자 동시에 학습자가 되는 경험이었다.

─ 분산된 의사결정: 현장에 권한을 주다

애너하임 교육청의 또 다른 특징은 의사결정이 중앙에 집중되지 않고 현장으로 분산되어 있다는 점이다. 교육청은 큰 방향과 원칙을 제시하지만, 구체적인 실행 방법은 각 학교와 교사들이 결정한다. 이는 현장의 자율성을 보장할 뿐만 아니라, 다양한 실험과 혁신을 가능하게 만든다.

한 중학교에서는 교사들이 학생들이 수학을 너무 어려워한다고

---

06 회복적 정의 프로그램(restorative justice program) - 전통적인 처벌 중심의 학교 징계 방식 대신, 학생 간 또는 교사와 학생 간 갈등이나 위반 행위가 발생했을 때 당사자 간의 대화와 책임 있는 회복을 통해 관계를 복원하고 공동체를 강화하는 접근 방식이다. 가해자·피해자·공동체가 함께 참여하는 '회복적 서클'이나 '화해 대화' 등의 실천이 대표적이며, 학생의 사회정서적 역량을 키우고 학교 내 신뢰 문화를 증진시키는 데 효과적이라는 평가를 받고 있다.

문제를 제기했다. 전통적인 방식이라면 교육청에서 수학 교육 개선 방안을 만들어 일괄 적용했을 것이다. 하지만 애너하임에서는 그 학교 교사들이 직접 해결책을 모색하도록 지원했다.

교사들은 학생들과 함께 수학 학습의 어려움을 분석했다. 그 결과 문제는 수학 자체가 아니라 수학이 실생활과 연결되지 않는다는 점임을 발견했다. 그래서 지역 상점들과 협력하여 실제 장사 경험을 통해 수학을 배우는 프로젝트를 만들었다. 학생들은 가게 운영을 위해 필요한 계산들을 자연스럽게 익혔고, 수학에 대한 태도도 완전히 바뀌었다.

이런 접근이 가능한 이유는 교육청이 현장을 믿고 지원하는 문화를 만들었기 때문이다. 실패를 두려워하지 않고 실험할 수 있는 환경, 서로의 경험을 나누고 배울 수 있는 네트워크, 그리고 필요할 때 도움을 받을 수 있는 체계가 갖춰져 있다.

— 관계 중심의 리더십: 사람이 먼저다

애너하임의 리더십에서 가장 인상적인 부분은 '관계'를 최우선으로 여긴다는 점이다. 모든 정책과 제도, 프로그램의 중심에 '사람'이 있다. 성과나 효율성도 중요하지만, 그것이 사람을 희생시키는 방식으로 추구되지는 않는다.

한 교육청 관리자의 이야기가 이를 잘 보여준다. 이 관리자는 매주 몇 개 학교를 방문하는데, 교장실에 앉아서 보고서를 받는 대신 교실을 돌아다니며 교사와 학생들을 직접 만난다. "어떻게 지내세요?", "뭔가 도움이 필요한 일은 없나요?"라는 질문으로 대화를 시작한다.

이런 접근은 표면적으로는 비효율적으로 보일 수 있다. 하지만 실제로는 훨씬 효과적이다. 현장의 실제 상황을 정확히 파악할 수 있고, 문제가 커지기 전에 미리 해결할 수 있으며, 무엇보다 현장과의 신뢰 관계를 쌓을 수 있다.

관계 중심의 리더십은 갈등 상황에서 그 진가를 발휘한다. 어떤 학교에서 새로운 평가 방식을 도입하려 했는데, 일부 교사들이 강하게 반발했다. 전통적인 접근이라면 '정책이니까 따라야 한다'고 압박했을 것이다. 하지만 이 학교의 교장은 반대하는 교사들과 개별적으로 만나 그들의 우려를 들었다. 대화를 통해 교사들의 반대가 단순한 변화 거부가 아니라는 것을 알게 되었다. 새로운 평가 방식에 대한 충분한 연수 없이 도입되는 것에 대한 불안, 학생들에게 해가 될 수 있다는 걱정, 업무량 증가에 대한 부담 등 합리적인 이유들이 있었다. 교장은 이런 우려들을 하나씩 해결해나갔고, 결국 모든 교사들이 납득할 수 있는 방식으로 변화를 이끌어냈다.

— 성장 지향적 리더십: 실패를 배움으로

애너하임의 리더십 문화에서 특별한 점 중 하나는 실패에 대한 관점이다. 실패를 '피해야 할 것'이 아니라 '배움의 기회'로 본다. 이는 단순한 구호가 아니라 실제로 조직 운영에 적용되는 철학이다.

한 초등학교에서 벌어진 사례를 보자. 이 학교에서는 학생 자치회 활동을 활성화하려고 했다. 하지만 첫 번째 시도는 완전히 실패했다. 학생들이 관심을 보이지 않았고, 교사들은 시간 낭비라고 생각했으며, 학부모들은 공부에 방해된다고 불만을 제기했다. 전통적인 조직이라면 이 프로그램을 즉시 중단했을 것이다. 하지만 이 학교의 교장은 달랐다. 실패의 원인을 분석하고, 관련자들과 솔직한 대화를 나누며, 개선 방안을 모색했다. 그 결과 학생들이 진짜 관심을 갖는 주제들(급식 메뉴 개선, 놀이시간 확대 등)부터 시작하기로 했다.

두 번째 시도는 성공적이었다. 학생들은 자신들의 의견이 실제로 반영되는 것을 보고 적극적으로 참여했고, 교사들은 학생들의 변화에 놀랐으며, 학부모들도 아이들이 더 책임감 있게 변하는 모습을 보고 지지하게 되었다. 이 과정에서 가장 중요한 것은 첫 번째 실패가 '학습의 기회'가 되었다는 점이다. 실패를 통해 무엇이 작동하지 않는지, 어떤 접근이 필요한지를 배웠고, 그것이 더 나은 결과로 이어졌다. 이런 경험은 조직 전체에 "실패해도 괜찮다, 배우면 된다"는 문화를 만들어냈다.

— 시스템 사고: 전체를 보는 눈

애너하임의 리더들이 갖춘 또 다른 중요한 역량은 시스템 사고(system thinking)다. 개별 문제나 현상을 독립적으로 보지 않고, 전체 시스템 안에서의 상호작용과 패턴을 이해하려고 한다. 이런 관점은 근본적인 해결책을 찾는 데 필수적이다.

예를 들어, 한 고등학교에서 학생들의 지각이 늘어나는 문제가 발생했다. 표면적으로는 학생들이 게을러졌다거나 집에서 관리를 안 한다고 생각할 수 있다. 하지만 시스템적으로 접근하면 다른 원인들이 보인다. 교장과 교사들은 지각한 학생들과 직접 대화를 나누고, 그들의 일상을 이해하려고 노력했다. 그 결과 많은 학생들이 새벽 알바를 하고 있다는 사실을 발견했다. 가정 경제가 어려워 아르바이트를 할 수밖에 없는 상황이었다. 이는 개인의 의지나 습관의 문제가 아니라 사회경제적 구조의 문제였다.

이런 이해를 바탕으로 학교는 단순히 지각을 처벌하는 대신 다른 해결책을 모색했다. 학교 내에 일자리를 만들어 제공하고, 지역 기업들과 협력하여 학습과 병행 가능한 인턴십 프로그램을 개발했다. 또한 어려운 상황에 있는 학생들을 위한 상담과 지원 체계도 강화했다. 이런 접근은 지각 문제를 해결했을 뿐만 아니라, 학생들의 전반적인 삶의 질을 개선했다. 더 중요한 것은 학생들이 학교를 나를 이해해주고 도와주는 곳으로 인식하게 되었다는 점이다.

─ 더 많은 리더를 만드는 리더십

마이클 풀란이 강조하는 "리더의 역할은 추종자를 만드는 것이 아니라, 더 많은 리더를 길러내는 것"이라는 철학이 애너하임에서는 구체적인 현실이 되고 있다. 모든 사람이 자신의 영역에서 리더십을 발휘할 수 있도록 격려하고 지원한다.

이는 학생들에게도 적용된다. 앞서 언급한 학생 참여 거버넌스는 단순히 학생들의 의견을 듣는 수준을 넘어, 학생들을 실제 의사결정 과정의 파트너로 인정한다. 학생들은 자신들의 교육에 대해 목소리를 낼 권리가 있을 뿐만 아니라, 그것을 개선할 책임도 함께 진다는 것을 배운다.

교사들도 마찬가지다. 단순히 정해진 교육과정을 가르치는 존재가 아니라, 교육을 함께 설계하고 개선하는 전문가로 인정받는다. 교사들은 자신의 전문성을 바탕으로 새로운 수업 방법을 실험하고, 그 결과를 동료들과 나누며, 교육정책 개발에도 참여한다.

관리자들은 이런 분산 리더십을 조율하고 지원하는 역할을 한다. 각자의 리더십이 조직 전체의 목표와 조화를 이루도록 돕고, 필요한 자원과 지원을 제공하며, 서로 다른 관점들이 건설적으로 만날 수 있는 장을 만든다.

─ 한국 교육 리더십에 던지는 질문

애너하임의 리더십 실험이 한국 교육에 던지는 질문은 분명하다. 우리는 어떤 리더십을 추구하고 있는가? 명령하고 통제하는 리더십인가, 아니면 공감하고 지원하는 리더십인가?

한국 교육 현장의 많은 리더들이 선한 의도를 가지고 있다. 학생들을 위해, 교육의 발전을 위해 열심히 노력한다. 하지만 그 방식이 여전히 구시대적인 경우가 많다. '내가 경험과 전문성을 바탕으로 올바른 방향을 제시해야 한다'는 생각, '구성원들이 이해할 때까지 충분히 설명하면 따라올 것이다'라는 기대, '시급한 현안은 일단 결정하고 나중에 공감대를 형성해도 된다'는 판단 등이 그것이다.

하지만 애너하임의 사례는 전혀 다른 가능성을 보여준다. 사람들의 마음을 움직이는 것이 행동을 바꾸는 것보다 더 강력하다는 것, 함께 만든 변화가 위에서 강요된 변화보다 더 지속적이라는 것, 모든 사람이 리더가 될 때 조직 전체가 더 역동적이 된다는 것을 증명하고 있다.

이런 리더십은 하루아침에 만들어지지 않는다. 자신에 대한 깊은 성찰, 타인에 대한 진정한 관심, 시스템에 대한 폭넓은 이해가 필요하다. 그리고 무엇보다 "내가 모든 것을 통제할 필요는 없다"는 겸손함과 "다른 사람들도 충분히 현명하다"는 믿음이 필요하다.

하지만 그 노력은 충분히 가치가 있다. 애너하임의 사례가 보여주듯이, 진정한 리더십은 사람을 살리고, 조직을 살리며, 궁극적으로는 교육을 살리는 힘이 되기 때문이다. 이제 우리도 그런 리더십을 실험해 볼 때이다.

성공하는 교육 혁신의
8가지 비밀

— 마법 같은 변화에도 법칙이 있다

"어떻게 이런 일이 가능할까?"

교육 혁신을 추구하는 많은 사람들이 던지는 질문이다. 불과 몇 년 전까지만 해도 평범했던 이 교육청이 어떻게 이렇게 극적인 변화를 만들어낼 수 있었을까? 학생들이 스스로 배움을 설계하고, 교사들이 열정적으로 협력하며, 지역사회가 적극적으로 참여하는 모습이 마치 마법처럼 보인다.

하지만 마법에도 법칙이 있다. 애너하임의 실험은 단순한 지역 프로젝트가 아니다. 이는 마이클 풀란이 제안한 '교육 혁신을 위한 8가지 핵심 요소'(도표 2)에 따라 구체화된 구조적 전략이며, 우연이나 운이 아니라 검증된 원리와 전략에 따른 의도적인 설계였다.

그렇다면 이 8가지 요소는 어떻게 실제 현장에서 작동하고 있을까? 애너하임의 구체적 사례를 통해 하나씩 살펴보자. 이 원리들을 이해한다면, 한국의 어떤 교실에서도, 어떤 학교에서도 비슷한 기적을 만들어낼 수 있을 것이다.

<도표 2> 교육 혁신을 위한 8가지 핵심 요소

순번	요소	핵심 의미
1	목적/의미	개별 학습이 더 넓은 사회적 기여와 연결되도록 교육 목적에 대한 명확하고 공유된 이해를 만든다.
2	소속감	학생, 교사, 학교 공동체 구성원들 사이에 공동체 의식과 연결감을 조성하여 지지적이고 포용적인 환경을 만든다.
3	시간	교사와 학생의 전문성 개발, 협력, 그리고 깊이 있는 학습을 위한 충분한 시간을 제공한다.
4	자율성	교사가 자신의 실천에 대해 결정을 내릴 수 있는 자율권을 부여하고, 업무에 대한 주인의식을 기를 수 있도록 한다.
5	좋은 리더 (공동 결정)	변화 과정을 이해하고, 관계를 구축하며, 협력 문화를 조성하는 리더가 성공적인 시스템 변화를 이끈다.
6	교사와 학생이 함께	교사와 학생 모두를 변화 과정에 참여시켜 그들의 고유한 관점과 기여를 인정하고 공유된 비전과 주인의식을 만든다.
7	지역사회 연계	부모, 가족, 지역 단체를 포함한 더 넓은 지역사회와 학교를 연결하여 학생 지원 시스템을 강화하고 학습의 관련성을 높인다.
8	인공지능	AI는 학습 경험을 향상시키고 교사를 지원하는 강력한 도구가 될 수 있지만, 강한 교육학적 원칙과 인간적 연결에 중점을 두고 구현되어야 한다.

— 첫 번째 비밀: 목적과 의미를 명확히 하라

"그것을 왜 배워야 하는지 모르겠어요."

이것이 전 세계 학생들이 공통적으로 토로하는 고민이다. 애너하임도 예외가 아니었다. 학생들은 수업에 참여하지 않았고, 성적은 계속 떨어졌으며, 중도 탈락률도 높아졌다. 그때 애너하임이 가장 먼저 한 일은 "그것을 왜 배우는가?"에 대한 답을 찾는 것이었다.

풀란의 8가지 요소 중 첫 번째인 '목적/의미'는 우연히 첫 번째에 놓인 것이 아니라, 모든 변화의 출발점임을 의미한다. 학생이 자신의 배움에 대해 진정한 의미를 느끼지 못한다면, 아무리 좋은 교육과정이나 혁신적인 방법을 도입해도 소용없다.

애너하임의 한 고등학교에서 벌어진 변화를 보자. 역사 수업에서 학생들은 늘 "이런 걸 배워서 뭐해요?"라고 물었다. 교사는 이 질문을 회피하는 대신 정면으로 받아들였다. "그래, 정말 왜 역사를 배워야 할까? 너희들이 직접 답을 찾아보자."

학생들은 자신들의 가족사를 조사하기 시작했다. 할머니, 할아버지의 이야기를 듣고, 가족이 어떻게 미국에 오게 되었는지, 어떤 어려움을 겪었는지를 알아갔다. 그 과정에서 이민법의 변화, 경제 상황의 영향, 사회적 차별의 역사 등이 자연스럽게 연결되었다. 갑자기 역사는 먼 옛날 이야기가 아니라 자신의 이야기가 되었다.

"이제 알겠어요. 역사를 배우는 이유는 내가 누구인지 알기 위해서예요."

한 학생의 말이 교실 전체의 분위기를 바꿨다. 배움에 개인적 의미가 생기는 순간, 학생들의 집중도와 참여도는 놀랍도록 높아졌다.

— **두 번째 비밀: 소속감을 만들어라**

목적을 찾은 학생들에게 다음으로 필요한 것은 소속감이다. 아무리 배움이 의미 있어도, 혼자서는 지속하기 어렵다. 함께 배우고, 함께 성장하며, 서로를 지지하는 공동체가 필요하다.

애너하임의 소속감 만들기는 매우 구체적이고 의도적이다. 모든 학교에서 학생들이 최소 한 명 이상의 어른과 의미 있는 관계를 맺도록 체계적으로 지원한다. 이는 담임교사만의 역할이 아니라 학교 전체의 책임이다. 애너하임은 '어떤 학생도 보이지 않게 두지 않는 것 (It's everyone's job to ensure no student is invisible)'을 교직원의 공동 책무로 선언하고, 담임교사뿐 아니라 보건교사, 행정 직원, 자원봉사자까지 모두가 학생들과 연결될 수 있도록 역할을 분담한다.

특히 한 중학교의 '멘토링 프로그램'은 그 대표적 사례다. 모든 학생은 교사, 직원, 자원봉사자 중 한 명과 멘토-멘티 관계를 맺는다. 이 관계는 학업 지도에만 국한되지 않는다. 일주일에 한 번씩 만나 일상을 나누고, 고민을 상담하며, 때로는 함께 점심을 먹기도 한다.

또한 일부 학교에서는 '20 to Watch'라는 프로그램을 운영한다. 리더십팀이 특별한 관심이 필요한 학생 20명을 선정하고, 각 학생에게 성인 한 명을 지속적으로 연결시켜 준다. 이 프로그램을 통해 학생들은 '나를 지켜보는 어른이 있다'는 안정감을 경험한다.

처음에는 시간 낭비라고 불평하던 학생들이 점차 변하기 시작했다. 자신을 진심으로 관심 있게 지켜봐 주는 어른이 있다는 것만으로도 학교에 대한 인식이 달라졌다. 학교가 나에게 관심을 기울이고 있다는 느낌을 받게 된 것이다.

소속감은 학생들 사이에서도 중요하다. 애너하임에서는 경쟁보다 협력을 강조한다. 프로젝트는 대부분 팀으로 진행되고, 평가도 개인 성취와 함께 팀 협력을 중시한다. 한 학생이 잘하면 다른 학생도 함께 좋은 평가를 받는 구조를 만든 것이다.

'내가 혼자가 아니구나. 여기에 나를 이해해 주고 지지해 주는 사람들이 있구나.'

이런 느낌을 받은 학생들은 더 도전적인 과제에도 적극적으로 참여한다. 실패를 두려워하지 않게 되고, 어려움이 있어도 포기하지 않는다.

— 세 번째 비밀: 시간을 재설계하라

현대 교육의 가장 큰 문제 중 하나는 시간에 대한 잘못된 접근이다. 빠르게, 많이, 효율적으로 가르치려다 보니 정작 중요한 것들이 사라진다. 깊이 있는 사고, 창의적 탐구, 의미 있는 관계 형성에는 충분한 시간이 필요하다.

애너하임에서는 시간에 대한 관점을 완전히 바꿨다. '빠름'보다 '깊이'를, '양'보다 '질'을 중시한다. 그리고 무엇보다 '회복'의 시간을 중요하게 여긴다.

한 고등학교의 '슬로우 러닝(Slow Learning)' [07] 프로젝트가 좋은 예다. 기존에는 한 학기에 많은 주제를 빠르게 훑어지나갔다면, 이제는 적은 수의 주제를 깊이 있게 탐구한다. 예를 들어 생물 수업에서는 한 학기 동안 '생태계' 하나만 집중적으로 연구한다.

학생들은 학교 인근의 작은 연못을 선택해서 몇 달간 관찰했다. 물의 pH 변화, 식물의 성장, 동물의 서식 패턴, 계절에 따른 변화 등을 꼼꼼히 기록했다. 이 과정에서 화학, 물리학, 환경과학의 지식이

---

07 슬로우 러닝(Slow Learning) - 빠른 속도의 학습보다는 깊이 있는 이해와 성찰을 중시하는 교육 접근법이다. 이탈리아의 '슬로우 푸드(Slow Food)' 운동에서 영감을 받아 교육 분야에 적용된 개념으로, 학습자가 충분한 시간을 갖고 개념을 탐구하고, 경험을 통해 체득하며, 자신만의 속도로 배울 수 있도록 하는 것을 강조한다. 단순한 정보 전달이나 암기보다는 학습자의 호기심과 내재적 동기를 바탕으로 한 의미 있는 학습 경험을 추구하며, 실수와 시행착오를 통한 학습도 중요하게 여긴다. 이는 현대 교육의 성과 중심주의와 속도 경쟁에 대한 대안적 접근으로 주목받고 있다.

자연스럽게 통합되었다. 더 중요한 것은 학생들이 "진짜 과학자가 하는 일이 이런 거구나"를 체험했다는 점이다.

심층적 성찰의 시간도 체계적으로 확보한다. 애너하임의 많은 학교에서는 일주일에 한 번 '리플렉션 타임(reflection time)'을 갖는다. 학생들이 그 주에 배운 것들을 돌아보고, 어려웠던 점을 점검하며, 다음 주 계획을 세우는 시간이다. 이는 단순한 복습이 아니라 메타인지 능력과 자기주도 학습력을 기르는 중요한 과정이다. 특히 사바나고등학교 등에서는 '학생 학습역량 성찰(Student Learning Capacity Reflection)'과 같은 구조화된 리플렉션 템플릿을 제공해, 학생들이 자신의 학습역량을 다양한 측면에서 스스로 점검하고 성찰할 수 있도록 돕는다.

또한 애너하임 교육구는 AI 기반 피드백 시스템도 도입했다. 학생들이 작성한 리플렉션 내용을 인공지능이 분석하여, 학생 스스로는 물론 교사에게도 의미 있는 피드백을 제공하는 방식이다. 이러한 기술적 지원은 학생들의 자기 인식 향상과 학습 전략 개선에 기여한다.

교사들에게도 충분한 시간이 제공된다. 수업 준비, 학생 상담, 동료와의 협력을 위한 시간이 공식적으로 보장된다. 시간에 쫓기지 않고 교육할 수 있어서 정말 행복하다는 교사들의 증언이 이어진다.

― 네 번째 비밀: 자율성을 보장하라

통제는 단기적으로는 효과적으로 보일 수 있지만, 장기적으로는 창의성과 동기를 억압한다. 애너하임의 네 번째 원칙은 교사와 학생 모두에게 충분한 자율성을 부여하는 것이다.

학생의 자율성은 학습 선택권에서 시작된다. 애너하임의 많은 학교에서는 학생들이 자신의 학습 경로를 스스로 설계할 수 있다. 물론 기본 교육과정은 있지만, 그것을 어떤 방식으로, 어떤 속도로, 어떤 깊이로 학습할지는 학생이 결정한다.

한 학생의 사례를 보자. 이 학생은 수학을 특히 어려워했지만 음악에는 뛰어난 재능이 있었다. 전통적인 시스템에서라면 '수학 성적을 올리기 위해 음악 시간을 줄여야 한다'는 압박을 받았을 것이다. 하지만 애너하임에서는 다르게 접근했다. 교사들은 이 학생과 함께 음악을 통해 수학을 배우는 방법을 고안했다. 리듬과 박자를 통해 분수를 이해하고, 화음의 진동 비율을 통해 비례 관계를 배우며, 음계의 패턴을 통해 수열을 익혔다. 학생은 자신만의 독특한 방식으로 수학을 학습할 수 있었고, 그 결과 두 영역 모두에서 놀라운 성장을 보였다.

교사의 자율성도 마찬가지로 중요하다. 애너하임의 교사들은 교육과정의 큰 틀 안에서 자신만의 교육 철학과 방법을 실험할 자유가 있다. 실패를 두려워하지 않고 새로운 시도를 할 수 있는 환경이 조성되어 있다.

한 영어 교사는 기존의 문법 중심 수업 대신 스토리텔링을 통한 언어 학습을 실험했다. 학생들이 자신의 이야기를 영어로 쓰고, 발표하며, 서로 피드백을 주고받는 방식이었다. 처음에는 우려하는 목소리도 있었지만, 학생들의 영어 실력과 자신감이 눈에 띄게 향상되면서 다른 교사들도 이 방법을 배우기 시작했다.

— 다섯 번째 비밀: 공동 결정 구조를 만들어라

진정한 변화는 위에서 강요할 수 없다. 애너하임의 다섯 번째 원칙은 중요한 결정을 혼자 내리지 않고 함께 내리는 것이다. 이는 단순히 의견을 수렴하는 수준을 넘어, 모든 이해관계자가 실질적인 의사결정권을 갖는 것을 의미한다.

학교운영위원회에 학생 대표가 정식 구성원으로 참여하는 것이 그 예다. 한 중학교에서는 학생들이 체육 시간이 너무 적다는 문제를 제기했다. 전통적인 방식이라면 "교육과정이 정해져 있으니 어쩔 수 없다."는 답변으로 끝났을 것이다.

하지만 이 학교는 달랐다. 학생 대표들이 운영위원회에서 정식으로 안건을 제기했고, 교사들과 함께 해결책을 모색했다. 그 결과 점심시간을 조금 단축하고 방과 후 시간을 활용해서 추가 체육 활동을 할 수 있는 방안이 마련되었다. 중요한 것은 이 과정에서 학생들이 단순히 요구만 한 것이 아니라, 실현 가능한 대안을 함께 만들어 갔다는 점이다.

교사들의 공동 결정도 활발하다. 애너하임의 학교들은 교육과정 편성, 평가 방식 개선, 학교 문화 조성 등 중요한 사안들을 교사들이 함께 논의하고 결정한다. 교장이나 교감이 일방적으로 지시하는 것이 아니라, 전체 교사들의 지혜를 모아 최선의 방안을 찾는다.

이런 과정은 시간이 많이 걸리고 때로는 갈등도 발생한다. 하지만 그 결과 만들어진 결정에 대해선 모든 사람이 납득하고 적극적으로 실행한다. 내가 참여해서 만든 결정이기 때문에 책임감도 높고, 지속력도 강하다.

─ 여섯 번째 비밀: 교사와 학생이 함께 배워라

전통적인 교육에서 교사는 '가르치는 사람', 학생은 '배우는 사람'으로 역할이 고정되어 있다. 하지만 애너하임에서는 이런 경계가 흐려진다. 교사도 배우고, 학생도 가르치며, 서로에게서 영감을 받는 상호적 관계가 형성된다.

한 과학 교사의 경험담이 이를 잘 보여준다. 이 교사는 '기후변화'

프로젝트를 진행하면서 학생들과 함께 최신 연구 논문을 읽었다. 그런데 한 학생이 교사가 놓친 중요한 데이터를 발견했다.

"선생님, 이 부분 보세요. 제가 찾은 자료와 다른 결과가 나왔어요."

처음에는 당황했지만, 교사는 솔직하게 인정했다.

"정말 그렇네. 내가 놓쳤구나. 함께 더 자세히 조사해 보자."

그렇게 시작된 공동 탐구는 예상보다 훨씬 깊고 풍부한 학습으로 이어졌다. 교사는 학생에게서 새로운 관점을 배웠고, 학생은 자신의 발견이 인정받는 경험을 통해 과학에 대한 자신감을 얻었다.

이런 상호 학습은 학생들 사이에서도 활발하다. 애너하임의 많은 교실에서는 '또래 튜터링(peer tutoring)' 시스템이 운영된다. 특정 영역에서 뛰어난 학생이 어려워하는 동료를 도와주는 것이다. 가르치는 학생은 자신의 지식을 더욱 체계화하게 되고, 배우는 학생은 또래의 설명을 통해 더 쉽게 이해한다.

가르치면서 더 많이 배운다는 말이 실감난다. 이는 한 학생의 말에서도 드러난다.

"친구에게 수학을 설명해주다 보니까 내가 정말 이해했는지 알게 됐어요. 그리고 다른 사람을 도와주는 게 이렇게 기분 좋은 일인지 몰랐어요."

― **일곱 번째 비밀: 지역사회와 연결하라**

학교는 섬이 아니다. 학생들이 졸업 후 살아갈 곳이 바로 지역사회이고, 그들이 배운 것을 실제로 적용할 무대도 지역사회다. 애너하임의 일곱 번째 원칙은 학교와 지역사회의 연결을 강화하는 것이다.

이런 연결은 매우 구체적이고 실질적이다. 학생들의 프로젝트가 지역 문제 해결과 직접 연결되고, 지역 전문가들이 교육에 참여하며, 학교의 자원이 지역사회와 공유된다.

한 고등학교의 '도시 농업' 프로젝트를 보자. 학생들은 학교 옥상에 정원을 만들어 채소를 기르기 시작했다. 처음에는 단순한 체험 활동이었지만, 점차 지역사회의 관심을 끌었다. 근처에 사는 노인분들이 자신의 농사 경험을 나누어주었고, 지역 환경 단체가 기술적 지원을 제공했다.

프로젝트는 점점 확장되었다. 학생들이 기른 채소를 지역 푸드뱅크(Foodbank)[08]에 기부하고, 도시 농업의 환경적 효과를 연구해서 시의회에 발표하며, 다른 학교들과 네트워크를 만들어 경험을 공유했다. 하나의 작은 프로젝트가 지역 전체의 변화로 이어진 것이다.

---

08 푸드뱅크(Foodbank) - 기업, 농장, 개인 등으로부터 기부받은 식료품을 수집, 저장, 분류하여 도움이 필요한 개인이나 가정, 사회복지시설 등에 무료로 제공하는 비영리 기관이다. 1960년대 미국에서 시작된 이후 전 세계로 확산되었으며, 식품 낭비를 줄이고 식품 불안정 문제를 해결하는 사회적 안전망 역할을 한다. 유통기한이 임박했지만 안전한 식품, 외관상 하자가 있는 농산물, 과잉 생산된 식료품 등을 재분배하여 환경 보호와 사회적 형평성을 동시에 추구하는 지속 가능한 시스템이다.

지역 전문가들의 참여도 활발하다. 의사, 엔지니어, 예술가, 사업가 등이 정기적으로 학교를 방문해서 자신의 경험을 나누고, 학생들의 프로젝트에 조언을 제공한다. 이는 단순한 강연이 아니라 지속적인 멘토링 관계로 발전한다.

"학교에서 배운 것이 진짜 세상에서 어떻게 쓰이는지 알겠어요."

학생들의 이런 반응이 지역사회 연결의 핵심이다. 배움이 시험을 위한 것이 아니라 실제 삶을 위한 것임을 깨닫게 되는 것이다.

— 여덟 번째 비밀: AI를 조력자로 활용하라

AI 활용은 미래교육의 핵심이다. 하지만 애너하임의 접근은 다른 곳과 확연히 다르다. AI를 교사나 학생을 대체하는 도구로 보지 않고, 인간의 학습과 성장을 지원하는 조력자로 활용한다.

앞서 언급한 'Skrappy' AI 학습 도우미가 그 대표적 사례다. 이 AI는 학생들의 학습 패턴을 분석해서 개인화된 피드백을 제공한다. 하지만 학습의 방향을 결정하거나 평가를 내리지는 않는다. 그런 것들은 여전히 학생과 교사의 몫이다.

한 학생의 경험을 들어보자. 이 학생은 영어 쓰기를 어려워했는데, Skrappy가 그의 글을 분석해서 어떤 부분에서 자주 실수하는지 패턴을 찾아주었다.

"당신은 복잡한 문장을 쓸 때 주어와 동사의 일치에서 실수가 많습니다. 이 부분을 집중적으로 연습해 보세요."

하지만 AI는 거기서 멈췄다. 구체적으로 어떻게 연습할지, 어떤 주제로 글을 쓸지는 학생이 교사와 상의해서 결정했다. AI는 문제를 발견해 주는 도구일 뿐, 해결책은 여전히 인간의 창의성과 관계 속에서 찾았다.

교사들도 AI를 적극 활용한다. 학생들의 학습 데이터를 분석해서 누가 어떤 도움이 필요한지 파악하고, 효과적인 피드백을 제공하는 데 활용한다. 하지만 AI가 할 수 없는 영역, 즉 격려, 공감, 영감 제공은 여전히 교사의 고유한 역할이다. 한 교사의 말이 AI 활용의 핵심을 잘 보여준다.

"AI가 있어서 더 중요한 일에 집중할 수 있어요. 데이터 분석은 AI가 하고, 저는 학생들과의 관계와 창의적 수업 설계에 더 많은 시간을 쓸 수 있거든요."

― **8가지 요소의 시너지 효과**

이 8가지 요소가 개별적으로 작동할 때도 어느 정도 효과가 있다. 하지만 진정한 마법은 이들이 서로 연결되고 상호작용할 때 일어난다. 목적을 찾은 학생들이 소속감 있는 공동체에서 충분한 시간을 갖고 자율적으로 학습하며, 공동 결정에 참여하고, 교사와 함께 배우며, 지역사회와 연결되고, AI의 도움을 받을 때 그 시너지 효과는 상상을 초월한다.

애너하임의 한 학교에서 벌어진 '물 부족 문제 해결' 프로젝트가 좋은 예다. 학생들은 자신들의 지역이 가뭄으로 어려움을 겪고 있다는 사실에서 의미를 찾았다(목적). 다양한 배경의 학생들이 함께 팀을 이뤄 서로를 지지했고(소속감), 한 학기 동안 깊이 있게 탐구할 수 있는 시간을 확보했다(시간). 학생들은 자신들이 관심 있는 측면을 선택해서 연구했고(자율성), 연구 방향과 발표 방식을 함께 결정했으며(공동 결정), 교사들과 함께 최신 연구를 학습했다(상호 학습). 지역 수자원 관리 전문가들이 멘토로 참여했고(지역사회), AI가 대량의 기후 데이터 분석을 도왔다(AI 활용).

그 결과 학생들은 혁신적인 빗물 수집 시스템을 개발했고, 실제로 학교와 지역에 설치되었다. 더 중요한 것은 이 과정에서 학생들이 과학자, 엔지니어, 환경운동가로서의 정체성을 발견했다는 점이다.

3

애너하임이 한국 교육에 주는 교훈

애너하임의 실험을 지켜보며 한국의 교육자들은 복잡한 감정을 느낄 것이다. 부러움과 동시에 회의감, 희망과 동시에 현실적 한계에 대한 우려가 교차한다.
"정말 멋진 일이지만, 과연 우리에게도 가능할까?"
애너하임의 8가지 비밀이 한국 교육에 던지는 메시지는 명확하다. 변화는 가능하다는 것, 그리고 그 변화는 거창한 개혁이 아닌 작은 실천에서 시작된다는 것이다. 중요한 것은 애너하임을 그대로 복사하는 것이 아니라, 그들의 정신을 우리 현실에 맞게 적용하는 일이다.

성과와
한계를 넘어

― 우리는 정말 다른가

"이런 건 미국이니까 가능한 거 아닌가요?"

한국의 교육자라면 한 번쯤 떠올려봤을 법한 질문이다. 실제로 한국과 미국은 교육 환경도 다르고, 학교를 둘러싼 제도와 문화도 다르다. 애너하임에서 이루어진 변화의 과정이 그대로 한국에 복제될 수는 없다는 말에 쉽게 고개가 끄덕여진다.

하지만 애너하임 교육 혁신의 본질은 제도나 시스템에 있지 않다. 그들이 추구한 여덟 가지 변화의 핵심은 인간의 본성과 학습의 본질에 맞닿아 있다. 모든 아이는 의미 있는 삶을 살고 싶어 하며, 누군가에게 소속되기를 원하고, 스스로 선택하고 주도하고 싶은 욕구를 갖고 있다. 이는 시대나 국가, 문화의 차이를 넘어서는 보편적 인간 욕구이며, 교육이 결코 외면해서는 안 될 근본적인 출발점이다.

따라서 중요한 것은 애너하임의 8가지 비밀을 그대로 따라 하는 것이 아니라, 그 정신을 이해하고 한국 교육의 현실과 맥락에 맞게 적용해 나가는 것이다.

우리는 지금 이 자리에서, 우리가 처한 조건 속에서 할 수 있는 작은 변화부터 시작할 수 있다. 한 시간의 수업에서 학생들에게 선택권을 주는 것, 한 달에 한 번 지역사회와 연결된 프로젝트를 기획하는 것, 교사들이 함께 모여 서로의 고민을 나누는 시간을 정기적으로 만드는 것. 모두가 당장 시작할 수 있는 작지만 중요한 변화의 출발점이 될 수 있다.

— 애너하임 성과의 핵심 요소들

애너하임의 8가지 비밀은 결국 하나의 메시지로 수렴된다. 교육은 사람을 중심에 두어야 한다는 것이다. 제도나 시스템도 물론 중요하지만, 그것들은 어디까지나 수단에 불과하다. 교육의 궁극적인 목적은 사람의 성장과 행복이어야 한다. 이 원칙을 잊지 않는다면, 어떤 환경에서도 기적 같은 변화를 만들어낼 수 있다.

애너하임이 증명한 것은 학생이 교육의 주인이 되는 것이 불가능한 꿈이 아니라는 것이다. 그리고 그런 교육에서 자란 아이들이 어떤 사람으로 성장하는지도 보여주고 있다.

앞서 언급했듯이, 학생들의 학업 성취도와 대학 진학률 향상, 그리고 중도 탈락률 감소 등 여러 긍정적 변화가 있었지만, 더욱 중요한 변화는 수치로 측정하기 어려운 것들이었다. 학생들의 학습 동기에서의 근본적 변화, 협력과 창의성이 넘치는 학교 분위기로의 변화, 학교에 대한 지역사회의 긍정적 인식 등이 바로 그것이다.

한국 교육이 직면한 현실적 한계

하지만 또한 현실을 직시해야 한다. 애너하임과 한국의 교육 환경은 분명히 다르다. 입시 제도도 다르고, 사회적 기대도 다르며, 문화적 배경도 다르다. 한국 학교에는 여전히 성적으로 줄 세우기와 통제 중심의 문화가 남아 있다. 이런 구조적 제약들을 무시하고 애너하임의 방식을 그대로 적용하려 한다면 실패할 가능성이 크다.

특히 한국의 입시 제도와 학부모들의 교육열은 변화를 추진할 때 가장 큰 걸림돌이 된다. "그런 교육 방식으로 대학에 갈 수 있나요?"라는 질문 앞에서 많은 혁신적 시도들이 좌절되곤 한다. 또한 교사들의 업무 과중과 획일적인 평가 시스템도 창의적 교육을 가로막는 요인들이다.

하지만 이런 한계들이 변화를 포기해야 할 이유는 아니다. 오히려 우리의 현실을 정확히 파악하고, 그 안에서 가능한 변화부터 시작해야 한다는 뜻이다. 완벽한 조건이 갖춰질 때까지 기다린다면 영원히 변화는 일어나지 않을 것이다.

지금,
우리가 실천해야 할 것들

이제 애너하임의 정신을 바탕으로, 한국 교육에서 지금 당장 시작할 수 있는 세 가지 변화의 방향을 구체적으로 살펴보려 한다.

─ 첫 번째 변화: 학생의 '경험'을 교육의 중심에 놓기

학생의 '경험'을 교육의 중심에 놓아야 한다.

지금까지 한국 교육은 지식 전달과 정답 중심의 평가에 치우쳐 있었다. 하지만 학생의 실제 경험을 중심에 둔 학습은, 단순한 지식 습득을 넘어 학습 동기와 자신감을 끌어올릴 수 있다. 교과 내용에 지역사회 이슈를 연결하거나, 실생활 문제 해결 프로젝트를 설계함으로써 학생은 배움이 자신의 삶과 연결되어 있다는 감각을 얻게 된다. 교육은 학생의 머리만이 아니라 삶 전체를 움직여야 한다.

서울의 한 중학교에서 벌어진 실제 사례를 보자. 젊은 국어교사 김 선생님은 학생들이 수업에 적극 참여하지 않는 것에 좌절했다.

"어떻게 하면 아이들이 국어를 재미있어할까?"

고민하던 중, 한 학생이 무심코 던진 말에서 답을 찾았다.

"선생님, 우리가 쓴 글을 누가 과연 읽어줄까요?"

그때 김 선생님은 깨달았다. 아이들이 글쓰기에 관심이 없는 이유는 그들의 글이 교사의 평가를 위한 것일 뿐, 진짜 소통을 위한 것이 아니기 때문이었다.

김 선생님은 이후 본격적으로 '우리 동네 이야기' 프로젝트를 시작했다. 학생들이 자신이 사는 동네의 숨겨진 이야기를 발굴해서 지역 신문에 기고하는 것이었다.

처음에는 "그런 것까지 해야 하나?"라며 의문을 표하는 동료 교사들도 있었다. 하지만 김 선생님에게는 명확한 의미가 있었다.

"아이들이 자신의 목소리를 세상에 들려주는 경험을 하게 해주고 싶다."

이런 개인적 의미가 있었기에 어렵지만 포기하지 않았다.

결과는 놀라웠다. 학생들의 글이 실제로 신문에 실리며, 지역 주민들의 반응도 뜨거웠다. 학생들은 내 글을 누군가 읽어준다는 것에 큰 의미를 느꼈고, 글쓰기에 대한 태도가 완전히 바뀌었다. 더 중요한 것은 이 과정에서 김 선생님 자신도 교사로서의 새로운 정체성을 발견했다는 점이다.

─ 두 번째 변화: 교사 역할의 재정의

교사의 역할을 '콘텐츠 전달자'에서 '성장 촉진자'로 재정의해야 한다. 애너하임의 교사들은 지식을 전달하는 역할을 넘어, 학생의 성장을 함께 설계하고 지원하는 조력자로 기능했다. 한국 교육에서도 이제는 교사의 역할을 재정의할 때다.

단순한 강의나 시험 출제 중심에서 벗어나, 학생의 정서와 동기, 관계까지 돌보는 전인적 교육자로서의 교사상이 필요하다. 이를 위해서는 교사 간 협업 문화와 성찰의 시간 또한 보장되어야 한다.

한 중학교 수학교사는 수업을 진행하면서 늘 고민에 빠졌다. 몇몇 아이들은 빠르게 문제를 풀어냈지만, 많은 아이들은 수업을 따라오지 못한 채 집중력을 잃거나 딴짓을 하곤 했다.

"이 아이들도 수학을 포기하지 않도록 하려면, 나는 수업을 어떻게 바꿔야 할까?"

교사는 근본적인 질문을 던지게 되었다. '모든 학생이 같은 문제를 푸는 것'보다, '각자의 수준과 속도에 맞게 선택할 수 있는 문제를 제공하는 수업'이 더 많은 학생이 참여할 수 있는, 더 의미 있는 출발점 아닐까?

이 질문에서 실험이 시작되었다. 교사는 하루 수업 분량을 여러 수준의 문제지로 구성해 학생들에게 제시했다. 어떤 학생은 기본 개념 문제부터, 어떤 학생은 응용 문제를, 또 어떤 학생은 스스로 선택한 문제에 도전했다. 정답을 맞히는 것이 목표가 아니라, 자신의 속도로 끝까지 풀어보는 것, 그리고 수업 말미에 간단한 자기 피드백을 적어보는 것이 과제였다.

여기에 한 가지를 더했다. 학생들은 서로 짝을 이루어, 상대방의 풀이 과정이나 짧은 글을 읽고 한 줄 동료 피드백을 주고받았다.

"이 부분 설명이 좋아."

"여기서 헷갈렸다고 했는데 나도 그랬어."

"잘 몰라도 끝까지 해 보려 한 게 너무 멋지다!"

교사는 이 활동을 통해 놀라운 장면을 보게 되었다. 말수가 적고 자신감 없던 학생들도, 동료의 짧은 응원 한 줄에 얼굴을 들고 미소를 지었다. 어떤 학생은 "내가 쓴 걸 누군가 읽어준 게 처음이에요."라고 말했다. 이 작은 실험은 동료 교사들에게도 관심을 불러일으켰다. 어떤 교사는 쓰기 수업에서 '글감 선택지'를 다양화했고, 또 다른 교사는 과학 수업에서 탐구 주제를 세 단계로 제시해 학생이 선택하도록 했다. 소극적이던 학생들이 한 줄이라도 쓰고, 실험 도구를 스스로 손에 들기 시작했다.

교사들은 그제야 깨달았다. 문제는 아이들이 아니라, 우리가 아이들에게 허락하지 않았던 선택의 폭일지도 모른다는 것을. 이처럼 작은 실험은 모든 아이가 배움에 참여할 수 있도록 수업의 구조를 바꾸는 데서 출발한다.

가장 빠른 아이가 아니라, 가장 뒤처진 아이를 중심에 둘 때 교실은 비로소 달라지기 시작한다. 진짜 혁신은 완벽한 수업이 아니라, '모두를 기다리는 수업'을 만들겠다는 작은 다짐에서 시작된다.

— 세 번째 변화: 학교 문화의 전환

학교 문화를 '경쟁과 통제'에서 '협력과 신뢰' 중심으로 전환해야 한다. 교실 운영과 학교 규칙 전반이 여전히 경쟁과 상벌 논리에 의존하고 있다는 점에서, 문화적 전환 없이는 구조적 개혁도 제대로 작동하기 어렵다.

애너하임의 변화도 이러한 문화적 기반 위에서 가능했다. 학생과 교사 간, 학생 상호 간에 신뢰와 협력을 중심으로 한 문화를 만들어 낸 것이다. 프로젝트 기반 수업에서는 팀 활동과 공동 평가를 강조했고, 실수를 실패로 규정하지 않는 분위기를 조성했다.

광주의 한 중학교에서 벌어진 '급식 개선 프로젝트'가 좋은 사례다. 학생들이 급식이 맛 없다고 불만을 제기했다. 기존 방식이라면 '의견을 급식 업체에 전달하겠다.'거나 '예산과 시설의 한계가 있다.'는 설명으로 끝났을 것이다. 하지만 이 학교는 학생들을 문제 해결의 파트너로 인정했다. 학생회에서 '급식 개선 TF'를 만들고, 학생들이 직접 설문조사를 실시했다.

그 결과 문제는 단순히 맛이 아니라 '메뉴의 다양성 부족', '알레르기 학생을 위한 대안 부족', '식당 환경의 문제' 등 복합적인 것이었다. 학생들은 영양사 선생님과 만나 예산의 한계를 이해했고, 그 안에서 할 수 있는 개선 방안을 함께 모색했다. 매월 학생 선호 메뉴를 조사해서 반영하고, 알레르기 학생을 위한 별도 메뉴를 개발하며, 식당 환경을 개선하는 캠페인도 벌였다.

이 과정에서 흥미로운 변화가 일어났다. 학생들이 급식에 대해 불만만 제기하던 존재에서 급식 운영을 함께 고민하는 파트너로 변한 것이다. "이제 급식이 우리 일이 되었어요."라는 한 학생의 말이 이 변화를 잘 보여준다. 중요한 것은 이런 경험을 통해 학생들이 '변화를 만들 수 있는 존재'라는 자신감을 얻었다는 점이다.

급식 개선에서 시작된 학생 참여는 점차 다른 영역으로도 확산되었다. 교실 환경 개선, 학교 규칙 토론, 교육과정 피드백 등에도 학생들이 적극적으로 참여하기 시작했다.

─ 작은 변화의 의미

이 세 가지 변화는 거창한 개혁이 아닐 수 있다. 하지만 우리가 지금 당장, 한국의 교실과 학교 안에서 시작할 수 있는 현실적인 변화다. 애너하임이 보여준 변화의 길은 특별한 조건을 갖춘 몇몇 사람만이 걷는 길이 아니다. 지금 여기에서, 우리가 함께 만들어갈 수 있는 길이다.

그러나 이 길을 걷기 위해선 먼저, 지금 우리가 어디에 서 있는지를 정확히 알아야 한다. 애너하임의 경험이 희망이 되기 위해서는, 한국 교육의 현실과 마주하는 것부터 시작해야 한다.

새로운 교육 문명은
어떻게 시작되는가

― 거대한 변화도 작은 발걸음에서 시작된다

"우리는 어디서부터 시작해야 할까요?"

교육 개혁 사례를 접한 한국 교육자들이 흔히 하는 질문이다. 해외의 놀라운 교육 혁신 사례들을 보고 나면, 막상 한국 현실로 돌아와서는 막막함이 앞선다는 것이다. "입시 제도도 다르고, 학부모 문화도 다르며, 교육청 시스템도 다른데 과연 우리도 할 수 있을까?"

이런 의문은 자연스럽다. 하지만 애너하임도 하루아침에 변한 것은 아니다. 불과 10년 전만 해도 지금과 크게 다르지 않았다. 학생들은 수동적이었고, 교사들은 지쳐 있었으며, 지역사회는 무관심했다. 그런데 어떻게 이런 극적인 변화가 가능했을까?

비밀은 '완벽한 계획'이 아니라 '작은 시작'에 있었다. 마이클 풀란이 항상 강조하듯이, 진정한 변화는 거대한 청사진에서 나오는 것이 아니라 현장에서의 의미 있는 실험들이 축적되면서 만들어진다. 중요한 것은 "어떻게 시작할 것인가"이다.

─ 의미 찾기부터 시작하라

모든 변화의 출발점은 개인이 그 변화에서 의미를 발견하는 데 있다. 풀란이 말하는 '주관적 의미'가 바로 이것이다. 아무리 좋은 정책이나 방법론이라도, 실제로 실행하는 사람이 "왜 이것을 해야 하는가?"에 대한 답을 스스로 찾지 못한다면 형식적인 변화에 그칠 뿐이다. 변화는 거창한 계획이 아니라 개인이 자신만의 의미를 찾는 데서 시작된다.

"나는 왜 이 일을 하는가?"
"내가 정말 하고 싶은 교육은 무엇인가?"
"어떤 변화를 만들고 싶은가?"
이런 질문에 대한 답을 찾는 것이 모든 혁신의 첫걸음이다.

─ 작은 실험의 힘

의미를 찾았다면, 다음 단계는 작은 실험을 시작하는 것이다. 처음부터 거창할 필요는 없다. 오히려 작고 안전한 실험에서 출발해 점차 확장해나가는 방식이 더 지속 가능하다. 애너하임의 변화도 그렇게 시작되었다.

이처럼 작은 실험은 모든 아이가 배움에 참여할 수 있도록 수업의 구조를 바꾸는 데서 출발한다. 가장 빠른 아이가 아니라, 가장 뒤처진 아이를 중심에 둘 때 교실은 비로소 달라지기 시작한다. 진짜 혁신은 완벽한 수업이 아니라, '모두를 기다리는 수업'을 만들겠다는 작은 다짐에서 시작된다.

— 동반자 찾기: 혼자서는 할 수 없다

변화는 혼자서 만들어낼 수 없다. 같은 꿈을 꾸는 동반자들과 함께할 때 더 큰 힘을 발휘한다. 애너하임에서도 가장 중요한 것 중 하나가 '학습 공동체' 구축이었다.

대구의 한 초등학교에서 만들어진 '수요일 모임'이 이런 동반자 관계의 좋은 예다. 몇 명의 교사들이 수요일 방과 후에 모여서 일주일간의 경험을 나누고, 서로의 고민을 상담하며, 함께 새로운 아이디어를 만들어가는 모임이었다. 처음에는 3명으로 시작했지만, 입소문을 듣고 하나둘씩 참여하는 교사들이 늘어났다. 이 모임에서는 누구도 상대방을 판단하거나 비판하지 않았다. 대신 서로의 시도를 격려하고, 실패를 함께 분석하며, 더 나은 방법을 모색했다.

"처음으로 동료들과 진짜 교육에 대해 이야기할 수 있어서 너무 좋아요."

참여 교사 중 한 명의 말이다. 그동안은 업무나 민원에 대한 이야기만 있었지, 정작 어떻게 하면 아이들을 더 잘 가르칠 수 있을까에 대한 진지한 대화는 없었다는 것이다. 이 모임에서 나온 아이디어들은 각자의 교실에서 실험되었고, 그 결과는 다시 모임에서 공유되었다. 성공 사례는 다른 교사들이 응용할 수 있도록 구체적으로 나누었고, 실패 사례는 원인을 분석해서 개선 방향을 함께 찾았다. 개별 교사의 실험이 집단의 지혜로 발전한 것이다.

더 체계적인 접근을 시도하는 교사 학습 동아리도 있다. 2024년 출범한 '학습과학 네트워크'가 그 예다. 이 네트워크는 21세기 들어 눈부신 성과를 보이고 있는 학습과학(Science of Learning in Education) 연구 결과를 깊이 학습하고 이를 교실 수업에 적용하는 것을 목표로 한다. 출발점은 현장의 절실한 필요였다. 수석교사들이 수업을 참관하면서 많은 교사들이 자신의 교수법이 얼마나 효과적인지 확신을 갖지 못하는 모습을 보게 되었다. 때로는 학습과학 원리에 비추어 볼 때 효과를 기대하기 어려운 수업 활동들도 발견했다고 한다. "내가 하는 수업이 정말 아이들에게 도움이 될까?" 이런 의문을 과학적으로 검증된 교육 방법으로 해결해 보자는 것이 이 네트워크의 시작이었다.

전국의 약 40명 교사들이 관련 서적을 읽고, 3주마다 온라인과 오프라인에서 만나 이를 자신의 수업에 어떻게 적용할지 연구한 결과를 발표한다. 소위 '빡세게' 공부하는 이들의 열정은 놀랍다. 단순한 경험 공유를 넘어 과학적 근거에 기반한 교수법을 체계적으로 학습하고 실험하는 것이다.

이들의 궁극적 목표는 두 가지다. 하나는 학습과학에 근거한 교수법을 전수할 수 있는 교사 연수자를 배출하는 것이고, 다른 하나는 최적의 수업 설계를 통해 모든 학생에게 학습이 일어나는 정의로운 교실을 만드는 것이다.

동반자는 같은 학교에서만 찾을 수 있는 것은 아니다. 온라인 커뮤니티, 교육 단체, 연수 모임 등을 통해 전국의 교육자들과 네트워크를 만들 수 있다. 중요한 것은 서로를 격려하고 지지하며, 함께 성장하려는 의지를 가진 사람들을 찾는 것이다.

― 실패를 배움의 기회로 만들기

새로운 시도에는 반드시 실패가 따른다. 중요한 것은 실패를 두려워하지 않고, 그것을 배움의 기회로 만드는 것이다. 애너하임에서도 수많은 실패와 시행착오가 있었고, 그 과정에서 더 나은 방법을 찾아갔다.

한 고등학교에서 시도한 '무시험 수업' 실험이 이런 학습의 과정을 잘 보여준다. 한 교사가 시험 때문에 공부의 본질이 사라진다고 생각해서 한 학기 동안 시험을 보지 않고 프로젝트 평가만 하는 실험을 했다. 처음에는 학생들이 신선해했지만, 시간이 지나면서 문제가 드러났다. 일부 학생들은 긴장감 없이 해이해졌고, 학부모들은 우리 아이만 뒤처지는 것은 아닌지 걱정했으며, 다른 교사들은 평가의 공정성 문제가 있지 않을까 하며 우려를 표했다.

실험은 실패로 끝나는 것 같았다. 하지만 이 교사는 포기하지 않았다. 대신 실패의 원인을 차근차근 분석했다. 학생들과 솔직한 대화를 나누고, 학부모들의 우려를 들었으며, 동료 교사들의 조언도 구했다. 그 결과 문제는 시험 자체가 아니라 평가 방식에 있다는 것을 깨달았다. 학생들에게는 적절한 피드백과 성취감이 필요했고, 학부모들에게는 자녀의 학습 상황에 대한 정보가 필요했다. 그래서 시험은 유지하되, 평가의 목적과 방식을 바꾸는 새로운 접근을 시도했다.

시험을 '줄 세우기'가 아니라 학습 점검의 기회로 만들고, 결과보다 과정을 중시하며, 학생 스스로 자신의 성장을 확인할 수 있는 방식으로 개선했다. 이번에는 성공적이었다. 학생들의 학습 동기도 높아지고, 학부모들의 만족도도 개선되었다.

"실패해서 오히려 더 좋은 방법을 찾게 되었어요."

이 교사의 말처럼, 실패는 때로 더 나은 해답으로 이끄는 소중한 경험이 된다.

시스템을 바꾸는
개인의 힘

─ 개인에서 시작되는 변화

개인의 작은 변화가 어떻게 시스템 전체를 바꿀 수 있을까? 이것이 많은 교육자들이 궁금해하는 부분이다. 답은 '연결'과 '확산'에 있다. 의미 있는 변화는 자연스럽게 다른 사람들에게 영감을 주고, 그것이 네트워크를 통해 퍼져나가면서 시스템 전체에 영향을 미친다.

경기도의 한 초등학교에서 시작된 '마을 연계 교육'이 그 예다. 한 교사가 "아이들이 자신이 사는 마을에 대해 너무 모른다"는 문제의식을 갖고 작은 프로젝트를 시작했다. 학생들과 함께 마을 어르신들을 인터뷰하고, 마을의 역사와 문화를 조사하는 활동이었다.

이 활동이 마을 주민들의 관심을 끌면서 점차 규모가 커졌다. 마을 이장님이 적극적으로 협조해 주었고, 어르신들이 자원봉사로 참여했으며, 지역 문화원에서도 자료를 제공해 주었다. 한 교사의 작은 시도가 마을 전체의 관심사가 된 것이다.

다른 교사들도 이 변화에 동참하기 시작했다. 과학 시간에는 마을의 자연환경을 조사하고, 미술 시간에는 마을 풍경을 그리며, 국어 시간에는 마을 이야기를 글로 쓰는 활동들이 연결되었다. 개별 교사의 실험이 학교 전체의 특색 교육으로 발전한 것이다.

이런 변화는 다른 학교에도 영향을 미쳤다. 인근 학교 교사들이 수업을 참관하고, 워크숍에서 사례를 공유하면서 관심이 확산되기 시작했다. 교육청도 이 실천을 우수 사례로 소개했고, 몇몇 지역에서는 이를 참고해 자체적인 마을 연계 교육 프로그램을 시도하기도 했다. 처음엔 한 교사의 작은 시도였지만, 동료 교사들의 참여와 지역 사회와의 연결을 통해 점차 제도적 관심과 지원을 이끌어내는 흐름으로 이어진 것이다.

이처럼 개인의 작은 변화가 동료, 학교, 지역, 그리고 시스템 전체에 영향을 미치는 과정이 바로 '아래로부터의 혁신'이다. 중요한 것은 처음부터 시스템을 바꾸려고 하지 말고, 자신이 할 수 있는 작은 변화부터 시작하는 것이다.

― 지속 가능한 변화를 위한 조건들

변화를 시작하는 것도 중요하지만, 그것을 지속 가능하게 만드는 것은 더욱 중요하다. 많은 교육 혁신이 처음에는 열정적으로 시작되지만 시간이 지나면서 흐지부지되는 경우가 많다. 어떻게 하면 변화를 지속시킬 수 있을까?

첫째, 개인적 의미와 공동체의 목표가 일치해야 한다. 개인의 열정만으로는 한계가 있고, 공동체의 압력만으로는 지속적인 동기를 만들기 어렵다. 개인이 추구하는 교육적 가치와 학교나 지역사회가 지향하는 방향이 조화를 이룰 때 지속 가능한 변화가 가능하다.

둘째, 작은 성공을 축적해야 한다. 거대한 변화를 한 번에 이루려고 하면 실패할 가능성이 크다. 대신 작지만 의미 있는 성공을 계속 만들어내고, 그것을 바탕으로 점차 확장해 나가는 것이 바람직하다.

셋째, 실패나 시행착오를 성장의 기회로 보는 문화를 만들어야 한다. 변화 과정에서는 반드시 예상치 못한 문제들이 발생한다. 이때 그것을 실패로 보고 포기하는 것이 아니라, 배움의 기회로 받아들이고 개선해 나가는 문화가 필요하다.

넷째, 외부와의 연결을 유지해야 한다. 같은 학교나 지역에서만 활동하다 보면 시야가 좁아지고 매너리즘에 빠질 수 있다. 다른 지역의 사례를 학습하고, 전문가들과 교류하며, 최신 연구 결과를 접하는 것이 변화의 지속에 도움이 된다.

다섯째, 시스템으로 정착시켜야 한다. 개인의 열정에만 의존하면 그 사람이 떠나거나 지치면 변화도 멈춘다. 변화가 어느 정도 안정되면 그것을 제도화하고, 새로운 사람들도 쉽게 참여할 수 있는 시스템을 만드는 것이 중요하다.

─ 나부터 시작하는 변화

결국 모든 변화는 '나'에서 시작된다. 시스템이 바뀌기를 기다리거나, 다른 사람이 나서기를 기대해서는 아무것도 변하지 않는다. 내가 먼저 변하고, 내 주변부터 바꿔나가는 것이 진정한 혁신의 시작이다.

마이클 풀란이 강조하는 '새로운 의미'의 형성도 결국 개인의 성찰과 실천에서 출발한다. "내가 추구하는 교육은 무엇인가?", "어떤 변화를 만들고 싶은가?", "학생들에게 진짜 의미 있는 경험을 주려면 어떻게 해야 할까?" 이런 질문들에 대한 답을 찾아가는 과정에서 새로운 교육 문명이 싹튼다.

교사라면 내 교실에서, 학부모라면 내 가정에서, 관리자라면 내 학교에서, 정책가라면 내 업무에서 작은 변화를 시작할 수 있다. 그 변화가 아무리 작아 보여도, 그것이 진정성을 담고 있다면 반드시 다른 사람들에게 영감을 주고 더 큰 변화로 이어질 것이다.

애너하임의 기적도 결국 한 사람 한 사람의 작은 결단에서 시작되었다. "나는 다른 방식으로 교육하고 싶다.", "학생들이 정말 행복한 학교를 만들고 싶다.", "의미 있는 배움이 일어나는 교실을 만들고 싶다."는 개인적 의미에서 출발해서, 그것이 공동체의 비전이 되고, 시스템의 문화가 되었다.

이제 우리도 그 길에 나설 때이다. 완벽한 계획이 있어서가 아니라, 변화에 대한 간절함이 있어서다. 거대한 청사진이 있어서가 아니라, 작은 실험을 시작할 용기가 있어서다. 새로운 교육 문명은 멀리 있지 않다. 바로 우리의 다음 선택, 다음 행동에서 시작된다.

— 미래를 향한 첫걸음

애너하임의 실험이 우리에게 보여준 것은 명확하다. 교육 혁신은 불가능한 꿈이 아니라는 것이다. 올바른 원칙과 체계적인 접근, 그리고 끈기 있는 실천이 있다면 어디서나 가능하다.

우리는 지금까지 애너하임의 성공 사례를 통해 교육 혁신이 어떻게 가능한지, 그리고 우리는 어디서부터 시작할 수 있는지를 살펴보았다. 학생 중심 교육의 구체적 모습을 확인하고, 새로운 리더십과 8가지 핵심 원리를 통해 변화의 법칙을 이해했다. 하지만 여전히 궁금한 것이 있다.

"이런 변화가 한국에서 정말 가능할까?"

"10년 후 우리 교육은 어떤 모습이 될까?"

"지금의 추세가 계속된다면 2035~2045년의 교실은 과연 어떤 모습일까?"

이제 우리는 한국 교육의 현재와 미래를 냉정하게 진단해야 한다. 우리가 지금 직면한 도전이 무엇인지 파악하고, 앞으로 20년간 펼쳐질 수 있는 다양한 시나리오를 검토해야 한다.

첫 번째는 현재의 관성이 지속되는 '정체 시나리오', 두 번째는 부분적 개선이 이루어지는 '점진적 개선 시나리오', 세 번째는 근본적 전환이 일어나는 '대전환 시나리오'다. 우리가 어떤 선택을 하느냐에 따라 2035년의 교실은 완전히 다른 모습이 될 것이다.

이제 우리는 3부에서 지난 30년 교육 개혁의 성찰을 통해 왜 새로운 시나리오가 필요한지 짚어보고, 제4부에서 이 세 가지 시나리오를 구체적으로 살펴볼 것이다.

애너하임의 기적이 한국에서도 가능한지, 그리고 그 길로 가기 위해 우리는 무엇을 준비해야 하는지를 함께 탐구해 보자. 새로운 교육 문명을 향한 여정은 이제 시작이다.

교육 개혁은 왜 실패했는가

30년의 성찰과
전환의
필요성

3

제1부에서 우리는 교육의 근본 사명과 철학, 그리고 미래를 향한 비전을 다시 물었다. '교육이 왜 존재하는가'라는 본질적 질문으로부터 시작하여, 존엄과 형평, 사회정의와 웰빙, 기초와 의미, 자기주도성이라는 핵심 가치들을 도출했다. 제2부에서는 이러한 가치와 비전이 단지 이상론이 아님을 보여주었다. 한국 교육 개혁의 실패와 애너하임의 성공 사례를 통해 진정한 변화가 어떻게 시작되고 지속되는지, 그 구체적인 경로와 방법을 확인할 수 있었다.

그렇다면 이제 우리가 마주해야 할 질문은 이것이다. 과거 30년간 한국 교육은 무엇을 시도했고, 왜 근본적 변화에 이르지 못했는가? 지금 우리 교육은 어떤 상황에 놓여 있으며, 무엇이 가장 시급한 과제인가? 그리고 이 모든 것이 어떻게 교육의 근본적 재설계로 이어져야 하는가?

제3부는 이러한 질문들에 대한 정직하고 체계적인 답을 제시한다. 우리는 1995년 5.31 교육 개혁으로부터 시작된 30년 개혁사를 되돌아보면서, 그 성과와 한계를 냉정하게 분석할 것이다. 당시의 이상과 현실 사이의 간극이 왜 발생했는지, 어떤 구조적 요인들이 변화를 가로막았는지를 살펴볼 것이다. 또한 현재 한국 교육이 직면한 다섯 가지 구조적 도전, 즉 입시 체제의 자기강화와 교육 본질의 왜곡, 공교육 신뢰 하락과 사교육 의존, 교사 소진과 교육 전문성 약화, 학생의 마음 건강과 학습 동기 저하, 인구 급감과 학교 생태계의 위

기를 구체적으로 진단할 것이다. 이들은 서로 얽혀 있으면서 한국 교육을 자기강화적 악순환 구조로 몰아가고 있다.

하지만 제3부의 목적은 단순히 문제를 나열하거나 과거를 비판하는 데 있지 않다. 우리의 진짜 목표는 이러한 성찰을 통해 왜 지금 근본적인 패러다임 전환이 필요한지를 명확히 하는 것이다. 과거의 개혁이 부분적 개선에 머물렀다면, 이제는 교육의 목적과 방법, 구조와 문화를 총체적으로 재설계해야 할 때임을 보여주고자 한다.

제3부를 통해 우리는 한국 교육의 현주소를 정확히 파악하고, 동시에 제4부에서 제시될 '교육 대전환 2035'의 필연성과 방향성을 확인하게 될 것이다. 과거를 성찰하는 것은 미래를 준비하는 첫걸음이다. 지금부터 그 여정을 시작한다.

1

5.31 교육 개혁 30년의 명암

— 왜 다시 교육 개혁을 말하는가

1995년의 '5.31 교육 개혁'은 규모와 영향력 면에서 가장 전면적이고 포괄적인 시도였다. '학생 중심', '개별화 교육', '학교 자율화'라는 기치 아래 발표된 이 개혁은 당시로서는 분명히 의미 있는 도전이었다.

그러나 세월이 흐른 지금, 우리는 묻게 된다. "그 개혁은 과연 무엇을 바꾸었는가?", "왜 그토록 많은 변화가 있었음에도 교실의 본질은 여전히 그대로인가?" 이 장에서는 5.31 교육 개혁의 등장 배경과 철학, 추진 내용과 결과를 차분히 되짚어본다. 당시 한국 사회가 마주한 시대적 도전과 그것에 대한 교육계의 응답은 오늘날 우리의 과제와도 맞닿아 있다. 우리는 그 개혁으로부터 무엇을 이어받아야 하며, 어떤 한계를 극복해야 하는가? 지금 다시 교육 개혁을 말해야 하는 이유는 무엇인가? 이 질문에 답하는 것이야말로, '교육 대전환 2035'의 출발점이다.

5.31 교육 개혁은
무엇이었는가
교육 개혁의 역사적 맥락과 그 시대의 문제의식

1995년 5월 31일, 문민정부 시절 교육부는 '신교육체제 수립을 위한 교육 개혁 방안'을 발표했다. 흔히 '5.31 교육 개혁'이라 불리는 이 개혁은, 한국 교육사에서 가장 전면적이고 포괄적인 변화 시도로 기록된다. "세계화·정보화 시대를 대비한 창의적이고 자율적인 인간 육성"이라는 구호 아래, 교육의 철학·구조·운영 전반을 재편하고자 한 시도였다.

이 개혁은 단지 교육 행정의 조정이나 제도 몇 가지의 손질이 아니었다. 그 배경에는 당대 한국 사회의 거대한 전환이 있었다. 1990년대 초반은 민주화 이후 시민사회의 목소리가 커지고, 시장 개방과 세계화가 본격화되던 시기였다. 특히 1994년 우루과이라운드 협상 타결 이후 교육을 포함한 공공서비스 영역에도 '경쟁과 효율'의 논리가 요구되면서, 교육 개혁은 더 이상 피할 수 없는 과제가 되었다.

한편, 당시의 교육 현실은 이미 한계에 다다라 있었다. 입시 위주의 획일화된 교육, 과도한 경쟁, 열악한 교육 여건, 경직된 교육 행정, 폐쇄적인 조직 문화 등은 사회 전반의 불만을 키우고 있었다. 공교육이 제 기능을 못 하고 있다는 인식은 널리 퍼졌고, 학부모와 시민들 사이에서는 "이제는 근본적인 변화가 필요하다."는 요구가 확산되고 있었다. 교육도 정치·경제와 마찬가지로 '제2의 민주화'가 필요하다는 목소리가 높아졌다.

이런 배경 속에서 등장한 5.31 교육 개혁은 단순한 행정적 개편이 아닌 교육체제 자체의 재구성을 목표로 했다. 국가 수준 교육과정의 도입, 단위 학교의 자율화, 고등학교 다양화, 대학입시 제도 개편 등은 모두 그 총체적인 전환의 일부였다. 정부는 이를 "교육 백년지대계의 초석"이라 명명하며 중장기 계획까지 제시했다. 교육이 단기적 정책이 아닌 사회 구조 변화의 핵심 축이라는 인식이 담겨 있었던 것이다.

결국 5.31 교육 개혁은 '왜 교육이 존재하는가'라는 질문에서 출발해, 그에 걸맞은 체제를 새롭게 설계하려는 시도였다. 이는 전환기 한국 사회의 위기의식과 가능성을 반영한 교육계의 응답이었으며, 민주화와 개방화 흐름 속에서 교육이 따라야 할 새로운 방향을 제시한 첫 신호탄이었다.

철학과
핵심 방향

학생 중심, 학교 중심, 다양화와 개별화라는 명제는 어떻게 설계되었는가

5.31 교육 개혁은 단지 제도 몇 가지를 손보는 기술적 조치가 아니라, 교육에 대한 철학과 패러다임을 전면적으로 전환하려는 시도였다. 정부가 내건 슬로건은 "창의적이고 자율적인 인간 육성"이었다. 이 목표를 실현하기 위해 강조된 세 가지 핵심 개념이 바로 '개별화', '다양화', '수요자 중심'이었다. 이들은 당시의 획일적이고 공급자 중심의 교육체제를 넘어서려는 시대적 요구를 담고 있었다.

— 개별화 교육의 철학

개혁의 중심에는 학생 개개인의 다양성을 존중하는 '개별화' 교육이 자리하고 있었다. '개별화'란 모든 학생에게 동일한 방식의 교육을 제공하는 것을 넘어, 학생 각자의 수준과 특성, 적성에 맞춘 교육을 실현하겠다는 방향성을 뜻한다. 이는 기존의 '평등=동일한 교육 제공'이라는 개념에서 벗어나, 진정한 의미의 교육 기회 평등은 학생의 다양성을 고려하는 데서 출발해야 한다는 인식 전환을 의미했다.

이를 위해 수준별 교육과정, 선택형 교육과정 도입이 추진되었고, 학습 부진 학생을 위한 기초학력 보장 방안과 특수교육 확대 등도 병행되었다. 이러한 개별화의 방향은 곧 학교교육 전반의 구조를 더 유연하게 바꾸려는 시도로 이어졌다. 바로, '다양화' 교육체제의 구축이다.

─ 다양화 체제의 구축

'다양화'는 학교 유형과 교육과정, 운영 주체의 다양성을 확대함으로써 획일화된 교육체제를 유연하고 다층적인 체계로 전환하겠다는 개념이다. 교육 수요와 사회 변화에 능동적으로 대응하기 위해 자립형 사립고, 특성화고, 특수목적고 등의 설립이 허용되었고, 고교 선택권을 확대하는 정책도 시행되었다.

이는 학생과 학부모의 선택권을 넓히고, 고교 평준화 이후 심화된 획일화를 해소하려는 시도이기도 했다. 그러나 이 과정에서 다시금 학교 간 서열화와 교육 불평등 심화라는 부작용도 나타났다는 점은 이후 제도 보완의 필요성을 시사한다. 그럼에도 불구하고, 공교육 내부의 획일성과 경직성을 깨뜨리려는 이 방향은 당대 교육 개혁의 핵심 기조 중 하나였다.

— **수요자 중심 교육 행정의 전환**

교육의 철학이 교실 안에서 실현되기 위해서는 행정과 정책 운영의 방식 역시 변화가 필요했다. 여기서 강조된 것이 바로 '수요자 중심' 교육 행정의 전환이다. '수요자 중심'은 교육의 중심축을 교사와 학교, 교육 당국 중심에서 학생과 학부모 중심으로 옮기겠다는 구조적 전환을 의미했다.

이는 단지 교육 서비스를 '선택'할 수 있게 한다는 차원을 넘어서, 교육정책 수립과 운영 과정에 수요자의 의견을 반영하고, 책무성을 높이려는 방향이었다. 학교운영위원회 제도의 도입, 교육 정보의 공개, 학부모 참여 확대 등이 변화의 일환으로 추진되었다. 이러한 철학과 방향은 당시로서는 상당히 급진적인 접근이었다. 전통적으로 국가 중심의 일방향적 교육 행정 시스템에서, 자율성과 참여, 책임성을 강화한 분권적 시스템으로 전환하려는 시도였기 때문이다.

— **경쟁을 통한 질 제고 전략**

이러한 철학적 전환을 실현하기 위해 정부는 행정과 제도의 구조적 개편도 병행하였다. 그 핵심에는 '경쟁을 통한 질 제고'라는 전략이 있었다.

5.31 교육 개혁은 철학적 지향과 함께 이를 뒷받침하는 구조적 개편도 함께 설계되었다. 고등학교 다양화와 대학의 자율성 확대, 교원 평가와 성과급제 도입, 대학 입학 전형의 다변화 등은 공급자의 자율성과 경쟁을 강화함으로써 교육의 질을 끌어올리겠다는 구조적 처방이었다. 이는 당시 경제·사회 전반에 흐르던 신자유주의적 정책 기조와도 일정 부분 맞닿아 있었다.

하지만 이러한 접근은 교육을 시장 논리로 바라보는 시각이라는 비판도 낳았다. 특히 경쟁이 심화되면서 학교 간, 교사 간 서열화와 위화감, 공교육 내부의 분열 등이 야기되었고, 이에 따라 교육의 공공성과 형평성을 다시 성찰해야 한다는 목소리도 커졌다.

요약하자면, 5.31 교육 개혁은 '개별화', '다양화', '수요자 중심'이라는 철학을 중심축으로 삼고, 이를 실현하기 위한 구조적 개편을 병행한 종합적 시도였다. 그 철학은 시대의 변화에 대한 응답이었으며, 그 구조는 실현을 위한 전략이었다.

5.31 교육 개혁 30년,
성과와 한계

5.31 교육 개혁이 시행된 지 어느덧 30년이 지났다. 그 사이 한국 교육은 겉보기에 많은 변화를 겪었다. 교육과정은 여러 차례 개정되었고, 학교 유형은 다양해졌으며, 수업 방식에도 '변화'라는 이름의 시도들이 이어졌다. 그러나 오늘날의 교실을 찬찬히 들여다보면, 여전히 많은 교사가 수업보다 평가를, 학생보다 시험을 더 중요하게 여겨야 하는 현실 속에 머물러 있다. 제도적 변화는 분명 있었지만, 그것이 일상적인 교육문화로 뿌리내렸는지에 대해서는 여전히 의문이 남는다.

─ 제도적으로 달성된 진전

5.31 교육 개혁이 가져온 제도적 진전은 분명하다. 개혁 이후 한국 교육은 구조적 측면에서 다음과 같은 변화를 이루어냈다.

- 교육과정의 다양화: 수준별 교육과정과 선택형 교육과정이 도입되었고, 진로 중심 교육도 점차 확대되었다. 이는 획일적 교육에서

탈피하려는 첫걸음이었다.
- 학교 유형의 다양화: 특수목적고, 특성화고, 자율형 사립고 등이 설립되었으며, 대학입시에서도 다양한 전형이 등장해 학생들의 선택권을 확대하려 했다.
- 자율성과 분권화 확대: 학교운영위원회 도입, 단위학교 책임경영제, 교육청 단위의 정책 자율성 강화 등이 추진되며, 중앙집중형 교육 행정에서 벗어나려는 움직임이 이어졌다.
- 정보공시 및 책무성 강화: 학교 알리미, 학업성취도 평가, 대학정보공시 등은 교육기관에 대한 투명성과 책무성을 높이는 장치로 작용했다.

이러한 제도 개편은 교육 민주주의 확대와 학생 중심 교육의 확산에 일정 부분 기여하였으며, 경직된 국가 중심 교육체제를 점진적으로 유연화시켰다는 점에서 의의를 가진다. 당시 세계화·정보화의 급격한 사회 변화를 반영하고, 교육정책을 단기적 처방이 아닌 장기 비전의 틀로 구상했다는 점에서도 평가받을 만하다.

─ 실행과 현실 사이의 간극

그러나 이러한 제도적 변화가 곧바로 학교 현장의 실질적인 변화로 이어지지는 않았다. 많은 교사는 여전히 과거의 방식대로 수업을 운영했고, 학교 행정 역시 본질적 전환보다는 외형적 순응에 머무는 경우가 적지 않았다. 예컨대 교사들은 개별화 수업이나 선택형 교육과정을 운영할 수 있는 충분한 시간, 자율성, 행정적·재정적 지원을 받지 못했고, 평가 지표 중심의 행정은 오히려 교사들의 수업 자율성과 창의성을 제약했다.

또한, 다양한 학교 유형의 도입은 애초의 취지와 달리 일부 지역과 계층에만 유리하게 작동하며 학교 간 서열화, 지역 간 교육격차를 심화시키는 부작용을 낳기도 했다. 성과급제나 교원능력개발평가 같은 제도는 일부 긍정적 변화도 유도했지만, 교육의 협업 문화를 해치고 교사 간 불신과 사기를 저하시키는 부작용이 더 크다는 평가를 받았다. 대학설립준칙주의는 고등교육의 양적 팽창과 질 관리 부실이라는 장기적 과제를 남겼다.

결국 제도와 현실의 간극은 점차 커졌고, 교사와 학생, 학부모가 실제로 체감할 수 있는 문화적 전환은 제한적이었다. 마이클 풀란이 말했듯, "구조 없는 문화는 무기력하고, 문화 없는 구조는 무의미하다."는 교훈이 다시금 떠오른다.

─ 실패라기보다 '불균형'에 대한 성찰

5.31 교육 개혁을 단순히 실패로만 평가하는 것은 온당치 않다. 개혁이 지닌 철학과 방향성, 즉 '학생 중심', '학교 자율화', '교육 다양화' 등은 당시로서는 대담하고 전향적인 시도였고, 그중 일부는 지금까지도 유효하게 작동하고 있다. 문제는 개혁의 이상을 현장에서 뒷받침할 수 있는 구체적 실행 전략과 실천 문화가 함께 설계되지 않았다는 점이다. 당시에는 대통령 중심의 강한 정치적 리더십과 자문 기구 주도의 추진력으로 개혁이 단숨에 이루어졌지만, 현장의 공감과 준비 없이 도입된 정책들은 시간이 흐르며 관성적 저항과 형식적 수용에 부딪혔다. 교육정책은 결국 교사와 학생의 일상 속에서 뿌리내려야 지속 가능하다. 제도가 삶의 변화로 이어지지 않으면, 정책은 문서에만 존재하게 된다.

─ 다음 개혁을 위한 밑거름

5.31 교육 개혁의 경험은 오늘날 우리에게 여러 가지를 시사한다.
첫째, 교육 개혁은 구조와 문화를 동시에 움직여야 한다.
둘째, 학교 현장의 여건 마련과 참여 없이는 지속 가능한 변화가 어렵다.

셋째, 경쟁 중심의 접근이 가져온 부작용을 성찰하고, 교육의 공공성과 형평성을 다시 중심에 놓아야 한다.

무엇보다 중요한 것은 이 개혁이 남긴 긍정적 유산과 시행착오를 균형 있게 성찰하며, 2035년의 교육 대전환에서는 같은 방식이 아니라 다른 방식으로 접근해야 한다는 교훈을 받아들이는 것이다. 제도의 재설계뿐 아니라 실행 주체의 문화, 공동체의 실천, 교육의 본질에 대한 사회적 합의를 함께 갖추는 일. 그것이 바로 5.31 교육 개혁이 남긴 가장 값진 유산이며, 동시에 우리가 앞으로 넘어서야 할 과제다.

세상은 바뀌었는데,
교육은 왜 그대로인가

― 변화한 사회 속에서 5.31 교육 개혁을 다시 묻는다

1995년 5.31 교육 개혁이 발표되던 시기, 한국 사회는 산업화와 민주화를 거쳐 본격적인 정보화 사회로 진입하던 참이었다. 초고속 인터넷의 급속한 보급, 고도 경제성장에 대한 기대, 그리고 교육을 통해 더 나은 삶을 추구하려는 열망이 사회 전반을 뒤덮고 있었다.

5.31 교육 개혁은 이러한 시대적 흐름 속에서 탄생했다. 당시의 개혁은 획일적 교육체제를 개방하고 유연화하여, 개인의 다양한 교육 수요에 대응하겠다는 철학을 담고 있었다.

그러나 지금 세상은 당시와는 비교조차 할 수 없을 만큼 달라졌다. 인구 구조, 기술 환경, 노동 시장, 삶의 가치 체계까지 모든 것이 무서운 속도로 급변하고 있다. 그에 비해 교육은 여전히 30년 전의 틀에서 크게 벗어나지 못하고 있다. 이제는 그 간극을 직시하고, 5.31 교육 개혁이 제시한 철학과 전략이 오늘날에도 유효한지 다시 물어야 할 시점이다.

— 디지털 전환: 학습의 경계가 사라진 시대

가장 먼저 주목할 변화는 기술 환경이다. AI, 빅데이터, 메타버스, 온라인 플랫폼의 발전은 학습의 시간과 공간, 주체와 방식의 경계를 허물고 있다.

세계 각국의 많은 학생들이 유튜브에서 프로그래밍을 배우고, ChatGPT로 글쓰기 피드백을 받고, 전 세계 친구들과 협업 프로젝트를 진행한다. 학습은 더 이상 '학교'라는 물리적 공간과 '교사'라는 유일한 전달자에 의해 독점되지 않는다.

하지만 정작 우리의 학교는 여전히 고정된 시간표와 교과서 중심 수업에 갇혀 있다. 기술은 빠르게 진보하고 있지만, 교육 제도와 수업 문화는 그 속도를 따라가지 못한다. 디지털 기술을 교육에 접목하자는 담론은 넘쳐나지만, 교사의 전문성과 제도의 유연성이 뒷받침되지 않아 많은 경우 '형식적 전환'에 그치고 있다.

흥미롭게도, 5.31 교육 개혁 당시 강조된 '교육의 다양화'는 오늘날 디지털 기술과 결합할 때 더욱 강력한 잠재력을 지닐 수 있다. 그러나 이 가능성은 양날의 검이다. 기술에 대한 접근성과 활용 능력의 차이는 교육 격차를 심화시킬 소지가 있으며, 개별화된 맞춤형 학습 역시 일부 학생들에게는 여전히 낯설고 제한된 기회로 남아 있을 수 있다.

― 인구 구조의 변화 : 학령인구 급감과 지역 소멸 위기

기술 못지않게 인구 구조의 변화도 교육을 근본적으로 흔들고 있다. 1995년 한국의 학령인구는 1,000만 명을 웃돌았지만 2025년에는 500만 명 수준으로 줄어들었고, 일부 지역에서는 '학생' 단위로 학교 운영을 고민해야 할 정도다. 교육 수요가 급감하고 지역 격차가 심화되는 가운데 우리는 다음과 같은 질문을 던지게 된다.

"이제 교육은 누구를 위한 것인가?"

5.31 교육 개혁이 말한 '수요자 중심 교육'은 모든 학생을 대상으로 한 것이었지만, 실제 정책의 실행 과정에서는 대도시의 다수 학생들에게 상대적으로 더 유리하게 작동해왔다. 이제는 소규모 학교, 다문화 가정, 특수한 교육적 요구를 지닌 아이들이 새로운 다수가 되어가고 있다. 교육의 보편성을 유지하면서도, 이처럼 다양하고 복합적인 수요에 얼마나 민감하게 대응하고 있는가?

뿐만 아니라 대학 진학률은 지속적으로 높아졌지만 졸업 후 실업률도 여전히 높은 수준을 보이고 있다. 대학생 수가 초등학생 수와 비슷하거나 더 많은 오늘날의 인구 구조는, 한편으로는 저출생이 가져온 학령인구 감소의 심각성을 보여주며, 다른 한편으로는 고등교육의 공급 확대가 실제 삶의 질 향상으로 이어지지 못하고 있다는 구조적 불일치를 드러낸다. 교육이 단순히 '더 좋은 대학 진학'을 위한 수단이 아니라, '더 나은 삶'을 준비하고 지역사회와 연결되는 방향으로 나아가야 한다는 요구가 그 어느 때보다 절실하다.

─ 사회적 가치의 변화: 경쟁에서 공존으로

사회가 바뀌면 교육의 목적도 바뀌어야 한다. 과거에는 교육이 개인의 성공과 계층 이동을 위한 수단으로 기능했다면, 지금은 지속가능성, 공존, 다양성, 정의 같은 가치가 중심에 있다.

기후 위기와 생태적 전환이 시급한 과제로 떠오르면서, 환경 감수성과 책임 있는 시민 의식을 기르는 교육이 필수로 요구되고 있다. 젠더 평등, 인권 존중, 사회적 약자에 대한 이해와 감수성 또한 단순한 교과 내용을 넘어 교육 철학의 핵심으로 자리 잡았다.

또한, 경쟁이 아닌 협력과 포용을 바탕으로 한 공동체적 역량을 키우는 교육이 점점 강조되고 있다. 이러한 흐름은 단지 교육의 내용을 바꾸는 데 그치지 않고, 교육 방식과 평가 기준까지도 근본적으로 재구성할 필요성을 시사한다. 그러나 현실은 여전히 줄 세우기, 선발 중심, 성과 중심의 교육문화에 머물러 있다.

5.31 교육 개혁 당시의 '수요자 중심'이 '고객으로서의 학생'을 상정했다면, 오늘날에는 학생을 스스로 삶을 이끄는 주체이자 민주사회 구성원으로 바라보는 새로운 관점이 필요하다. 교육은 이제 단순히

개인의 성취를 위한 무대가 아니라, 더불어 살아가는 사회를 준비하는 장이 되어야 한다.

— 다시 묻는다: 5.31 교육 개혁은 지금도 유효한가?

돌이켜보면, 5.31 교육 개혁은 한국 교육의 역사에서 분명 중요한 이정표였다. 그것은 교육의 획일성을 깨고, 다양성과 자율성을 강화하려 했던 시도였으며, 공급자 중심에서 수요자 중심으로의 전환이라는 당시로서는 대담한 패러다임 이동이었다.

그러나 30년이 지난 지금, 사회는 훨씬 더 빠르고 깊은 변화를 경험하고 있다. 아이들이 살아가는 환경이 달라졌고, 요구되는 역량도 달라졌지만, 교육은 여전히 과거의 틀에서 크게 벗어나지 못하고 있다. 우리는 이제 정직하게 물어야 한다.

"지금의 교육은 지금의 아이들에게 필요한 교육인가?"

"미래를 살아갈 아이들에게 지금의 교육은 충분한가?"

이 질문에 진지하게 답하는 것, 바로 그곳에서 제2의 교육 대전환은 시작된다.

개혁의 유산과
우리가 배워야 할 교훈

─ 구조는 바꿨지만, 문화 혁신은 과제로 남았다

5.31 교육 개혁은 제도적 측면에서 한국 교육사상 유례없는 변화를 이끌어냈다. 고등학교 평준화 확대, 대학 자율화, 교육과정 개편, 시도교육청 권한 강화, 방송통신대학교 및 원격교육 제도화, 종합생활기록부 도입 등 교육 전반에 걸친 구조적 개편이 이루어졌다. 이러한 제도 개혁은 분명 교육의 외형을 바꾸었고, 이후 30년간 한국 교육정책의 근간이 되어왔다.

하지만 시간이 흐르면서 하나의 중요한 진실이 드러났다. 제도가 아무리 바뀌어도, 학교 현장의 문화가 바뀌지 않으면 교육은 달라지지 않는다는 점이다. 이것이야말로 5.31 교육 개혁이 우리에게 남긴 가장 중요한 교훈이자, 동시에 뼈아픈 한계였다.

─ 5.31 교육 개혁의 지속적 영향력과 한계

5.31 교육 개혁은 김영삼 정부를 넘어 다음 정부들에까지 큰 변화

없이 지속되었다는 점에서 특별하며, 진보적 색채를 띠고 있던 김대중 정부와 노무현 정부도 이 개혁안의 흐름을 이어받았다. 이는 5.31 교육 개혁이 단순한 정책적 실험이 아니라 한국 교육의 기본 패러다임을 형성했음을 의미한다.

그러나 이러한 지속성이 반드시 성공을 의미하지는 않는다. 30년이 지난 지금도 당시의 문제의식인 '암기 위주의 입시교육'은 해소되지 않았다는 지적이 계속되며, 5.31 교육 개혁의 정책 기조가 과도한 경쟁을 부추기고 부실 대학의 난립을 불러왔다는 비판도 받는다.

특히 5.31 교육 개혁 이후 한국 고등교육은 다양화, 특성화, 자율화 등의 정책 기조에 기초한 구조조정을 통해 양적 팽창기에 고착된 한국 대학의 구조적인 문제들을 해결하려 했으나 새로운 문제와 갈등을 초래하였다. 이는 구조적 개편만으로는 교육의 본질적 문제를 해결할 수 없음을 보여준다.

― 실천의 문화 없이 구조만 바꾼 결과

"제도는 바뀌었는데 왜 교실은 그대로일까?"

이는 수많은 교육 개혁 이후 반복되어 온 질문이다. 실제로 5.31 교육 개혁 이후 제도적으로는 다양한 변화가 추진되었지만, 정작 교실 수업과 학교 운영의 현실은 크게 달라지지 않았다.

특히 고교 수준에서 보면 교사들에게 다양한 선택과목을 편성할 수 있는 교육과정 자율권이 주어졌지만, 수능과 내신 중심의 평가 체제가 여전히 강하게 작동하면서 학교 현장에서는 획일적 운영이 지속되었다. 학생 중심 수업이 강조되었음에도 불구하고, 교사들은 시험 중심의 평가 문화를 넘지 못한 채 수업 자율성과 창의적 시도를 실현하기 어려웠다. 또한 학부모와 지역사회의 참여가 제도적으로는 보장되었지만, 실제 학교 운영의 실질적인 권한은 여전히 관료제적 구조 안에 묶여 있었다.

결국 제도의 지향점은 다양성과 개방이었지만, 그것이 작동해야 할 학교 현장은 여전히 '시험-입시-성적으로 줄 세우기'라는 강력한 문화에 갇혀 있었다. 제도적 개혁과 학교 현장의 실천 사이에는 깊은 간극이 존재했고, 이 간극이 개혁의 성과를 제약하는 주요 원인으로 작용했다.

― 제도 개혁과 실천 문화의 불균형

이러한 구조와 문화의 불균형은 단지 정책이 미비했거나 실행력이 부족했기 때문만은 아니다. 더 근본적인 원인은 '문화'를 바꾸지 않은 채 '구조'만을 바꾸려 했다는 데에 있다. 제도는 진보적으로 설계되었지만, 그것이 작동하기 위한 구체적인 실행 전략과 문화적 기반은 충분히 마련되지 않았다.

물론, 김영삼 정부 시절 학교 문화를 개선하려는 시도가 전혀 없었던 것은 아니다. 예를 들어, 학교운영위원회 및 교원평가제 도입, 교육과정 자율화 확대 등은 학교의 자율성과 참여 문화를 높이기 위한 방안이었다. 그러나 이러한 제도적 시도들은 학교 현장의 여건과 인식, 협력 구조를 함께 변화시키는 데까지 이르지 못했고, 문화적 전환을 뒷받침할 실행력과 지속 가능한 지원이 부족했다는 한계가 있었다.

예컨대 '다양화'를 표방했지만, 정작 교사들에게 다양한 수업과 평가를 운영할 수 있는 충분한 시간과 전문성 향상을 위한 연수, 협업이 가능한 학교 문화는 형성되지 않았다. '개별화'를 외쳤지만, 정해진 시간표와 획일적인 평가 기준 아래에서 개별화 교육은 현실적으로 실현 불가능한 이상으로 남았다. '수요자 중심'을 강조했지만, 학생과 학부모가 교육의 진정한 주체로 자리 잡을 수 있도록 권한과 책임을 재구조화하지 못했다.

— 대학설립준칙주의의 부작용

특히 5.31 교육 개혁의 핵심 정책 중 하나였던 대학설립준칙주의는 가장 큰 부작용을 낳은 사례로 지적된다. 일본의 대학 자율화 정책을 참조하고, 미국식 시장 자율주의의 철학에 영향을 받아 도입된 이 제도는, 대학을 양적으로 급격히 팽창시키는 데 기여했지만, 고등직업교육의 공공성 확보나 질 관리는 사실상 부재했다.

학생 수 감소에 대한 고려 없이 부실 대학의 난립을 초래했고, 이는 시장 논리를 교육에 무분별하게 적용했을 때 발생할 수 있는 문제점을 여실히 보여준다. 교육의 공공성과 질적 관리 없이 양적 확대만을 추구한 결과, 오늘날 고등교육의 구조적 문제로 이어졌다.

대학설립준칙주의는 5.31 교육 개혁 중 가장 크게 악영향을 끼친 사례로, 많은 교육적 혼란과 부작용이 발생하고 있다. 이 정책은 오늘날 풀 수 없게 얽힌 고등교육 문제의 원인 중 하나가 되었다는 평가를 받고 있다.

— 반복되는 개혁 실패의 구조적 원인

30년 전 5.31 교육 개혁은 한국 교육의 획기적인 전환을 예고했지만, 그 이후에도 수많은 개혁 시도가 이어졌음에도 불구하고 교실은 여전히 크게 달라지지 않았다. 교육정책은 계속 바뀌었고, 제도 개편은 수시로 일어났지만, 교사와 학생이 살아가는 학교 현장의 모습은 본질적으로 변화하지 않았다. 왜 우리는 같은 실패를 반복하는가?

그 이유는 개혁의 의도 자체보다 그 추진 방식과 실행 환경이 반복적으로 같은 오류를 재생산해 왔기 때문이다. 구체적으로는 다음과 같은 네 가지가 반복된 주요 원인으로 지적된다.

- 제도 중심, 현장 소외: 교육 개혁은 주로 중앙정부 주도의 제도 개편에 초점을 맞췄고, 정작 교실 안에서 벌어지는 실제 수업과 학교 문화는 뒷전으로 밀려났다. 법령과 정책이 아무리 정비되어도, 교사들이 시험 대비와 업무 과중 속에서 근본적인 수업 변화를 시도하기란 쉽지 않았다. 그 결과 개혁은 문서 속에서만 존재하고, 현실은 그대로 유지되는 일이 반복되었다.
- 형식적 합의, 실질적 저항: 정책 수립 과정에서 다양한 의견 수렴 절차가 있었지만, 이는 대체로 형식에 그쳤다. 변화의 당사자인 교사들은 충분히 준비되지 않은 채 새로운 정책을 맞이했고, 그 과정에서 무언의 저항과 관성적 실행이 반복되었다. 특히 변화보다 안정을 중시하는 학교 문화는 새 제도를 단지 표면적으로만 받아들이고, 본질은 그대로 두는 방식으로 대응했다.
- 정권 교체의 영향: 정권이 바뀔 때마다 교육 개혁의 방향도 바뀌었고, 앞선 정부의 정책은 폐기되거나 축소되는 일이 비일비재했다. 개혁이 뿌리를 내리기도 전에 새로운 구호가 등장하고, 교사들은 끊임없이 달라지는 정책을 따라야 했다. 이로 인해 교사들 사이에서는 "어차피 또 바뀔 텐데"라는 냉소주의가 확산되었

고, 개혁은 점점 실효성을 잃어갔다.
- **추상적 담론, 실행 전략 부재**: "학생 중심 교육", "미래 역량 함양" 같은 구호는 그 자체로는 지향할 만한 가치였다. 하지만 이를 현실의 수업과 평가에 어떻게 반영할 것인지에 대한 구체적인 실행 전략과 지원 체계는 부족했다. 교사들에게 필요한 건 구호가 아니라 실행 가능한 시간과 도구, 실효성 있는 연수와 제도적 뒷받침이었다.

결과적으로, 교육 개혁은 학교의 자율성과 전문성을 강화하기보다는 행정적 통제와 관리 중심의 관료적 접근에 머무는 경우가 많았고, 이는 현장의 피로감과 냉소를 키웠다.

― 5.31 교육 개혁이 남긴 긍정적 유산

5.31 교육 개혁은 성과와 한계가 교차했던 개혁이었으며, 오늘날에도 주목할 만한 긍정적 유산을 여럿 남겼다.

- **교육 패러다임의 전환**: 해방 이후 50년간 이어진 공급자 중심의 국가 주도 교육에서 벗어나, 학생과 학부모 등 교육 수요자의 선택과 다양성을 중시하는 방향으로 정책 기조를 전환했다는 점은

중요한 변화로 평가된다. 이는 교육의 민주성과 자율성을 강조하는 흐름의 출발점이었다.
- 교육재정 확충의 기반 마련: 현재 초·중·고 재정의 원천인 지방교육재정교부금(교육교부금)이 이때 법률로 제정되어 내국세 세입의 20.79%를 교육에 사용한다. 정부는 1998년까지 교육재정을 국민총생산(GNP) 5% 규모로 확보하는 방안도 추진했다. 이는 교육재정 확충을 위한 법적 기반을 마련한 중요한 성과였다.
- 학교 거버넌스의 변화: 학교운영위원회 제도는 현장에 가장 잘 정착된 제도 중 하나다. 교사, 학부모, 지역사회 인사가 학교 운영에 참여하는 구조를 만든 것은 분명한 진전이었다. 학교운영위원회는 교사, 학부모, 지역 인사를 학교 운영의 파트너로 참여시킨 획기적인 변화로 평가된다.
- 교육과정의 유연화: 수준별 교육과정, 선택형 교육과정 등은 획일적 교육에서 탈피하려는 시도였으며, 오늘날 개별화 교육의 기반이 되었다. 교육과정의 다양화와 함께 진로 중심 교육도 점차 확대되었다.
- 교육의 다양화와 특성화: 5.31 교육 개혁은 교육의 자율성과 다양화를 촉진하며 다양한 고등학교 유형의 확산을 가능하게 했다. 고교 단계에서는 과학고, 외국어고, 국제고 등 특수목적고와 특성화고, 자율형 사립고 등이 도입되며 교육 선택의 폭이 넓어졌

다. 또한 고등교육 분야에서는 대학 설립 제도가 '인가제'에서 '준칙주의'로 전환되면서 대학 설립이 용이해졌고, 다양한 형태의 대학들이 등장하였다. 대학입시에서는 정시 중심의 획일적 선발에서 벗어나 수시 전형 등 다양한 방식이 도입되어 학생들의 선택권을 넓히려는 노력이 이어졌다.

그러나 이러한 다양화 정책에 대한 평가는 엇갈린다. 다양한 학교 유형의 등장은 학생들의 선택권 확대와 특성화 교육이라는 측면에서 긍정적으로 평가되기도 하지만, 일부 고교 유형은 교육 불평등을 심화시키고 조기 입시 경쟁과 사교육 의존을 유발했다는 비판도 받았다. 이에 따라 문재인 정부는 자사고·외고·국제고의 일반고 전환을 추진했으나, 윤석열 정부는 교육의 다양성과 학생·학부모의 선택권을 존중한다는 명분 아래 이들 학교의 존치를 결정했다. 또한 대학설립준칙주의는 고등교육의 양적 팽창에는 기여했지만, 부실 대학의 난립과 교육의 질 저하라는 부작용을 초래했다는 지적도 지속되고 있다.

— **우리가 배워야 할 핵심 교훈**

이제 우리는 5.31 교육 개혁의 성공과 실패를 냉정하게 돌아보고,

다음의 교훈을 분명히 새겨야 한다.

첫째, 구조만 바꾸는 개혁은 실패한다. 제도는 실행 주체의 문화와 실천 속에서 구체화되며, 문화의 변화가 없다면 제도는 형식에 그치고 만다. 마이클 풀란이 말한 "구조 없는 문화는 무기력하고, 문화 없는 구조는 무의미하다"는 통찰이 여기에 적용된다.

둘째, 개혁은 교사와 학생의 일상에 뿌리내려야 한다. 수업, 평가, 학교 운영 등 교육의 핵심 실천에서 변화가 일어나지 않으면, 정책은 공허한 구호가 된다. 진정한 교육 혁신은 법과 제도의 변화뿐 아니라, 그것을 일상적으로 구현할 수 있는 실천적 문화의 변화와 함께 이루어져야 한다.

셋째, 제도와 문화의 병행 개혁이 필요하다. 제도는 변화의 틀을 만들고, 문화는 그 틀을 살아 있는 시스템으로 작동하게 한다. 어느 하나만으로는 지속 가능한 변화가 불가능하다.

넷째, 시장 논리의 무분별한 적용을 경계해야 한다. 대학설립준칙주의와 고교 다양화 정책의 사례에서 보듯, 교육에 시장 논리를 적용할 때는 교육의 공공성과 질적 관리를 동시에 고려해야 한다. 단순한 양적 확대보다는 질적 성장과 공공성 확보가 우선되어야 한다.

다섯째, 현장의 목소리와 참여가 핵심이다. 교육 개혁의 주체는 교사와 학생, 학부모여야 한다. 이들의 실질적 참여 없이는 어떤 개혁도 성공할 수 없다. 형식적 의견 수렴이 아닌 실질적 권한과 책임을 부여하는 참여 구조가 필요하다.

여섯째, 장기적 관점과 일관성이 중요하다. 정권이 바뀔 때마다 교육정책이 바뀌는 것은 개혁의 지속성을 해친다. 교육 개혁은 장기적 관점에서 일관성 있게 추진되어야 한다.

— **제2의 교육 대전환을 위한 준비**

5.31 교육 개혁은 한국 교육 역사상 가장 포괄적인 제도 개혁이었지만, 문화와 실천의 변화 없이 추진된 개혁이 어떻게 한계에 부딪히는지를 잘 보여주는 사례이기도 하다.

이제 우리는 같은 실수를 반복하지 않아야 한다. 제2의 교육 대전환은 제도 개편과 함께 실천 문화의 전환, 교사와 학생이 주도하는 변화로 이어져야 한다. 그래야 비로소 교육은 구조가 아니라 삶을 바꾸는 힘이 된다.

현실적으로 5.31 교육 개혁안에 담겨 있던 주요 개혁 과제들은 "일부 '성공', 대부분 교착상태"에 머물며 여전히 사회적 공방의 대상이 되고 있다. 학교 간 경쟁, 자율성 확대, 수요자 중심 교육, 학교 유형 다양화 등은 교육의 효율성과 선택권 확대를 내세운 개혁이었으나, 실제로는 교육의 공공성을 약화시키고 계층 간 격차를 확대시켰다는 비판에 직면했다. 특히 선발형 고교 확대, 교원성과급제 도입, 수요자 중심의 시장화 정책 등은 교육 불평등과 사교육 의존을 심화시킨다는 우려 속에 교육계 내에서 반대 세력이 조직화되었고, 이로 인해 많은 개혁 과제들이 사회적 저항과 갈등 속에서 제도적으로 정착되지 못한 채 정체되었다. 이는 5.31 교육 개혁이 구조적 전환 없이 정책 중심의 접근에 머물렀다는 한계를 보여주며, 보다 근본적이고 지속 가능한 방향에서 교육 대전환이 필요한 이유를 시사한다.

30년의 경험이 우리에게 가르쳐 준 것은 명확하다. 교육 혁신은 위에서 아래로 강요되는 것이 아니라, 현장에서부터 시작되어 위로 확산되는 것이어야 한다. 제도가 아니라 문화를, 구조가 아니라 실천을, 명령이 아니라 협력을 중심에 두는 새로운 접근이 필요하다.

지금 우리에게 필요한 것은 5.31 교육 개혁의 교훈을 바탕으로, 전혀 다른 방식의 교육 대전환을 설계하는 것이다. 그것이야말로 과거의 실패에서 배운 진정한 지혜의 활용이 될 것이다.

─ 결론: 과거에서 배우는 미래교육의 방향

5.31 교육 개혁은 30년이 지난 지금도 여전히 우리 교육의 구조와 방향을 규정짓고 있다. 그렇기에 이 개혁의 궤적을 되짚는 일은 단지 과거를 회고하는 데 그치지 않는다. 오히려 오늘날 우리가 무엇을 바

로잡고, 무엇을 이어가야 할지를 판단하는 데 중요한 단서를 제공한다. 그 여정 속에는 되새겨야 할 교훈이 분명히 있다. 제도만 바꾸고 문화를 바꾸지 않은 개혁의 한계, 현장의 목소리를 배제한 채 추진된 정책의 실패, 교육의 본질적 가치보다 시장 논리를 우선시했을 때 나타난 부작용은 오늘날까지도 생생한 반면교사로 남아 있다.

하지만 동시에, 5.31 교육 개혁은 한국 교육이 나아갈 방향에 대한 의미 있는 통찰도 담고 있었다. 수요자 중심 교육, 교육의 다양화, 학교 자율화라는 방향성 자체는 지금도 유효하다. 문제는 그 철학을 실행하는 방식에 있었다.

이제 우리는 5.31 교육 개혁의 성과는 계승하고 한계는 극복하는 새로운 교육 대전환을 준비해야 한다. 그 핵심은 제도와 문화의 조화, 현장 중심의 개혁, 그리고 교육의 공공성과 다양성의 균형에 있다. 미래의 교육 개혁은 더 이상 위로부터의 명령이 아니라 아래로부터의 혁신이어야 한다. 교사와 학생, 학부모와 지역사회가 함께 만들어가는 변화여야 한다. 그래야만 진정으로 지속 가능하고 의미 있는 교육 혁신이 가능할 것이다.

2

우리 교육이 마주한 5대 구조적 도전
— 익숙한 위기, 낯선 관점에서 다시 보기

1995년의 '5.31 교육 개혁'은 규모와 영향력 면에서 가장 전면적이고 포괄적인 시도였다. '학생 중심', '개별화 교육', '학교 자율화'라는 기치 아래 발표된 이 개혁은 당시로서는 분명히 의미 있는 도전이었다.

그러나 세월이 흐른 지금, 우리는 묻게 된다. "그 개혁은 과연 무엇을 바꾸었는가?", "왜 그토록 많은 변화가 있었음에도 교실의 본질은 여전히 그대로인가?" 이 장에서는 5.31 교육 개혁의 등장 배경과 철학, 추진 내용과 결과를 차분히 되짚어본다. 당시 한국 사회가 마주한 시대적 도전과 그것에 대한 교육계의 응답은 오늘날 우리의 과제와도 맞닿아 있다. 우리는 그 개혁으로부터 무엇을 이어받아야 하며, 어떤 한계를 극복해야 하는가? 지금 다시 교육 개혁을 말해야 하는 이유는 무엇인가? 이 질문에 답하는 것이야말로, '교육 대전환 2035'의 출발점이다.

입시 체제의 자기강화와
교육 본질의 왜곡

— 문제: 과거의 틀에 갇힌 교육, 미래를 준비할 수 없다

한국의 교육 구조는 여전히 산업화 시대의 논리에 갇혀 있다. 표준화된 정답을 빠르게 찾아내는 능력, 창의성과 주도성이 결여된 교육 방식은 20세기 산업사회에는 유효했을 수 있지만, 오늘날에는 오히려 걸림돌이 되고 있다. 상대평가 중심의 등급 매기기는 이러한 교육 방식과 결합되어 경쟁 중심의 서열화 구조를 고착시켜, 미래 사회가 요구하는 다양성과 협업 역량을 가로막고 있다.

입시 중심 교육 생태계의 고착화가 이 문제의 핵심이다. 좋은 대학을 나와야 사람 대접을 받는다는 사회 구조는 단지 사회적 선호를 넘어, 학벌이 채용, 승진, 임금, 심지어 인간관계와 문화자본의 분포에 이르기까지 전방위적으로 작동하는 사회적 서열 시스템으로 기능한다. 이 구조 속에서 학교는 더 이상 배움과 성장을 위한 공동체라기보다는, 각자도생의 논리 속에서 계층 상승을 위한 전쟁터처럼 기능하고 있다.

이로 인해 교육은 본래 지닌 의미를 근본적으로 변질시킨다. 학생들의 진로 결정은 흥미나 적성이 아니라 입시에서 유리한 선택에 따라 좌우되고, 창의성이나 다양성은 입시의 효율성 앞에서 주변화된다.

─ 원인: 입시 체제의 자기강화 메커니즘과 사회 구조의 경직성

한국의 입시 체제는 외부의 변화 요구에 거의 영향을 받지 않으면서, 스스로를 유지하고 강화하는 독자적 동력을 지닌다. 이는 단지 하나의 제도가 오래 지속되고 있다는 의미를 넘어서, 이 체제가 교육 생태계 전반에 자기강화 메커니즘을 구축하고 있기 때문이다.

첫째, 입시 제도는 고등학교 교육과정을 실질적으로 재정의한다. 대학수학능력시험이 교육과정의 바깥에 존재하는 것이 아니라, 실제로는 교육과정의 실질적 기준이 된다. 교사들은 아무리 다른 교육적 가치를 지향하려 해도, 학생과 학부모가 요구하는 것은 결국 '수능에 나오는 내용'이며, 이는 교실 수업의 방향을 사실상 시험 준비로 한정짓는다.

둘째, 고등학교는 진학 실적에 따라 평가받는다. 특정 대학 합격자 수는 학교의 명성을 좌우하고, 이는 학생 모집, 교사 인사, 지역 이미지에까지 영향을 미친다. 이로 인해 학교 자체가 입시 중심 조직으로 재편된다.

셋째, 가정과 학생의 선택 역시 이 체제를 강화한다. 어떤 가정도 '내 아이만 뒤처지게 둘 수는 없다'는 불안 속에서 결국 사교육과 내신 관리, 스펙 경쟁에 몰입하게 된다.

특히 학생부종합전형은 이 자기강화 구조의 새로운 형태를 보여준다. 다양한 경험과 역량을 평가하겠다는 의도와 달리, 실제로는 '기록 가능한 활동'을 선별하고 구성하는 데 초점이 맞춰지면서, 학생과 학부모는 학교생활기록부 최적화를 목표로 전략적 선택을 하게 된다.

― 영향: 창의성과 다양성의 억압, 미래 역량 개발 실패

입시 중심 교육 구조는 미래 사회가 요구하는 핵심 역량들을 체계적으로 억압하고 있다. 창의적 사고, 비판적 사고, 협력과 소통 능력, 문제 해결 능력, 학습 역량 등 21세기가 요구하는 능력들은 모두 정답이 없는 상황에서 발휘되는 능력들이다. 하지만 우리 교육은 여전히 정답 찾기와 경쟁에 매몰되어 있다.

수업의 파행적 운영도 심각하다. 입시 중심 교육 생태계의 작동은 교실 수업이라는 일상의 풍경 속에서 가장 선명하게 드러난다. 특히 고등학교는 그 왜곡의 최전선이다. 학생과 교사는 상당 부분의 시간을 '배움'보다는 시험 대비와 성적 관리라는 좁은 목표에 맞춰 사용하고 있으며, 이는 수업의 방향과 의미까지 왜곡시키고 있다.

수업은 본래 학문적 이해나 탐구, 공동의 성찰을 위한 시간이지만, 고교 교육에서는 '수능에 나올 만한 내용'이나 내신 대비 출제 포인트에 집중되며, 이는 교사의 수업 기획과 전달 방식, 학생의 수업 참여 태도 모두를 규정한다. 교사는 지식 전달자에서 시험 전략가로, 학생은 주체적 탐색자가 아닌 수동적 수험생으로 위치 지워진다.

이러한 일상은 학습 동기의 구조적 약화를 불러온다. 학생은 점수 향상과 무관한 활동에는 흥미를 잃고, 교사는 교육적 소명의식을 유지하기 어려운 환경에 처한다. 교실은 점점 더 생동감 없는 공간이 되고, 배움의 기쁨은 교사와 학생 모두에게서 멀어진다.

뒤바뀐 중심축,
커지는 사교육 의존

─ 문제: 공교육이 교육의 중심 역할을 상실하고 있다

입시 중심 교육 구조 속에서 사교육이 공교육보다 더 강력한 기능 수행 주체로 자리잡고 있다. 고등학교 교육의 상당 부분은 이미 입시에 의해 규정되고 있으며, 학교는 전인교육과 대입 준비라는 이중의 과제를 동시에 떠안고 있다. 그러나 공교육은 제도적으로 획일화된 교육과정과 제한된 자율성 아래 있어, 복잡한 입시 환경에 충분히 대응하기 어렵고, 그 틈을 메우는 것이 점점 사교육의 몫이 되고 있다.

"학교는 잠자고 쉬는 곳, 공부는 학원에서." 이 표현은 농담이 아니라, 많은 학생들의 실제 일상을 요약하는 상징이 되고 있다. 수업 시간에는 피로와 무기력 속에서 집중이 어려운 학생들이, 방과 후에는 에너지를 집중해 학원 수업에 참여하는 구조가 고착되고 있는 것이다. 현재 고등학생의 사교육 참여율은 67.3%, 중학생은 78.0%에 달하고, 초등학생은 무려 87.7%로 오히려 가장 높다. 이는 사교육이 단순한 보완재를 넘어, 교육 시스템 내에서 독립적이고 선행적인 기능을 수행하고 있음을 보여준다. 공교육의 질이 낮아서라기보다는, 입시 경쟁에서 남보다 앞서기 위한 '불안 심리'와 '사회적 동조 압력'이 사교육 참여를 이끄는 핵심 요인이다.

― 원인: 입시 중심 구조와 공교육의 구조적 한계

사교육 의존이 구조적으로 고착된 가장 근본적인 원인은 입시 중심의 교육 체제에 있다. 한국 사회에서 대학입시는 단순한 교육 단계의 전환이 아니라, 개인의 생애 경로와 사회경제적 지위를 결정짓는 분기점으로 작동한다. 이처럼 대학입시에 과도하게 집중된 사회 구조 속에서, 학부모와 학생들은 자연스럽게 입시 경쟁에서의 '우위 확보'를 교육의 최우선 목표로 삼게 된다.

그러나 현재의 공교육 시스템은 이러한 요구에 효과적으로 대응하기 어렵다. 국가 수준의 교육과정은 일정 수준의 기본학력 보장을 목표로 하는 표준화된 구조로 설계되어 있으며, 이는 다양한 학생의 수준 차이나 개별 진로 목표에 유연하게 대응하기에는 한계가 있다. 특히 고등학교 교육은 전인적 성장과 학습의 본질이라는 책무를 지키려는 한편, 동시에 대학입시 대비라는 실용적 요구도 감당해야 하는 이중 과제를 안고 있다. 이 과정에서 입시 준비에 특화된 사교육의 역할이 강화될 수밖에 없는 구조가 형성되어 있다.

사교육은 표면적으로는 공교육의 보완재처럼 보이지만, 실제로는 입시 전략을 정밀하게 설계하고 실행하는 기능을 수행하며 사실상 독립적인 입시 지원 체제로 작동하고 있다. 단순히 수능 대비에 그치지 않고, 내신 성적 향상을 위한 교과별 문제풀이, 수행평가 대비, 자료 분석까지 포함해 학교 성적 관리 전반에 관여한다. 실시간 성적 분석, 모의고사 데이터 기반의 전략 수립, 학교생활기록부 기획, 면접 코칭 등은 공교육이 감당하기 어려운 세밀한 대응을 제공하며, 특히 학생부종합전형 확대 이후에는 단순한 지식 학습을 넘어 비교과 활동까지 사교육이 기획하는 구조로 전환되었다. 이처럼 사교육은 공교육과 병행되는 보완적 장치가 아니라, 사실상 별도의 '입시 종합 관리 체계'로 기능하고 있다.

이와 더불어 교사들이 수업과 생활지도 외에도 과도한 행정 업무에 시달리는 현실도 구조적 문제를 심화시키고 있다. 교사 개인의 헌신만으로는 빠르게 변화하는 입시 정책, 복잡해지는 대학입시 전형, 다양한 학부모의 요구에 일일이 대응하기 어렵다. 결국 많은 학부모와 학생들은 공교육이 입시 준비를 책임지기에는 한계가 있다고 판단하고, 사교육의 도움을 구하게 된다.

이처럼 입시 중심 구조와 공교육의 현실적 제약이 맞물리며, 사교육은 단순한 보충을 넘어 입시 준비의 중심 역할을 떠안게 되었다. 이는 공교육이 신뢰를 잃어서라기보다는, 입시 중심의 교육 시스템 안에서 공교육이 감당해야 할 책무가 지나치게 많아지고 복잡해진 데 따른 기능의 한계에서 비롯된 현상이라 할 수 있다.

— 영향: 교육 격차의 심화와 공교육의 상대적 위축

사교육의 조기 개입은 학습 격차를 학교 안으로 끌어들인다. 이로 인해 교실은 학생 간 학습 수준의 격차가 뚜렷해지는 공간이 되고, 공교육이 모든 학생에게 균등한 학습 기회를 제공하는 본래의 역할을 수행하는 데 어려움을 겪게 된다. 이러한 흐름은 통계에서도 분명하게 드러난다.

실제로 2022년 PISA 결과에 따르면, 한국의 학교 내 수학 점수 분산[09] 비율은 98.1%로 OECD 평균(68.3%)보다 무려 30%포인트 높았고, 10년 전인 2012년(69.2%)에 비해서도 약 29%포인트 증가했다. 이는 학습 격차가 특히 학교 내부의 학생들 사이에서 빠르게 심화되고 있음을 보여주는 단적인 지표다. 또한 수학 상위권 학생 비율은 21.4%에서 22.9%로, 하위권 비율은 15.0%에서 16.2%로 동시에 증가하고 있으며, 중위권은 줄어들고 있다. 이는 학생 성취도가 평균으로

09　**점수 분산**- 학생들의 시험 점수가 평균으로부터 얼마나 퍼져 있는지를 나타내는 지표이고, "점수 분산 비율"은 전체 점수 분산 중 학교 내에서 발생한 분산이 차지하는 비율을 의미한다. 예를 들어, 한 국가의 점수 분산 비율이 98.1%라면, 전체 학업 성취 격차의 대부분이 같은 학교 안의 학생들 사이에서 발생했다는 뜻이다. 이는 동일한 학교에 다니는 학생들 간의 격차가 크다는 것을 보여주며, 교육 기회의 불평등이 학교 내부에서 더 심화되고 있음을 시사한다.

수렴되기보다는 양극단으로 벌어지고 있음을 시사한다. 이처럼 교육이 성취 격차를 완화하지 못한 채 오히려 계층 간 격차를 고착시키는 방향으로 작동하고 있다는 점에서, 이는 단순한 학업 성취도의 문제가 아니라 사회적 불평등의 재생산과 직결된 문제다. 사교육 참여 여부는 이제 개인의 선택이나 노력의 문제가 아니라, 가구 소득에 따른 교육 기회의 구조적 분화를 보여주는 지표가 되고 있다. 공교육은 이 격차를 줄이기보다는 점점 따라잡기 어려운 출발선의 차이를 마주하고 있으며, 이로 인해 교육 불평등은 더욱 심화된다.

이러한 흐름은 사회 전체에도 막대한 영향을 미친다. 공교육 예산이 2025년 기준 약 104조 원에 달하는 가운데, 사교육비는 약 29조 원으로 전체 교육 재정의 3분의 1 수준에 해당한다. 중고등학생 자녀 2명을 둔 가정은 매달 평균 100만 원 이상을 교육비에 지출하고 있으며, 이는 가계 부담 증가뿐 아니라 저출산과 같은 사회 구조적 문제로도 연결되고 있다. 교육 자원이 공교육과 사교육에 중복 투자되면서 시스템 전반의 비효율성도 커지고 있는 실정이다.

학생 개인의 삶에도 부정적 파장은 분명하다. 과도한 사교육은 정서적·신체적 발달을 저해하고, 학습의 자발성과 창의성을 약화시킨다. 특히 초등학생 사교육 참여율이 87.7%로 가장 높다는 사실은, 단순한 교육 보완의 차원을 넘어 '일찍 시작하지 않으면 뒤처진다'는 불안 심리가 어린 시절부터 작동하고 있음을 보여준다. 사교육은 이제

공교육을 보완하는 수단이 아니라, 입시 구조와 불안 심리에 의해 독립적으로 작동하는 별도의 교육 시스템이 되었다.

결국 이러한 현실은 공교육 자체의 기능 부족 때문이 아니라, 입시 제도와 사교육 환경이 만들어낸 왜곡된 구조적 조건에서 비롯된 문제다. 사교육 문제는 단순한 교육 서비스의 경쟁을 넘어, 우리 사회의 교육 시스템 전체를 위협하는 구조적 도전이 되었다. 지금 필요한 것은 입시 중심 교육 속에서도 전인적 성장과 공교육의 본래 역할을 회복하려는 노력, 그리고 입시 준비 교육과의 균형을 모색하는 전략적 전환이다.

교사 소진과
교육 전문성 약화

─ 문제: 교사가 교육의 전문가가 아닌 행정 업무자로 전락하고 있다

교사에 대한 사회적 기대는 여전히 높지만, 교사로서의 권위와 정체성은 과거와 비교할 수 없을 만큼 흔들리고 있다. 지식 전달자에서 전문적 학습 촉진자로의 전환이 요구되지만, 교사는 현실적으로 애매한 역할에 머무르고 있다.

한때 교사는 교과서의 내용을 정확히 전달하는 역할에 충실하면 되었지만, 지금은 AI와 인터넷이 교사의 정보력을 앞지르는 시대다. 이제 교사에게는 정보 전달자가 아닌 학습 촉진자, 사고력 개발 지도자로서의 새로운 역할이 요구되지만, 현실적으로는 여전히 기존의 '정보 전달 중심 수업' 틀에서 벗어나지 못하고 있다. OECD TALIS[10] 결과에 따르면, 한국 교사는 행정 업무에 OECD 평균의 두 배에 달하는 시간을 소모하고 있으며, 이로 인해 교육 본연의 역할

---

[10] OECD TALIS - TALIS는 경제협력개발기구(OECD)에서 교사와 학교 관리자들을 대상으로 학교 근무 환경과 학습 환경에 대한 정보를 수집하는 세계 최대 규모의 국제 설문조사로, Teaching and Learning International Survey의 약자이다. 이 설문조사는 교사들의 목소리를 대변하며, 그 결과는 정책 입안자들이 전 세계 교육 및 학습 환경을 개선하는 데 활용된다. (출처: OECD)

에 집중하기 어려운 구조적 한계에 부딪혔다. 학생과의 관계 형성, 수업 내용 재구성, 전문성 함양 등은 부차적인 일로 밀려나고 있다.

— 원인: 과중한 행정 업무와 연수 지원의 부실

입시와 학교생활기록부 중심의 교육 체제는 교사의 교육적 기획과 자율성을 제약하고, 그 대신 교사에게 입시 전략가, 학교생활기록부 기록자, 진학 코디네이터와 같은 비교육적 역할을 병행하도록 요구하고 있다.

학생부종합전형의 확대는 이러한 역할 혼재 현상을 더욱 심화시켰다. 다양한 학생 활동을 관찰하고 기록해야 하는 요구가 커지면서, 특히 고등학교에서는 학교생활기록부 작성이 교사의 중심 업무이자 특별한 부담으로 자리 잡고 있다. 학생이 뚜렷한 특기를 지니지 못한 경우에도 특기가 있는 것처럼 제한된 정보 속에서 내용을 과장하거나 미화해야 하는 상황에 직면하는 경우가 많다. 이로 인해 교육과 학습 지원이라는 본래 역할과 함께 기록 작성에 대한 부담을 동시에 떠안게 되고, 이는 교육 활동에 집중할 수 있는 시간과 에너지를 분산시키는 구조적 문제로 이어지고 있다.

새로운 교육 환경에 대응하기 위한 교사 연수와 지원 체계도 여전히 미흡하다. AI 활용, 디지털 리터러시, 학습과학 기반 수업 설계,

다문화·통합교육 등 새로운 요구가 계속 증가하고 있지만, 현장 교사들이 이를 체계적으로 학습하고 수업에 반영할 수 있는 기회는 매우 제한적이다. 최근 연수가 일회성 강의에서 워크숍이나 실습 중심의 형식으로 전환되고 있지만 여전히 직무 중심 연수에 편중되어 있고, 교수·학습 개선에 직결되는 연수의 비중은 오히려 줄어들고 있는 실정이다. 특히, 협력 기반 학습이나 사례 중심 연수와 같은 현장 친화적인 연수 방식은 확산되지 못하고 답보 상태에 머무르고 있다. 교사 간의 토론 문화 부족, 시간과 에너지의 제약, 심리적 부담 등이 복합적으로 작용하면서, 수업과 실제 연수 내용을 연결하는 데 어려움을 겪고 있다. 그 결과, 교육 변화에 대한 부담은 여전히 개별 교사에게 전가되고 있으며, 연수의 실효성에 대한 회의감도 지속되고 있다.

― **영향: 교직 기피와 교육의 질 저하**

이런 환경에서 교사의 사명감만으로 지속 가능한 교육을 기대하기는 어렵다. 실제로 2024년 교사노동조합연맹 조사에 따르면 교사 10명 중 6명(58.0%)이 최근 1년 사이 이직 또는 사직을 고민한 것으로 나타났으며, 교직 만족도는 5점 만점에 평균 2.9점에 그쳤다. 더욱 심각한 것은 교사 4명 중 1명(23.3%)이 정신과 상담이나 치료를 받은 적이 있다고 답했으며, 77.5%가 그 이유로 '교권 침해 및 과도한 민원'을 꼽았다는 사실이다.

  교육에 대한 이상을 품고 교직에 입문한 젊은 교사들은 절반 이상이 학생(56.7%)과 보호자(56.0%)로부터 교권 침해를 경험하면서 좌절감을 느끼며 교직을 이탈하는 사례도 적지 않다. 또한 교사 직업이 사회적으로 존중받고 있는지에 대해 64.9%가 '그렇지 않다'고 답할 정도로 교직에 대한 사회적 인식마저 부정적인 상황이다.

  교사의 소진은 교육의 질 저하뿐 아니라, 전인적 교육의 미흡, 교사-학생 관계 약화, 가정과의 소통 부족 등과 함께 공교육에 대한 신뢰 저하를 야기하는 복합적 요인 중 하나로 지적되고 있다.

  그렇다고 모든 학교의 모든 교사가 수동적이거나 무력한 것은 아니다. 혁신학교, IB 프로그램 운영 학교, 실천적 전문학습공동체를 구성한 학교들에서는 교사가 교육의 기획자이자 협력자로서 주체적인 역할을 수행하는 사례들도 적지 않다. 중요한 것은, 교사가 단순한 수업 전달자가 아니라 교육과정의 기획자이자 학생 성장의 지원자로서 본연의 역할과 전문성을 회복하고, 나아가 동료 교사 및 지역사회와 협력하며 학교 변화의 주체로 기능하는 전문성을 확장하는 일이 더 이상 일부 학교의 실험에 머무르지 않고, 공교육의 '기본값'이 되어야 한다는 점이다. 따라서 교사의 역할과 전문성을 회복하는 일은 단지 교사 개인의 문제를 넘어서, 공교육 시스템 전체의 신뢰 회복과 직결되는 핵심 과제다.

학생의 마음 건강과
학습 동기 저하

― 문제: 학생들이 배움에서 소외되고 있다

오늘날 한국의 교실에서 가장 심각한 문제 중 하나는 학생들의 정서적 불안과 학습 동기 저하다. 과도한 경쟁과 끊임없는 성적 비교, 미래에 대한 불안은 많은 학생들을 우울감과 무기력에 빠뜨리고 있다. 특히 입시 경쟁이 치열해질수록 학생들의 정신건강 문제는 더욱 심각해지고 있다.

학습 동기의 구조적 약화도 심각한 수준이다. 학생들은 '왜 공부해야 하는가'에 대한 명확한 답을 찾지 못한 채, 단지 점수와 등급을 위해 공부하고 있다. 이러한 외재적 동기는 지속 가능하지 않으며, 결국 학습에 대한 근본적 흥미와 의미를 상실하게 만든다.

교실 내 다양성이 증가하고 있지만, 교육 시스템은 여전히 '중간값에 맞춰진 교육'을 벗어나지 못하고 있다. 다문화 가정 자녀, 정서행동 문제를 가진 학생, 학습 지체나 발달 지연을 보이는 학생, 극단적 경쟁 속에서 학습 포기를 고민하는 아이들까지 교실 안에 공존하고 있지만, 이들을 위한 개별화된 지원은 부족하다.

─ 원인: 경쟁 중심 교육 구조와 개별화 지원 부족

학생들의 마음 건강 악화와 학습 동기 저하의 근본 원인은 경쟁 중심 교육 구조에 있다. 좋은 대학을 가야 성공한다는 사회적 압박은 학생들에게 과도한 스트레스를 가하고 있다. 특히 청소년기에 경험하는 이러한 압박은 정체성 형성과 자아존중감 발달에 부정적 영향을 미친다.

입시 중심 교육은 학생들을 수동적 수험생으로 전락시킨다. 자신의 흥미나 적성을 탐색할 기회 없이 오직 점수 향상에만 매몰되면서, 학생들은 학습의 본질적 즐거움을 잃어간다. 시험을 위한 공부가 일상화되면서 내재적 학습 동기는 점점 약화되고, 외재적 보상(점수, 등급, 순위)에만 의존하게 된다.

현재의 교실 구조는 교사에게 개별화된 대응을 위한 충분한 시간적 여유나 체계적인 지원을 제공하지 않는다. 교사 개인의 자율성은 존재하지만, 이를 뒷받침할 인력과 제도적 환경은 여전히 미비하다. 또한 다양한 학습 양상을 보이는 학생들을 위한 보조 교사, 개별화 교육계획, 협력적 전문 인력 시스템이 일부 학교에서 시도되고 있으나, 전체적으로는 여전히 미흡한 수준이다. 그 결과, 학생들은 배제되거나 방치되는 방식으로 '교실 안에서 이탈'하고, 교사는 소진과 좌절 속에서 '평균을 위한 수업'으로 다시 돌아갈 수밖에 없다.

또한 디지털 네이티브 세대인 현재 학생들의 학습 양식과 기존 교육 방식 간의 괴리도 문제다. 학생들은 빠른 정보 처리와 상호작용을 선호하지만, 학교 수업은 여전히 일방향적 강의와 암기 중심으로 운영되는 경우가 많다. 이러한 불일치는 학생들의 수업 집중도와 참여도를 더욱 떨어뜨린다.

─ 영향: 정신건강 악화와 학습 공동체 붕괴

학생들의 마음 건강 악화는 더 이상 개인의 문제가 아니라, 교육과 사회 전반에 영향을 미치는 구조적 문제로 확산되고 있다. 통계청에 따르면 2011년 10만 명당 5.5명이던 10대 자살률은 2023년 7.9명으로 증가했고, 건강보험공단 조사에 따르면 2023년 우울증 진료를 받은 7~18세는 2018년 대비 76%나 증가한 것으로 나타났다. 특히 코로나19 이후 사회적 고립감과 정서적 단절이 심화되면서, 청소년의 우울감, 불안장애, 무기력 증세는 더 광범위하고 깊은 양상으로 퍼지고 있다. 일부는 자해나 자살 시도로 이어지며, 교실과 학습 공동체 전체의 안정성과 관계마저 위협하고 있다.

학습 동기 저하는 교실 분위기 전반에 악영향을 미친다. 학생들이 수업에 소극적으로 참여하거나 아예 포기하는 분위기가 확산되면, 이는 다른 학생들에게도 전염되어 전체적인 학습 공동체의 역동성이 약화된다. 교사들 역시 이러한 상황에서 교육적 성취감을 느끼기 어려우며, 이는 다시 교육의 질 저하로 이어지는 악순환을 만든다.

특히 심각한 것은 학습에 대한 근본적 흥미와 호기심의 상실이다. 어린 시절 자연스럽게 가졌던 "왜?"라는 질문과 탐구 욕구가 점수와 등급 중심의 교육 과정에서 억압당하면서, 학생들은 지적 호기심 자체를 잃어가고 있다. 이는 평생학습 능력의 기반을 훼손하는 것으로, 미래 사회에서 요구되는 자기주도적 학습 역량 개발에 치명적인 장애가 된다.

또한 과도한 경쟁은 학생들 간의 협력과 연대를 어렵게 만든다. 동료를 경쟁 상대로만 인식하게 되면서 서로 돕고 함께 성장하는 경험을 할 기회가 줄어든다. 이는 사회성 발달과 공동체 의식 형성에도 부정적 영향을 미친다.

개별 학생들의 다양한 필요에 대한 부적절한 대응은 교육 기회의 불평등을 심화시킨다. 특별한 지원이 필요한 학생들이 적절한 도움을 받지 못하면서 학습에서 더욱 소외되고, 이는 장기적으로 사회 격차의 고착으로 이어질 수 있다.

인구 급감과
학교 생태계의 붕괴

— 문제: 교육 시스템의 존립 기반 자체가 흔들리고 있다

한국 사회의 초저출생 현상은 단순한 인구학적 변화를 넘어 교육 시스템의 존재 조건 자체를 위협하고 있다. 2024년 기준으로 한국의 합계출산율은 0.7명대에 머물러 OECD 최하위를 기록하고 있으며, 이는 곧 학령인구의 급격한 감소로 이어지고 있다.

구체적인 수치로 보면, 1995년 5.31 교육 개혁이 시작될 무렵의 학령인구는 1,000만 명을 넘었으나, 그 뒤 지속적인 감소세를 보여 2025년에는 초·중·고 학생 수가 500만 명 수준으로 줄어들었다. 이러한 추세가 지속된다면 2035년경에는 학령인구가 현재의 절반 수준으로 감소할 것으로 예상된다.

농산어촌 지역의 상황은 더욱 심각하다. 많은 초·중학교가 폐교 위기에 처해 있고, 일부 지역에서는 고등학교조차 학생 수 부족으로 운영이 어려워지고 있다. 이는 단순히 학교 몇 개가 사라지는 문제가 아니라, 지역 공동체의 핵심 기반이 무너지는 것을 의미한다.

─ 원인: 구조적 변화에 대한 대응 실패

인구 급감이 교육 시스템에 미치는 충격을 증폭시키는 것은 기존 교육 구조의 경직성이다. 한국의 교육 시스템은 산업화 시대의 대량 교육을 전제로 설계되었다. 표준화된 교육과정, 획일적인 학급 편성, 중앙집권적 관리 체계는 모두 많은 수의 학생을 효율적으로 처리하는 것을 목표로 한다.

하지만 학생 수가 급감하는 상황에서 이러한 구조는 오히려 비효율과 낭비를 초래한다. 정원 미달 학교가 늘어나고, 교사 1인당 학생 수는 줄어들지만 교육의 질이 향상되지는 않는다. 오히려 소규모 학교일수록 다양한 교육 프로그램을 운영하기 어려워지고, 교사들의 업무 부담은 증가하는 역설적 상황이 발생한다.

더 근본적인 문제는 이러한 급격한 변화에 대응할 수 있는 새로운 교육 모델의 개발과 도입이 충분히 이루어지지 못했다는 점이다. 교육 당국은 학교 통폐합이나 교사 정원 조정과 같은 물리적 대응에는 노력을 기울였지만, 소수 학생을 위한 혁신적 교육 모델이나 지역 특성을 살린 맞춤형 교육 체계를 구축하는 데는 적절한 대안을 마련하기 어려웠다. 이는 전례 없는 인구 변화 속에서 새로운 패러다임을 찾아가야 하는 과제의 복잡성과 어려움을 보여준다.

─ 영향: 교육 기회의 불평등 심화와 시스템 지속가능성 위기

인구 급감은 교육 불평등을 새로운 차원에서 심화시키고 있다. 교육통계연보에 따르면 전국 초등학교 신입생은 2024년 35만 3천828명으로 처음으로 30만 명대로 내려섰다. 이는 1968년 105만 5천632명으로 최대를 기록했던 때와 비교하면 3분의 1 수준에 불과하다. 1960년대 100만 명대에서 시작해 1970년대 90만 명대, 1980년대 80만 명대, 1990년대부터 2000년대 중반까지 60만 명대, 2009년부터 2023년까지 40만 명대를 유지하던 것이 마침내 30만 명대로 추락한 것이다.

이러한 급격한 학령인구 감소는 도시와 농촌, 수도권과 비수도권

<도표 3> 초등학교 입학자 수 추이 (1965~2024년)

[출처: 교육통계연보, 초등학교 입학생 수 자료]

간의 교육 기회 격차를 더욱 벌어지게 하고 있다. 농림어업총조사에 따르면 2020년 기준, 전국 읍·면 단위 농어촌 마을 가운데 초등학교가 있는 마을은 전체의 8.8%, 중학교는 3.8%, 고등학교는 2.7%에 불과하며, 이는 2010년에 비해 절반 이하로 감소한 수치다.

더욱 심각한 것은 2024년 신입생이 한 명도 없는 초등학교가 전국적으로 167개교에 달한다는 점이다. 이는 2021년 108개교에서 꾸준히 증가한 수치로, 2014년부터 2024년까지 전국적으로 초등학교 1,259개교가 신입생을 받지 못했다. 그중 전남이 286개교로 가장 많았고, 경북(234개교), 강원(210개교), 전북(135개교), 경남(117개교)이 그 뒤를 이었다. 신입생이 없는 상황이 지속되면서 아예 문을 닫는 초등학교도 나오고 있다(도표 4, 도표 5).

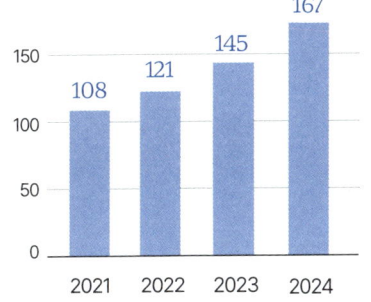

<도표 4> 신입생 없는 초등학교 수 추이

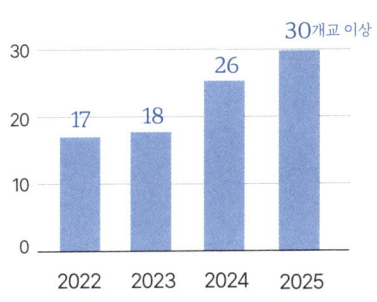

<도표 5> 폐교 초등학교 수 추이

[출처: 한국교육개발원 교육통계서비스, 학교알리미]

학교 소멸과 소규모화는 농촌 학생들을 상급학교 진학, 진로 탐색, 다양한 교육 경험의 기회에서 도시 학생들보다 구조적으로 불리한 위치에 놓이게 한다. '학급 수 × 교원' 공식처럼 교사 수가 학급 수를 기준으로 배치되는 현행 구조에서는 지역 간 인력 불균형이 더욱 심화되고 있으며, 농산어촌에서는 한 교사가 여러 학년을 동시에 가르치거나 과목 외 수업까지 떠맡는 과부하가 발생하고 있다. 일부 도시 지역에서는 학급당 학생 수가 과밀해 개별화 교육이 어려워지고 있다.

공교육이 전국 어디서나 최소한의 교육 기회를 보장하는 기반이 되기 위해서는, 지금의 인구 구조 변화에 맞춘 지역 불균형 해소 전략과 함께 교사 수급과 배치 방식 전반에 대한 정밀한 재조정, 그리고 지역의 현실과 여건에 유연하게 대응할 수 있는 교육 행정 체계로의 전환이 절실하다.

결론
구조적 전환의 필요성

한국 교육이 마주한 이 5가지 구조적 도전은 서로 독립적인 문제가 아니라 복잡하게 얽힌 연쇄적 악순환 구조를 구성하고 있다. 인구 급감은 교육 시스템의 물리적 기반을 흔들고 있고, 무한 입시 경쟁 구조 속에서 사교육 의존은 '남들이 하니까 나도 해야 한다'는 불안 심리와 함께 지속적으로 확산되고 있으며, 미래사회에 부적합한 교육 구조는 학생들의 실질적 역량 개발을 방해하고 있다. 교사의 소진과 전문성 약화 문제는 교육의 질에 부정적 영향을 미치는 요인 중 하나가 되고 있고, 학생들의 심리적 위기는 교육 공동체 전체의 활력을 앗아가고 있다.

이러한 문제들은 단편적인 정책 대응이나 부분적 개선으로는 해결될 수 없다. 근본적이고 체계적인 구조 전환이 필요한 시점이다. 특히 다음과 같은 전환이 시급하다.

첫째, 교육 목적의 재정립이 필요하다. 입시와 학벌 중심에서 벗어나 학생 개개인의 성장과 행복, 그리고 민주시민으로서의 역량 개발을 목표로 하는 교육으로 전환해야 한다.

둘째, 교육 구조의 유연화가 필요하다. 획일적이고 경직된 시스템에서 벗어나 다양성과 개별화를 존중하는 구조로 바뀌어야 한다. 특히 소규모 학교와 학급에 적합한 새로운 교육 모델 개발이 시급하다.

셋째, 교사 전문성의 회복과 강화가 필요하다. 교사가 진정한 교육 전문가로서 자율성과 권한을 회복하고, 지속적인 전문성 개발을 통해 변화하는 교육 환경에 대응할 수 있도록 지원해야 한다.

넷째, 학생 중심 교육의 실현이 필요하다. 학생들이 배움의 주체로서 자신의 흥미와 적성을 탐색하고, 의미 있는 학습 경험을 할 수 있는 환경을 조성해야 한다.

다섯째, 사회적 합의와 지원이 필요하다. 교육 변화는 학교 안에서만 이루어질 수 없다. 사회 전체가 교육의 가치와 방향에 대한 새로운 합의를 이루고, 이를 뒷받침하는 제도적·문화적 변화가 병행되어야 한다.

이러한 전환이 이루어질 때, 비로소 한국 교육은 현재의 위기를 극복하고 모든 학생이 자신만의 고유한 가치를 발견하고 성장할 수 있는, 진정한 의미의 교육 공동체로 거듭날 수 있을 것이다. 다음 장에서는 이러한 전환을 위한 구체적인 경로와 전략을 모색해 보고자 한다.

3

패러다임 전환의 길
— 교육을 다시 설계해야 하는 이유

그동안 수많은 교육 개혁이 시도되었지만, 현장은 크게 달라지지 않았다. 무엇이 문제였을까? 이 장에서는 반복되는 개혁 실패의 구조적 원인을 되짚고, 왜 지금 '패러다임 전환'이라는 근본적 변화가 필요한지를 살펴보고자 한다. 단순한 제도 개선이 아닌, 교육을 바라보는 관점과 실행 구조의 전환이 필요한 시점이다.

교육 개혁의
실패 이유
구조적 원인과 자기강화적 악순환의 고리

30년 넘게 이어져 온 교육 개혁의 시도는 왜 반복적으로 실패했을까? 표면적으로는 정책의 설계 미흡이나 실행력 부족 때문으로 보일 수 있으나, 그보다 본질적인 문제는 한국 교육 시스템이 지닌 구조적 한계에 있다. 개혁은 늘 있었지만, 그 개혁은 대부분 제도의 외형만을 바꾸는 '껍데기 개혁'에 그쳤고, 학교와 교실의 작동 방식, 즉 시스템의 뿌리는 거의 바뀌지 않았다.

이러한 구조적 한계 중 첫 번째는, 교육 외적 요인과의 단절이다. 노동시장과 대학 서열, 기업 채용방식 등 교육을 둘러싼 구조는 거의 손대지 않은 채 교육 내부만 고치려 했다는 점에서, 수많은 대입 제도 개편은 결국 공허한 실험에 그쳤다.

둘째, 뿌리 깊은 정책의 불연속성이다. 정권이 바뀔 때마다 교육정책은 전면 재검토되고, 이전 정부의 정책은 폐기되거나 축소되었다. 교육은 긴 호흡이 필요한 영역임에도 5년 단위 정치 주기에 갇힌 교육정책은 제대로 뿌리내릴 시간을 갖지 못했다.

셋째, 현장과의 괴리 역시 구조적 실패의 근본 원인이다. 교사는 교육의 주체임에도 불구하고, 정책 수립 과정에서의 참여는 대부분 형식적 절차에 그쳤으며, 실제 결정 과정에서는 영향력을 행사하지 못했다. 이처럼 상명하달식으로 추진된 개혁은 결국 문서상의 개혁에 머무는 한계를 드러냈다.

이러한 구조는 일시적인 문제가 아니며, 시스템 자체가 문제를 강화하고 반복시키는 자기강화적 악순환에 갇혀 있는 것이다. 대학 서열화는 입시 경쟁을 유발하고, 입시 경쟁은 사교육 시장을 부추기며, 이는 다시 공교육의 무력화를 초래한다. 사교육의 확산은 학교 수업을 '이미 학원에서 배운 내용을 반복하는 시간'으로 인식하게 만들고, 특히 선행학습을 한 학생들은 수업에 몰입하지 않거나 흥미를 잃는 경향을 보인다. 교사는 이처럼 학습 수준과 동기에서 큰 차이를 보이는 학생들을 동시에 수업해야 하는 이중적 어려움에 직면하게 된다.

더불어 교육의 피드백은 매우 지연되어 나타난다. 지금의 교육 방식이 낳은 문제는 10년, 20년 후 청년 세대의 우울과 저출생, 사회적 무기력으로 폭발한다. 나아가 지금의 교육은 철저히 제로섬 게임으로 설계되어 있어, 상위 몇 퍼센트만이 성공할 수 있는 구조 속에서 학생들은 서로를 경쟁자로 인식하게 된다. 이로 인해 협력보다는 배제, 성장보다는 선발이 중심이 되는 병리적 문화가 고착된다.

새로운 패러다임 전환이
필요하다
기존 인식의 한계와 교육 개혁을 가로막는 오해들을 넘어

교육 개혁의 실패는 구조적 원인과 악순환으로 설명되지만, 그 이면에는 교육을 바라보는 우리 사회의 깊은 인식의 틀과 철학의 문제도 함께 자리하고 있다. 따라서 진정한 변화를 위해서는 시스템의 설계뿐 아니라 교육에 대한 인식 전환, 철학적 재정립, 실행의 구조 전환이 함께 이루어져야 한다.

— 새로운 인식 전환의 필요성

한국 교육 개혁이 반복적으로 좌절되는 근본 원인 중 하나는 교육 자체를 바라보는 사회적 시각에 있다. 우리는 그동안 교육을 지나치게 단순화하거나, 세계적 유행과 여론에 따라 대처해온 면이 적지 않았다. 이제는 복잡성을 인정하고, 직관이 아닌 증거 기반 접근으로 나아가야 한다. 교육은 절대 단일 해법으로 해결될 수 없으며, 다양한 교육 현장의 맥락에 맞는 섬세한 조정이 필요하다. 또한 양자택일식 이분법을 넘어서, 지식과 역량, 객관식과 서술형, 경쟁과 협력 등

다양한 요소를 통합적으로 사고하는 관점이 요구된다. 외국 사례도 맥락에 맞게 창의적으로 재구성해야 하며, 무엇보다 즉각적 성과보다는 장기적 영향에 대한 인내와 전망이 필요하다. 교육은 기다림의 예술이기 때문이다.

이러한 인식 전환 없이 제도 개편만으로는 진정한 교육 혁신이 불가능하다. 우리는 이제 이 낡은 사고의 틀을 깨고, 교육을 다시 바라보아야 한다.

─ 교육 개혁을 가로막는 다양한 오해와 속설

이러한 인식 전환을 어렵게 만드는 구체적 장벽은 무엇인가? 그것은 바로 교육에 대한 우리 사회의 '생각 습관', 즉 일상적으로 당연하게 여겨지는 오해, 통념, 고정관념들이다. 어떤 제도를 도입하든, 어떤 학교 혁신 모델을 시도하든, 이런 사고의 틀을 깨지 않으면 결국 개혁은 현장에 뿌리내리지 못하고 반복적으로 표류하게 된다.

한국 사회에는 교육에 대한 다양한 오해와 속설들이 널리 퍼져 있다. "좋은 정책이면 현장은 따라올 것이다", "대학 서열을 완화하면 입시 경쟁이 줄어든다", "사교육 의존도가 높은 것은 공교육의 부실 때문이다"와 같은 말들은 마치 자명한 진실처럼 반복되며 여론을 형성한다. 그러나 이러한 말들 중 상당수는 직관에 기반한 주장일 뿐,

실증적 근거나 체계적 분석을 결여한 경우가 많다. 오히려 이와 같은 단순화된 설명들이 실제 문제의 원인을 가리고, 교육 개혁의 전략을 지속적으로 왜곡해왔다.

이러한 오해와 속설들은 매우 다양한 층위에서 작동한다. 교육의 목적, 교사와 학생에 대한 인식, 평가 방식, 사교육에 대한 해석, 제도 설계에 대한 기대, 외국 사례에 대한 불신 등 교육을 구성하는 거의 모든 핵심 주제에 걸쳐 있다. 그만큼 이 오해와 속설들을 무비판적으로 받아들이는 것은 교육정책의 방향 설정 자체를 잘못된 궤도로 이끄는 결과를 낳는다.

특히 문제는 이 오해와 속설들이 단순한 여론의 차원이 아니라, 언론의 프레임과 정치인의 언설, 심지어 일부 교육정책에도 반영되고 있다는 데 있다. 국민 다수가 믿는 생각이 정치적 의사결정에 영향을 미치고, 그에 따라 교육정책이 설계된다면, 개혁은 시작부터 방향을 잘못 잡을 수밖에 없다. 정책은 늘 의도한 대로 작동하지 않으며, 그 배후에 깔린 사회적 믿음이 정책 효과를 결정짓는 핵심 요인이 되기 때문이다.

따라서 새로운 교육 패러다임으로 전환하기 위해서는, 무엇보다도 먼저 이러한 왜곡된 믿음들을 명확히 짚어내고, 그 타당성을 검토하며, 실증적 근거에 기반한 대안을 제시하는 작업이 필요하다. 이는 단순한 비판이 아니라, 교육정책이 정당성과 설득력을 갖기 위해 필요한 사전 단계이며, 교사와 학부모, 정책 입안자와 시민 모두가 함께 고민해야 할 인식 전환의 출발점이다.

이에 따라 이 장의 후반부에서는, 한국 교육에 널리 퍼져 있는 31가지 대표적인 오해와 속설을 추려내고, 그 문제점과 대안적 관점을 제시하고자 한다. 각 오해와 속설은 특정 담론이나 정책을 뒷받침해온 논리적 기반을 이루며, 그 해체는 곧 새로운 패러다임의 토대를 놓는 일이 될 것이다. 오해와 속설 하나하나에 대한 자세한 해설과 실증적 반박, 그리고 대안적 시각은 뒤에 이어지는 「교육 개혁을 가로막는 31가지 오해와 속설」에서 구체적으로 다룬다. 이는 본 장에서 논의한 인식 전환의 실제 사례이자, 독자 스스로 기존의 생각을 점검하고 확장해 볼 수 있는 참고 자료로 기능할 것이다.

― '교육 대전환 2035'의 차별성

이러한 인식 전환을 바탕으로 '교육 대전환 2035'는 과거의 대표적 개혁인 5.31 교육 개혁과는 전혀 다른 접근을 취한다. 5.31 교육 개혁이 제도 설계와 중앙정부 주도에 집중했다면, '교육 대전환 2035'는 학교를 변화의 중심에 두고, 실행 가능한 구조 개편과 문화적 전환을 함께 추구한다는 점에서 본질적 차별성을 갖는다.

이 개혁은 교육을 상품이 아닌 권리로 재정의하고, 경쟁 중심의 입시 체제에서 학생 개개인의 성장과 발달을 중시하는 방향으로, 획일적인 교육에서 다양성을 존중하는 교육으로의 전환을 꾀한다.

구체적으로는 수능의 자격고사화, 고교학점제의 실질적 운영, 대학 공동선발제 도입 등을 통해 입시 부담을 완화하려는 시도와 함께, 직업계 고등학교나 전문대학 등 직업교육을 받은 학생들도 차별 없이 정당한 평가와 진로 기회를 보장받을 수 있도록 고등직업교육의 사회적 위상을 높이려는 정책도 포함되어 있다.

추진 방식 역시 하향식이 아닌 상향식이다. 교사가 개혁의 주체가 되고, 현장과 지역이 중심이 되는 변화가 확산되고 있다. 미국 애너하임 교육구와 같이 학교가 변화의 출발점이 되어 지역사회와 연결되고, 정책보다 실천이 우선되는 모델이 바로 '교육 대전환 2035'가 지향하는 변화의 모습이다. 나아가 이 개혁은 정권 교체를 초월하는 장기 비전과, 교육을 넘어 노동시장·복지정책·지역균형발전과 연계한 총체적 접근을 동시에 강조한다.

─ 새로운 교육을 위한 관점의 전환

이제 교육의 구조를 바꾸려면 먼저 그 구조를 보는 눈, 즉 관점을 바꿔야 한다. 교육은 측정의 대상이 아니라 성장의 여정이며, 형식적 평등이 아니라 실질적 형평을 지향해야 한다. 우리는 '성적 좋은 아이가 좋은 아이'라는 기존의 인식에서 벗어나, 아이 한 사람 한 사람의 삶과 잠재력에 주목해야 한다.

교사의 역할도 변해야 한다. 교사는 지식을 주입하는 전달자가 아니라, 학생의 가능성을 조율하고 성장의 여정을 동행하는 안내자가 되어야 한다. 이는 교사 개인의 헌신만으로는 불가능하며, 교육 시스템이 교사의 자율성과 전문성을 뒷받침할 수 있어야 한다.

또한 표준화된 성공 경로가 아닌, 각자의 다름을 존중하는 교육이 필요하다. 학교는 더 이상 교육의 유일한 공간이 될 수 없고, 지역사회, 마을, 기업, 시민사회와 연결되는 열린 교육 플랫폼으로 진화해야 한다. 이를 위한 거버넌스 역시 중앙 집중이 아닌 분권화와 참여를 기반으로 한 혁신이 절실하다.

이제 우리는 교육을 다시 설계해야 하는 시점에 서 있다. 그것은 단순한 정책 조정이 아니라, 교육을 바라보는 인식, 교육을 움직이는 시스템과 제도, 그리고, 실행하는 주체의 모든 차원에서 이루어져야 하는 전면적 전환이다. '교육 대전환 2035'는 이러한 패러다임 전환을 위한 사회적 출발점이다. 과거의 실패를 반복하지 않기 위해, 이제는 다른 방식으로, 다른 철학으로, 그리고 무엇보다 아이들의 미래를 중심에 둔 방식으로 나아가야 한다.

교육 개혁을 가로막는
31가지 오해와 속설

교육정책과 제도의 오해와 속설

1	"좋은 정책이면 현장은 따라오게 돼 있다."
2	"교사가 바뀌면 학교도 바뀐다."
3	"국가교육위원회가 정치적 중립성을 보장한다."
4	"단위학교에 더 많은 자율을 주면 교육의 질이 향상된다."
5	"교육 문제는 하나씩 차근차근 바꿔야 한다."
6	"외국 사례는 우리 현실에 맞지 않는다."
7	"입시를 없애면 교육이 정상화된다."
8	"대학 서열을 완화하면 입시 경쟁이 줄어든다."
9	"정시는 공정하고 수시는 불공정하다."
10	"사교육 의존도가 높은 것은 공교육의 부실 때문이다."
11	"수준별 수업은 효과적이다."

— 오해와 속설 1

"좋은 정책이면 현장은 따라오게 돼 있다."

"방향을 잘 잡은 정책만 있으면, 학교는 따라오게 돼 있다." 이런 말은 교육정책을 설계하는 과정에서 흔히 들을 수 있다. 정책이 자원 배분과 제도를 조정하며 현장을 통제하고 변화시킬 수 있다는 믿음에서 나온 말이다.

그러나 이 낙관적 기대는 반복적으로 현실과 충돌해왔다. 2018년 자유학기제 도입이 대표적 사례다. 시험 부담 없이 다양한 체험을 하자는 취지였지만, 결과는 정반대였다. "자유학기제 기간에 학원 선행학습이 더 활발해졌어요. 학교에서 진도를 안 나가니까요." 한 중학교 교사의 증언이다.

2015년 소프트웨어 교육 의무화도 마찬가지다. 4차 산업혁명 대비라는 명분으로 도입됐지만, 준비되지 않은 교사들은 당황했다. "코딩을 가르치라는데, 우리도 배운 적이 없어요. 연수는 형식적이고······." 결국 많은 학교에서 외부 강사에 의존하거나 형식적으로만 운영됐다.

학교는 행정지침으로 움직이는 단순한 조직이 아니다. 교사의 신념, 학교 문화, 학생과 학부모의 기대가 얽힌 복잡한 생태계다. 정책은 이 생태계에 외부에서 던져진 설계도에 불과하다. 설계도가 아무리 정교해도, 실제로 집을 짓는 주체들의 이해와 협력 없이는 제대로 세워지지 않는다.

핀란드의 교육 개혁이 성공한 비결은 여기 있다. 1970년대부터 40년에 걸쳐 점진적으로, 그리고 현장 교사들과 함께 개혁을 추진했다. 반면 한국은 5년마다 새로운 정책을 하달하고, 현장은 피로감만 누적된다.

좋은 정책이란 현장을 설득하고, 함께 만들고, 실천할 수 있는 조건을 갖춘 정책이다. 정책은 변화의 필요조건일 뿐, 충분조건은 아니다. 진짜 동력은 교사와 학교 구성원의 이해와 참여에서 나온다.

— 오해와 속설 2

"교사가 바뀌면 학교도 바뀐다."

교육 개혁이 실패할 때마다 나오는 말이다. "교사의 질이 교육의 질을 결정한다"는 명제를 왜곡한 것이다. 이는 구조적 문제를 개인의 책임으로 전가하는 위험한 환원주의다.

2023년 서이초 교사의 비극은 이 속설의 치명성을 보여줬다. 열정적인 젊은 교사가 무너진 것은 개인의 문제가 아니라 시스템의 실패였다. 한국 교사들은 OECD TALIS 기준으로 평균 주당 37시간 정도 근무하고 있으며, 이는 OECD 평균(38시간)과 유사한 수준이다. 이 가운데 행정 업무에 약 6시간, 그리고 학생·학부모 상담, 학교 운영 참여 등 여러 비수업 활동에 시간과 노력이 분산되고 있다. 정작

주된 업무인 수업 준비와 수업 자체에는 충분한 시간을 확보하기 어려운 현실이 문제로 지적되고 있다.

"혁신적인 수업을 하고 싶어도 여건이 안 돼요. 한 반에 30명, 하루 6시간 수업, 수업 중간마다 각종 행정 서류와 기록 작성……. 학급수가 많으면 피드백은 퇴근하고 집에서 할 수밖에 없어요. 언제 수업을 준비하나요?" 10년차 교사의 하소연이다.

핀란드 교육의 성공 비결을 '우수한 교사'만으로 설명하는 것은 반쪽 진실이다. 핀란드는 교사 1인당 학생 수가 적고, 행정 업무를 전담하는 인력이 학교에 배치되어 있으며, 국가 교육과정은 매우 구체적이지만 학교와 교사의 자율성이 보장되는 구조를 갖추고 있다. 즉, 교사가 전문성을 발휘할 수 있도록 시스템적으로 뒷받침하는 구조가 성공의 핵심 요인이다. 미국의 연구도 이를 뒷받침한다. 같은 교사가 부유한 지역 학교로 옮기면 성과가 올라가고, 빈곤 지역으로 가면 떨어진다. 교사 개인이 아니라 학교 시스템과 지역 환경이 중요하다는 증거다.

"교사를 바꾸면 학교가 바뀐다."가 아니라 "시스템을 바꿔야 교사가 제 역할을 할 수 있다."가 맞다. 교사의 열정에만 기대는 교육 개혁은 필연적으로 실패한다.

— 오해와 속설 3

<u>"국가교육위원회가 정치적 중립성을 보장한다."</u>

국가교육위원회 출범 이후, 초정권적 교육정책을 기대했지만 현실은 달랐다. "위원 구성부터 정치적 안배예요. 여당 몫, 야당 몫 나눠 갖기." 전직 위원의 증언이다.

문제는 구조와 권한의 한계다. 국가교육위원회는 법적으로 심의·의결 권한을 부여받긴 했지만, 실제 예산 배정이나 시행 권한은 교육부에 집중되어 있다. 교육정책의 핵심 실행 주체는 여전히 대통령 직속 교육부와 정치적으로 임명된 장관이기 때문에, 정책이 5년 주기로 변화하는 구조는 크게 달라지지 않았다.

핀란드는 1968년 국가교육위원회(National Agency of Education)를 설립한 이래 정권 교체와 무관하게 일관된 정책을 추진해왔다. 교육과정, 교원 연수, 평가 등에서 동 위원회가 정치적 간섭 없이 독립적으로 실행 권한을 행사할 수 있는 구조가 마련되어 있다. 한국의 국가교육위원회도 이들 분야에 대한 심의·의결 권한을 갖고 있지만, 실제 실행은 교육부 중심으로 이뤄지기 때문에 제도적 지속성과 권한 분산 측면에서는 차이가 있다.

한국은 어떤가? 2022년 정권 교체 이후, 혁신학교 정책은 지역에 따라 엇갈린 행보를 보이고 있다. 부산, 강원, 충북 등 일부 지역에서는 혁신학교의 신규 지정과 재지정을 중단하거나 관련 예산을 축소하는 등 정책 축소 기조가 나타났다. 반면 서울과 경기 등 일부 시도 교육청은 혁신학교의 방향성을 유지하며 기준을 강화하고 교사 중심의 자율 네트워크를 통해 현장 주도의 혁신을 이어가고 있다. 민주시민교육은 국가교육과정에서 일부 핵심 개념이 삭제되며 축소되었고, 자율형 사립고(자사고)의 존치 결정이 내려지면서 고교체제 개편 논의는 다시 원점으로 돌아갔다. 고교학점제 역시 시행을 위한 제도적·물리적 여건이 충분히 갖춰지지 않은 상황에서, 교사와 학교 현장의 반발과 우려 속에 추진 동력을 점차 잃어가고 있다. "국가교육위원회가 있는데도 이전 정부 정책은 모두 뒤집혔어요." 한 교육정책 연구자의 탄식이다.

일본도 2000년 교육개혁국민회의를 만들었지만 실패했다. 독일은 연방 차원의 교육위원회가 없어도 주별로 초당적 합의를 통해 정책을 안정적으로 유지한다. 제도가 아니라 정치 문화의 문제다.

진정한 정치적 중립은 위원회 설치만으로 보장되지 않는다. 한국에서는 정권이 바뀔 때마다, 권력을 잡은 쪽의 공약에 따라 교육 개혁이 추진되는 문화가 깊게 자리 잡고 있다. 그러나 핀란드는 여야 간 합의는 물론, 교사·학부모·전문가 등 사회 각계의 폭넓은 의견을 수렴하는 공론화 과정을 통해서만 교육정책을 결정한다. 교육을 정권의 전유물이 아닌 사회적 합의의 산물로 보는 문화가 뿌리내린 것이다.

이제 우리도 '교육정책은 국가교육위원회의 의결로 결정된다'는 인식에서 벗어나야 한다. 질 높은 사회적 합의 프로세스를 구축하고, 위원회가 그 과정을 촉진하고 조정하는 플랫폼이 될 때, 우리 역시 핀란드처럼 지속 가능한 교육 개혁 문화를 만들어갈 수 있다.

― 오해와 속설 4

"단위학교에 더 많은 자율을 주면
교육의 질이 향상된다."

학교 자율화는 교육 개혁의 만병통치약처럼 제시된다. 중앙 통제를 줄이고 학교에 권한을 주면 창의적 교육이 가능하다는 논리다. 그러나 실제 현장에서는 대부분의 고등학교가 입시에 유리한 과목 편성(예: 수학·영어 시수 확대, 예체능 축소)에 집중하는 경향이 뚜렷했다. '자율권을 주니 공교육이 오히려 입시에 올인하더라'는 교육청 관계자의 말은 이를 단적으로 보여준다.

자율형 사립고의 역사는 이러한 흐름을 단적으로 보여준다. 다양성과 자율성을 추구한다는 명분 아래 도입되었지만, 결과적으로는 '입시 명문고' 체제의 부활을 가져왔다는 비판을 받아왔다. 특히 의대 진학 실적은 이를 뒷받침한다. 2024년 상산고는 의대 진학자 수 157명으로 전국 1위를 기록했고, 2025년에는 180명으로 더 증가했다. 휘문고 등 다른 상위 자사고들도 매년 100명 이상을 의대에 진학

시키며, 일부 학교는 전체 졸업생의 30% 이상이 의대에 진학하는 양상을 보인다. 이처럼 자사고의 자율은 결과적으로 입시 서열화와 고교 간 격차를 강화하는 방향으로 작동해왔으며, 본래 취지와는 다른 현실을 낳고 있다.

문제는 자율성 자체가 아니다. 자율이 제대로 작동할 수 있는 여건이 갖춰지지 않았다는 점이 문제다. 입시 경쟁이 치열한 상황에서 자율은 창의성과 다양성을 위한 수단이 아니라, 경쟁력 강화를 위한 도구로 전락하기 쉽다. 학부모들 역시 이를 요구한다. "왜 우리 학교는 수학 시간이 이렇게 적어요?"

핀란드의 학교 자율성이 성공한 이유는 다르다. 대학 서열이 약하고, 교사의 전문성이 존중되며, 학부모의 신뢰가 두텁다. 무엇보다 입시 압박이 적다. 이런 조건에서 자율은 진정한 교육 혁신으로 이어진다. 싱가포르도 흥미로운 사례다. 강한 중앙 통제를 유지하면서도 'School Excellence Model'[11]을 통해 학교별 특색을 살린다. 자율과 책무성의 균형을 맞춘 것이다.

"자율은 목표가 아니라 수단이다." 교육 행정학자의 지적이다. 자율이 교육의 공공성과 형평성을 해치지 않으면서도 창의성을 발휘할 수

---

11 School Excellence Model(SEM) - 싱가포르 교육부가 2000년부터 도입한 학교 평가 및 개선 체제로, 학교가 자율적으로 교육 품질을 진단하고 개선하도록 장려하면서도 국가 차원의 공통된 기준을 유지하는 방식이다. 이는 유럽의 EFQM(우수성 모델)과 미국의 MBNQA(말콤 볼드리지 국가품질상) 등을 참고해 개발되었으며, 자율과 책무성의 균형을 추구하는 대표적인 교육 품질관리 모델로 평가된다.

있는 구조적 조건의 마련이 먼저다. 그 전에 주는 자율은 약이 아니라 독이 될 수 있다.

― 오해와 속설 5

"교육 문제는 하나씩 차근차근 바꿔야 한다."

점진주의는 겉보기에 안전해 보인다. 급격한 변화로 인한 혼란을 줄일 수 있다는 논리 때문이다. 그러나 교육은 모든 요소가 정교하게 연결된 시스템이다. 한 부분만 뜯어고치면, 풍선효과처럼 다른 영역에서 왜곡된 반응이 나타나기 쉽다.

고교학점제의 시행이 그 대표적 사례다. 학생 맞춤형 교육이라는 이상을 내걸었지만, 실제 현장에서는 교사 수급 부족, 도농 간 인프라 격차, 과목 개설 여건의 불균형, 평가 방식의 미비 등이 얽히며 곳곳에서 혼란이 발생하고 있다. 상대평가가 유지되다 보니 학생들은 여전히 '등급 따기 쉬운 과목'을 찾아 수강하고, 이는 과목 선택의 왜곡으로 이어진다. 많은 학부모들이 제도 운영에 만족하지 못하며, 일부는 전면 중단을 요구하고 있다. "교육과정, 내신, 수능이 따로 노는 구조에선 어떤 개혁도 파열음을 피하기 어렵습니다."라는 한 현장 교사의 말처럼, 단편적인 제도 변경은 오히려 혼란을 키울 뿐이다.

반면 핀란드는 1970년대 종합학교 개혁을 추진할 때 교육과정, 교사 양성, 평가 체제를 하나의 큰 틀 속에서 유기적으로 변화시켰다.

40년이 걸렸지만 방향은 일관됐다. "큰 그림을 그리고 각 부문이 함께 움직였어요." 핀란드 교육부 관계자의 말이다. 이러한 접근이 바로 시스템 사고(systems thinking)다. MIT의 피터 센게는 "복잡한 시스템에서 부분 최적화는 전체 최적화를 해친다"고 경고한다. 교육도 마찬가지다. 입시, 교육과정, 평가, 대학 체제가 함께 바뀌어야 한다.

점진주의는 용어 자체의 긍정성 때문에 많은 지지를 받지만, 그 명분으로 분절적 개혁을 시도할 경우 오히려 실패로 이어진다. 교육은 복잡계다. 한 부분의 변화가 다른 부분에 연쇄적 영향을 미치고, 각 요소들이 상호작용하며 전체 시스템의 성격을 결정한다. 분절적 접근을 통한 점진주의는 이러한 교육 시스템의 복잡성과 상호작용에 대한 이해 부족에서 비롯된다. 그래서 지금 필요한 것은 또 하나의 부분 수정이 아니라, 시스템 전체를 재구성하는 교육 대전환이다.

― 오해와 속설 6

<u>"외국 사례는 우리 현실에 맞지 않는다."</u>

"우리는 달라." 교육 개혁 논의에서 가장 자주 듣는 말이다. 유교 문화, 높은 교육열, 자원 부족 등을 이유로 든다. 하지만 이는 변화를 거부하는 방어기제에 가깝다.

역사를 보자. 1960년대 일본은 서구 교육을 연구해 고도성장의 토대를 만들었다. 1980년대 싱가포르는 동서양 교육의 장점을 융합해 독특한 모델을 창조했다. 2000년대 중국은 미국식 대학 시스템을 도입해 급성장했다. 심지어 교육 선진국으로 불리는 핀란드조차 1960년대부터 미국과 스웨덴의 교육 모델을 적극 연구하며 자국 상황에 맞게 재구성했다. "우리는 달라."라는 말을 하지 않았다.

핀란드 교육을 무작정 따라 하자는 게 아니다. 원리를 이해하고 창의적으로 적용하자는 것이다. 독일의 직업교육 성공 요인은 단순히 도제제도가 아니라 '산업체와 학교 간의 긴밀한 협력 문화'다. 이를 한국의 산업 구조와 기업 문화에 맞게 재해석할 수 있다. 싱가포르 이중언어 교육의 핵심도 언어 자체가 아니라 '다문화 사회에서 정체성을 유지하며 세계와 소통하는 균형감'이다. 이런 철학은 한국의 글로벌 교육에도 적용 가능하다.

맥락을 무시한 이식은 위험하지만, 맥락을 핑계로 한 고립은 더 위험하다. 실제로 한국이 벤치마킹에 성공한 사례도 많다. 마이스터고는 독일 도제 시스템을 한국화한 것이다. 혁신학교는 일본 수업 연구와 미국 전문학습공동체를 결합했다. 문제는 피상적 모방이다. 외국 교육제도의 겉모습만 따라하고 그 제도가 작동하는 사회적 맥락은 간과한다. 혁신학교를 만들면서도 여전히 서열화된 입시 체제는 그대로 두거나, STEM 교육을 도입하면서도 암기 중심의 평가 방식을 바꾸지 않는 식이다. 좋은 것만 골라서가 아니라 전체를 이해하고 본질을 가져와야 한다.

"외국 사례를 거부하는 것은 지적 나태다." 한 교육정책 연구자의 일침이다. 21세기는 국경 없는 학습의 시대다. 닫힌 사고로는 미래를 준비할 수 없다.

— 오해와 속설 7

"입시를 없애면 교육이 정상화된다."

입시 폐지론은 1970년대부터 주기적으로 등장했다. 1969년 중학교 무시험 진학, 1974년 고교 평준화도 그 연장선이었다. 그러나 입시를 없애도 경쟁은 사라지지 않았다. 오히려 다른 형태로 변형됐다.

프랑스의 바칼로레아, 독일의 아비투어, 일본의 센터시험 등, 선진국도 대입시험이 있다. 차이는 무엇인가? 시험이 인생을 결정하지 않는다는 점이다. 프랑스는 그랑제콜을 제외하면 대학 서열이 약하다. 독일은 대학 졸업이 성공을 보장하지 않는다. "입시가 문제가 아니라 입시가 모든 것을 결정하는 구조가 문제다." 한 교육사회학자의 정확한 진단이다.

한국 현실을 보자. 2022년 기준 대졸 초임이 고졸 초임보다 월 100만 원 이상 높은 수준(연간 1,200만 원대 추정 격차)이고, 상위권 대학 졸업생은 대기업 취업에서 하위권에 비해 훨씬 유리한 고지를 점하고 있다. 이런 상황에서 단순히 입시 경쟁을 없애라는 주장은 현실을 제대로 반영하지 못한다.

중국의 가오카오(高考) 개혁이 시사적이다. 여러 차례 폐지 논의가 있었지만 유지됐다. 이유는? "불완전하지만 가장 공정한 기회"라는 사회적 합의 때문이다. 14억 인구가 계층 상승을 꿈꿀 수 있는 유일한 통로다.

입시 개혁의 방향은 폐지가 아니라 영향력 축소다. 수능을 자격고사화하고, 대학 평준화를 추진하며, 학벌 없는 사회를 만드는 것이다. 입시를 없애는 게 아니라 입시가 중요하지 않은 사회를 만들어야 한다.

— 오해와 속설 8

"대학 서열을 완화하면 입시 경쟁이 줄어든다."

왜 서열만 바꿔서는 안 될까? 대학 서열을 완화하면 입시 경쟁이 자연스럽게 줄어들 것이라는 생각은 겉보기에는 그럴듯하지만, 현실은 그렇게 단순하지 않다. 마치 "교통체증을 해결하려면 도로를 넓히면 된다"는 식의 접근과 같다. 실제로는 더 많은 차들이 몰려들어 결국 다시 막히게 된다.

진짜 문제는 '기회의 불평등'이다. 한국의 입시 경쟁 본질을 들여다보면, 단순히 SKY 대학에 몰리는 것이 문제가 아니다. 수도권과 지방, 강남과 강북, 특목고와 일반고 사이의 교육 기회가 애초에 다르다는 점이 문제의 핵심이다.

2024년 서울대 신입생 출신 고교를 분석해 보면, 여전히 수도권 특정 지역 고교에 집중되어 있다. 이는 지방 학생들의 실력이 부족해서가 아니라, 지방에서는 서울대 갈 수 있는 교육 환경을 만들기 어렵다는 구조적 문제를 보여준다. 학원가 인프라, 입시 정보 접근성, 교사의 전문성까지 모든 것이 다르다.

서열 완화만으로는 왜 한계가 있을까? 지난 20년간 정부는 지방 거점 국립대를 키우고, 대학 평가 방식을 바꾸며 서열 완화를 시도했다. 하지만 여전히 학생들은 지방대보다는 서울 사립대를 선택한다. 왜일까? 취업 시장에서의 대우가 다르고, 사회적 인식이 바뀌지 않았기 때문이다. 대학만 바꿔서는 소용없다. 기업의 채용 관행, 지역 간 일자리 격차, 사회 전반의 학벌주의까지 함께 움직여야 한다.

진정한 해법은 무엇일까? '생태계 전체' 바꾸기이다. 입시 경쟁을 줄이려면 대학 서열뿐 아니라 고등학교 교육, 지역 균형 발전, 기업 문화, 사회 인식까지 모든 것이 함께 바뀌어야 한다. 마치 숲을 건강하게 만들려면 나무 한 그루가 아니라 토양, 물, 공기, 다른 생물들까지 모두 고려해야 하는 것과 같다.

결국 서열만 바꾸면 된다는 생각은 문제의 겉모습만 본 것이다. 진짜 변화는 교육 기회의 평등에서부터 시작해야 한다.

── 오해와 속설 9

"정시는 공정하고 수시는 불공정하다."

정시는 정말 공정할까? 문재인 전 대통령은 "단순한 것이 가장 공정하다."며 정시 확대를 주문했고, 윤석열 정부도 "부모 찬스 없는 공정한 대입제도"를 내세우며 정시 비중 확대를 공약했다. 정치적 성향이 달라도 교육에서만큼은 공정성이 으뜸이라는 데 이견이 없을 정도다. 하지만 '정시=공정, 수시=불공정'이라는 통념은 과연 정당한가?

우리가 말하는 '공정'의 정체는 무엇인가? 현재 통용되는 '공정한 대입제도'는 세 가지 조건을 요구한다(강태중, 2024). 첫째, 획일성이다. '한 줄 세우기'가 '여러 줄 세우기'보다 공정하다고 본다. 전국 모든 수험생에게 동일한 수능이 학교마다 다른 학교생활기록부보다 공정하다고 여긴다. 둘째, 객관성이다. '객관식' 수능이 '주관적' 학교생활기록부보다 편견 없는 평가라고 믿는다. 셋째, 투명성이다. 수능은 명확한 숫자로 드러나지만 학생부종합전형은 '깜깜이' 전형이라 의심한다.

그런데 공정을 추구할수록 왜 더 불공정해질까? 공정하게 만들려다 오히려 '돈 있는 집 아이들'에게만 더 유리해지기 때문이다. 정시를 늘리면 객관적이고 공정할 것 같지만, 실제로는 수능 사교육이 더 중요해진다. '쉬운 수능'을 만들어도 마찬가지다. 문제가 쉬워지면 변별력을 위해 '속도 게임'이 되고, 결국 사교육에서 가르치는 '문제 푸는 요령'이 당락을 좌우한다. 공정을 위해 만든 제도가 사교육 받을 수 있는 학생들에게만 더 유리한 게임으로 바뀌는 셈이다.

진짜 문제는 무엇인가? 정시냐 수시냐의 논쟁은 본질을 비껴간다. 진정한 공정성은 절차적 평등이 아니라 기회의 평등이다. 모든 학생이 동일한 시험을 치른다고 공정한 게 아니다. 그 시험을 준비할 수 있는 조건이 다르다면 획일적 기준은 오히려 격차를 벌린다. 수능을 잘 볼 수 있는 환경을 갖춘 학생과 그렇지 못한 학생 사이의 차이를 외면하는 것이다.

해법은 다양성 인정하기다. '정시는 공정하고 수시는 불공정하다'는 속설은 피상적 사고에서 나온 것이다. 진정한 공정성은 모든 학생에게 자신의 능력을 최대한 발휘할 기회를 주는 것이다. 이를 위해서는 정시냐 수시냐 하는 이분법을 넘어, 다양한 전형이 조화롭게 운영되는 제도가 필요하다. 공정하다는 것은 모두를 똑같이 대하는 게 아니라, 각자에게 필요한 것을 제공하는 것이다.

― 오해와 속설 10

"사교육 의존도가 높은 것은 공교육의 부실 때문이다."

"공교육이 부실하니 사교육을 찾는다"는 주장은 직관적으로 설득력 있어 보인다. 그러나 실제로는 공교육에 대한 만족도와 사교육 참여가 공존하는 경우도 많다. 공교육의 질이 부족해서가 아니라, 입시 경쟁에서 뒤처질까 하는 불안과 상대적 우위에 대한 욕구가 사교육을 유발한다.

한국교육개발원(KEDI)의 교육여론조사(2021) 결과를 보면, 초·중·고 학부모들이 사교육을 시키는 가장 큰 이유는 ▲남들이 하니까 심리적으로 불안해서(21.8%) ▲학교에서보다 더 공부시키려고(20.0%) ▲남들보다 앞서나가게 하려고(18.4%) 등으로 나타났다.

혁신학교 사례가 이를 보여준다. 학부모 만족도는 매우 높은 수준이며, 수업 내용과 교사의 헌신에 대한 신뢰도 크다. 그럼에도 불구하고 많은 학부모가 여전히 자녀를 사교육에 참여시킨다. "학교교육엔 만족해요. 그런데 다른 애들이 학원 가니까 불안해서요."라는 강남 학부모의 말처럼, 사교육은 '절대적 부족' 때문이 아니라 '상대적 불안' 때문에 선택되는 경우가 많다. 즉, '공교육에 만족한다면 사교육은 필요 없다.'라는 공식은 성립하지 않는다. 공교육의 질과 무관하게 입시 경쟁이 존재하는 한, 사교육은 사라지지 않는다.

핀란드에도 사교육은 존재한다. 특히 대학입시 준비가 필요한 일부 고3 학생들이 과외를 선택하는 경우도 있다. 다만 OECD 자료를 보면 핀란드는 전체적으로 사교육 참여율이 매우 낮은 편이다. 이는 사교육 자체가 사라질 수 없는 구조라는 실증이기도 하다. 심지어 교육 천국이라 불리는 핀란드에서도, 입시가 있는 곳에는 사교육이 생긴다는 사실은 피할 수 없는 현실이다.

더 극단적인 예가 있다. 2021년 시진핑 정부는 '쌍감(双减, Double Reduction)' 정책[12]으로 사교육을 사실상 전면 금지했다. 뉴오리엔탈(New Oriental) 등 대형 학원들은 문을 닫거나 축소됐다. 그러나 결과는 역설적이었다. 사교육을 받을 공간이 사라지자 지하 사교육 시장이 급속히 번성했고, 일부 지역에서는 과외비가 50% 이상 올랐다는 증언도 있다. 이는 입시 경쟁이 존재하는 곳이라면 어디서든 사교육은 생길 수밖에 없다는 현실을 반영한다.

한국의 사교육 변천사도 흥미롭다. 1980년 과외 금지 → 과외 헌법소원 → 2000년 과외 전면 허용. 그동안 사교육비는 금지 때나 허용 때나 꾸준히 증가했다. 정책과 무관하게 경쟁이 있으면 사교육도 있다. 사교육은 공교육의 그림자다. 빛(경쟁)이 있으면 그림자(사교육)도 있다. 공교육을 아무리 개선해도 '남보다 앞서기' 위한 수요는 남는다.

해법은 무엇인가? 사교육을 완전히 없앨 수는 없다. 하지만 '사교육 받은 학생과 안 받은 학생의 격차'를 줄일 수는 있다. 핵심은 학교

---

12 쌍감(Double Reduction) 정책 – 중국 정부가 2021년 7월 발표한 교육 개혁 조치로, 초중등학생의 과도한 학업 부담과 사교육 의존을 동시에 줄이기 위해 시행되었다. 'Double Reduction'은 학교 내 숙제량 감축과 학교 밖 사교육 부담 경감을 뜻하며, 사교육 기관에 대한 운영 제한, 주말·방학 수업 금지, 외국 자본 투자 제한 등 강도 높은 규제를 포함한다.

에서 충분히 준비할 수 있는 시험을 만드는 것이다. 복잡한 문제 해결보다는 기본기 중심 평가, 암기보다는 사고력 중심 문제가 사교육 의존도를 낮춘다. 학교 수업만 잘 들어도 대학에 갈 수 있다는 믿음을 회복하는 게 출발점이다.

─ 오해와 속설 11

"수준별 수업은 효과적이다."

수준별 수업(ability grouping)은 상식적으로 타당해 보인다. 비슷한 실력끼리 모아 가르치면 효율적일 것 같다. 미국은 'tracking', 영국은 'streaming'이라 부르며 오래 시행했다. 그러나 50년 연구 결과는 충격적이다. OECD 연구(2016) 결과를 보면, 수준별 분반은 전체 성취도를 떨어뜨린다. 상위권은 약간의 이득(+0.05 표준편차)을 보지만, 중하위권은 큰 손실(-0.15 표준편차)을 본다. 전체적으로는 마이너스다. 왜일까? '낙인 효과'와 '교사 기대 효과' 때문이다. '너희는 하위권이니까'라는 교사의 낮은 기대가 자기충족적 예언이 된다. 학생들도 '나는 하위권이니까'라며 포기한다.

한국의 경험도 비슷하다. 2010년 수준별 이동수업을 대대적으로 도입했다가 2018년 사실상 폐지했다. 하급반 아이들이 더 처지더라는 현장의 평가도 영향을 미쳤다. 상급반 부모는 환영했지만, 하급반 부모는 반발했다.

일본의 실패도 교훈적이다. 1990년대 '습숙도별 지도'를 도입했다가 학력 격차만 키웠다. 결국 2000년대 폐지하고 '협동학습'으로 전환했으며, 함께 배울 때 모두가 성장한다는 사토 마나부의 철학이 확산됐다.

대안은 무엇인가? 이질 집단 내에서의 맞춤형 교수(differentiated instruction)다. 한 교실에서 다양한 수준의 과제를 제공하고, 협동학습을 통해 서로 돕게 한다. 상위권 학생이 하위권 학생을 가르치면 둘 다 이득이다. 가르치는 학생은 메타인지가 발달하고, 배우는 학생은 또래 언어로 이해한다. 핀란드가 이 방식으로 성공했다.

수준별 수업의 유혹을 뿌리치기는 쉽지 않다. 하지만 교육의 목적이 선발이 아니라 성장이라면, 함께 가는 길을 택해야 한다.

교수학습 방법의
오해와 속설

12	"수업은 쉽고 재미있어야 한다."
13	"학습 스타일에 맞춰 가르치면 학습 효과가 높아진다."
14	"암기 학습은 사고력 발달에 방해가 된다."
15	"정보 접근이 쉬운 시대에는 사실적 지식보다 비판적 사고력이 중요하다."
16	"창의성과 비판적 사고력은 직접 가르칠 수 없다."
17	"좋은 교사는 수업을 잘하는 교사다."
18	"교과 내용을 깊이 알수록 더 잘 가르칠 수 있다."
19	"이제는 지식보다 역량이다."
20	"디지털 세대에게는 디지털 수업이 답이다."
21	"교사의 설명 중심 수업은 학생 중심 수업으로 바뀌어야 한다."
22	"체험 학습이 이론 학습보다 효과적이다."

― 오해와 속설 12

"수업은 쉽고 재미있어야 한다."

'에듀테인먼트' 시대다. 유튜브에 익숙한 학생들을 위해 수업도 재미있어야 한다는 압박이 크다. 그러나 모든 배움이 놀이일 수는 없다. 때로는 지루하고 힘든 과정이 필요하다.

인지과학자 비요크(Bjork)의 '바람직한 어려움(desirable difficulties)' 이론이 이를 설명한다. 적절한 인지적 부담이 있을 때 장기기억이 형성된다. 너무 쉬우면 뇌가 '중요하지 않다'고 판단해 버린다.

필자가 뇌 기반 교수학습 원리를 배우기 위해 미국에서 열리는 에릭 젠슨(Eric Jensen)의 교사 대상 워크숍에 참가했을 때의 일이다. 그 자리에서 젠슨은 이렇게 말했다.

"이제 여러분은 쉽고 재미있는 수업에는 10%의 노력만 쏟고, 의미 있는 수업을 설계하는 데 90%의 노력을 기울이세요."

처음엔 충격적이었지만, 인간의 뇌가 '의미 있는 정보'에만 주의를 기울이고 오래 기억한다는 원리를 떠올리면 너무나 당연한 말이었다. 배움은 결국 의미와 연결되어야 한다.

이처럼 '의미 있는 학습'이 중요하지만, 그와 동시에 반복을 통한 기초 지식의 자동화도 필요하다. 모든 학습이 의미 중심일 수는 없으며, 때로는 반복과 숙달을 통해 학습 효율을 높여야 할 때도 있다.

구구단 학습이 좋은 예다. "게임으로 배우면 재미있지만 자동화되지 않아요. 지루한 반복 연습이 필요합니다." 한 초등교사의 경험담이다. 실제로 일본은 지금도 기초 연산에 대한 반복 학습을 중시하며, 그 결과 기초 계산력에서 세계 최고 수준을 유지하고 있다.

스탠퍼드 대학의 한 연구(2021)도 흥미롭다. 수학 수업을 게임화한 그룹과 전통적 방식으로 가르친 그룹을 비교했더니, 단기적으로는 게임 그룹이 흥미를 보였지만, 6개월 후 평가에서는 전통 그룹이 월등한 성취를 보였다. "재미는 동기 유발엔 좋지만, 깊은 이해에는 한계가 있다"는 결론이었다.

체육이나 음악도 마찬가지다. "피아노 연습이 항상 재미있을 순 없어요. 음계 연습은 지루하지만 필수죠." 음악 교사의 말이다. 손가락 근육의 기억은 반복을 통해서만 만들어진다.

물론 수업이 고통스러워서는 안 된다. 핵심은 '의미 있는 도전'이다. 비고츠키의 '근접발달영역' 개념처럼, 현재 수준보다 약간 높은 과제가 최적이다. 너무 쉬우면 지루하고, 너무 어려우면 포기한다.

재미와 배움은 다른 차원이다. 때로는 재미없지만 의미 있는 것을 견디는 힘도 길러야 한다. 인생이 항상 재미있지는 않듯이, 진짜 배움도 항상 재미있기만 한 것은 아니다.

― 오해와 속설 13

<u>"학습 스타일에 맞춰 가르치면
학습 효과가 높아진다."</u>

시각형, 청각형, 운동감각형 등의 학습 스타일 이론은 1970년대부터 교육계를 지배했다. 교사 연수에서 빠지지 않는 주제다. 그러나 충격적인 것은 50년간의 연구에도 불구하고 이를 뒷받침하는 과학적 증거가 없다는 사실이다.

2009년 심리학자 패슐러(Pashler) 팀의 메타분석이 결정타였다. 수백 개 연구를 검토한 결과, 학습 스타일에 맞춘 교육이 효과적이라는 증거를 찾지 못했다. "가장 널리 퍼진 교육 신화 중 하나"라는 평가다. 왜 이 속설이 그럴듯할까? 사람들이 선호하는 방식이 있는 것은 사실이다. 하지만 선호와 효과는 다르다. "나는 시각형이라 그림으로 봐야 해."라고 하지만, 실제로는 다양한 방식을 함께 쓸 때 가장 잘 배운다. 뇌과학이 이를 증명한다. 학습할 때 뇌의 여러 영역이 동시에 활성화된다. 시각 정보만, 청각 정보만 처리하는 게 아니다. 오히려 다감각적 학습(multi-sensory learning)이 효과적이다.

한국 교육 현장에서도 피해 사례가 나타난다. "학습 스타일 검사는 시간과 비용 낭비일 뿐 아니라, 아이들을 고정된 틀에 가둡니다." 한 교육심리학자의 지적이다. 실제로 "저는 시각형이라 강의식 수업은 어려워요."라며 스스로 학습 가능성을 제한하는 학생들도 있다. 일부 사교육 기관은 과학적 근거가 부족한 검사를 앞세워 맞춤형 코칭을 권유하기도 하는데, 이는 잘못된 자기인식을 심어주고 학습 동기를 약화시킬 수 있다는 점에서 더 큰 문제다.

올바른 접근은 모든 학생에게 다양한 방식을 경험하게 하는 것이다. 시각 자료도 쓰고, 토론도 하고, 실습도 한다. "중요한 건 학습 스타일이 아니라 학습 전략이다." 하버드 교육대학원의 가드너 교수도 자신의 다중지능 이론이 학습 스타일로 오용되는 것을 경계했다.

— 오해와 속설 14

"암기 학습은 사고력 발달에 방해가 된다."

"암기는 구시대적, 사고력은 미래형", 이런 이분법이 교육계를 지배한다. 그러나 인지과학은 정반대를 말한다. 암기와 사고력은 대립하지 않는다. 오히려 상호보완적이다.

노벨상 수상자들을 보자. 물리학자 파인만은 수천 개의 공식을 외웠다. 의학자 캔델은 뇌의 모든 부위 이름을 암기했다. "창의성은 무에서 나오지 않습니다. 풍부한 지식의 새로운 연결에서 나옵니다." 창의성 연구의 대가 치크센트미하이의 말이다. 구구단이 좋은 예다. 구구단을 외워야 복잡한 수학 문제를 풀 수 있다. 매번 6×7을 손가락으로 세면 작업기억이 과부하 걸린다. 자동화된 지식이 있어야 고차 사고가 가능하다.

언어 학습도 마찬가지다. 문법 암기는 필요 없다는 주장이 있지만, 제2언어 습득 연구는 다르게 말한다. 성인은 명시적 문법 학습이 효과적이다. 암기한 패턴이 유창성의 토대가 된다.

의대 교육이 극단적 사례다. 1~2학년 때 방대한 해부학 용어를 암기한다. 고문에 가깝다. 하지만 이 지식이 없으면 임상 추론이 불가능하다. 암기는 사고의 적이 아니라 재료다.

동아시아 교육의 재평가도 필요하다. 서구에서는 "아시아는 암기만 한다."고 비판했지만, PISA 결과는 동아시아 국가들이 암기형 문제뿐 아니라 응용·창의 문제에서도 상위권이다. 탄탄한 기초 지식이 응용력의 토대가 된 것이다.

"지식 없는 사고력은 공허하고, 사고력 없는 지식은 무용하다."[13] 칸트의 통찰은 21세기에도 여전히 유효하다.

─ 오해와 속설 15
"정보 접근이 쉬운 시대에는 사실적 지식보다 비판적 사고력이 중요하다."

"구글에 다 있는데 왜 외워?" 디지털 네이티브들의 항변이다. 일리가 있어 보인다. 하지만 이는 인간 사고의 작동 방식을 오해한 것이다. 인지심리학자 대니얼 윌링햄의 주장은 명쾌하다. "우리는 기억한 것으로 생각한다." 장기기억에 저장된 지식이 없으면 작업기억만으로는 복잡한 사고가 불가능하다. 구글에서 정보를 찾아도, 그것을 이해하고 연결하려면 배경지식이 필요하다.

체스 마스터 연구가 이를 증명한다. 체스 마스터는 5만 개 이상의 패턴을 기억한다. 이 지식이 있어야 다음 수를 예측할 수 있다. '창의적인 수'도 기존 패턴의 변형이다.

---

[13] "지식 없는 사고력은 공허하고, 사고력 없는 지식은 무용하다." - 이 말은 칸트 원문을 현대적인 의미로 풀어 쓴 해석문이며, 칸트가 직접 한 말이라기보다는 "내용 없는 사고는 공허하고, 개념 없는 직관은 맹목이다"라는 칸트의 말을 바탕으로 재구성한 형태이다.

ChatGPT 시대는 어떤가? 역설적이게도 AI가 발달할수록 인간의 지식이 더 중요해진다. 좋은 프롬프트를 쓰려면 해당 분야 지식이 있어야 한다. 모르면 AI 답변의 진위도 판단하지 못한다. 의료 AI의 사례도 흥미롭다. IBM이 개발한 인공지능 왓슨(Watson)이 암 진단에 실패한 이유는 의사들의 맥락적 지식을 AI가 대체할 수 없었기 때문이다. AI는 도구일 뿐, 판단은 지식 있는 인간이 한다.

더 중요한 것은 지식의 '청킹(chunking)' 효과다. 전문가는 개별 정보를 서로 연결된 덩어리로 기억한다. 이 덩어리 덕분에 새로운 정보를 만났을 때 기존 지식과 빠르게 연결하고, 그 의미를 더 쉽게 이해할 수 있다. 구글 검색만으로는 이런 구조화된 지식을 얻을 수 없다.

"비판적 사고력은 진공 상태에서 작동하지 않는다. 무엇에 대한 비판인가? 그 '무엇'을 알아야 비판도 가능하다."

많은 교육학자와 철학자들이 공통적으로 강조하는 바다. 소크라테스도 아테네 시민으로서의 방대한 지식이 있었기에 비판적 질문을 할 수 있었다.

― 오해와 속설 16

"창의성과 비판적 사고력은 직접 가르칠 수 없다."

"창의성은 타고나는 것이지, 가르쳐서 되는 게 아니에요."

많은 교사와 부모들이 이렇게 생각한다. 비판적 사고력에 대해서는 견해가 엇갈린다. "영역별 지식이 다르니까 일반적인 사고 기술 같은 건 없어요."라고 말하는 이들이 있는가 하면, "비판적 사고 기술은 분명히 있어요."라고 주장하는 이들도 있다. 이런 혼재된 믿음들 때문에 창의성과 비판적 사고력 교육에 대한 체계적 접근이 부족했다.

하지만 교육심리학은 정반대의 사실을 보여준다. 토런스(Torrance)의 40년 종단연구가 결정적이었다. 창의성 교육을 받은 학생들이 성인이 되어서도 더 창의적인 성취를 보인 것이다. "창의성은 기술(skill)이지 재능(talent)만의 문제가 아니다."라는 것이 입증됐다.

비판적 사고력 역시 명확하게 가르칠 수 있다. 1990년 뱅거트-드라운스와 뱅커트(Bangert-Drowns & Bankert)의 메타분석이 그 핵심을 보여준다. 학생들에게 문학, 과학, 역사를 단순히 접하게 하는 것만으로는 비판적 사고 능력이 향상되지 않는다. 실제로 비판적으로 사고하는 방법을 명시적으로 가르쳐야 한다. 2010년 마린과 할퍼른(Marin & Halpern)의 연구가 이를 입증했다. 논쟁 전개 방법, 오류 식별 기법, 의사결정 결과 예측 등을 명시적으로 가르친 그룹만 유의미한 향상을 보였다. 교과 내용에 통합된 수업이나 일반 교육과정으로는 효과가 없었다.

핵심은 교과 지식과 사고 기술의 상호작용이다. 교과 내용으로 사고할 거리를 제공하고, 추론·근거 제시·오류 분석 등의 스킬을 명시적으로 지도하며, 이 둘을 연결시키는 수업 구성이 필요하다.

드 보노(de Bono)의 수평적 사고[14] 기법들도 마찬가지다. 또한 브레인스토밍, SCAMPER 기법[15], 강제결합법[16] 등은 모두 학습 가능한 도구들이다. "창의성=기존 지식의 새로운 조합"이라는 인지과학자들의 정의처럼, 풍부한 기초 지식 위에서 체계적 훈련을 통해 창의적 사고가 발달한다.

창의성과 비판적 사고력은 모두 교육을 통해 계발 가능한 역량이다. 다만 접근 방식에는 차이가 있다. 창의성은 비교적 범용적인 사고 도구와 전략을 통해 훈련될 수 있는 반면, 비판적 사고력은 구체적인 교과 지식과 사고 기술이 함께 가르쳐질 때 효과적이다. 따라서 "완전히 가르칠 수 없다."는 회의론도, "별다른 준비 없이도 쉽게 길

---

[14] **수평적 사고(lateral thinking)** - 영국의 심리학자이자 창의력 전문가 에드워드 드 보노(Edward de Bono)가 제안한 개념으로, 기존의 논리적·순차적 사고(수직적 사고)와 달리 문제를 색다른 관점이나 비정형적 방식으로 접근해 창의적 해결책을 모색하는 사고 방식이다. '정답'보다는 '다른 가능성'을 탐색하며, 고정관념을 깨는 데 초점을 둔다. 드 보노는 수평적 사고를 체계적으로 훈련 가능한 창의력 도구로 간주했다.

[15] **SCAMPER 기법** - 창의적 사고를 유도하기 위한 발상 도구로, 기존 아이디어를 변형하거나 확장하는 7가지 사고 전략의 약자다. Substitute(대체하기), Combine(결합하기), Adapt(응용하기), Modify(수정하기), Put to another use(다른 용도로 활용하기), Eliminate(제거하기), Rearrange(재배열하기)의 머리글자를 따서 만든 것이다. 교육현장이나 기업의 문제 해결 과정에서 아이디어 확장 도구로 널리 활용된다.

[16] **강제결합법** - 서로 관련 없어 보이는 두 개 이상의 개념이나 사물을 인위적으로 연결하여 새로운 아이디어를 창출하는 기법이다. 예컨대, '우산 + 시계'처럼 무관한 요소를 조합해 사고의 전환을 유도한다. 창의적 문제 해결이나 제품 개발 교육에서 자주 활용된다.

러진다."는 낙관론도 모두 단편적이다. 중요한 것은 지식과 사고력의 결합, 그리고 이를 촘촘히 설계한 수업이다. 이때 비로소 창의성과 비판적 사고는 가능성이 아니라 성과로 드러난다.

— 오해와 속설 17

<u>"좋은 교사는 수업을 잘하는 교사다."</u>

수업 장학, 수업 컨설팅, 수업나눔 대회 등, 한국 교육은 오랫동안 '수업 기술' 중심으로 교사를 평가해왔다. 하지만 좋은 교사를 '수업만 잘하는 사람'으로 환원하는 것은 매우 좁은 관점이다.

세계적 교육학자 존 해티의 메타분석은 이 통념에 의문을 제기한다. 실제로는 수업 기술보다 관계와 신뢰가 더 큰 영향을 미친다는 사실이 이미 여러 연구를 통해 드러났다. 학생의 성장을 이끄는 영향력 순위를 보면, 교사-학생 관계(0.72), 교사의 신뢰성(0.90), 수업의 명확성(0.75) 등이 수업 기술 자체(0.48)보다 더 중요하다. 아이들이 얼마나 배울지는, 교사가 수업을 얼마나 잘하느냐보다 교사와의 관계에서 얼마나 신뢰와 안정감을 느끼느냐에 더 크게 좌우된다는 뜻이다. 아이들은 교사가 자신을 진심으로 아끼는지 본능적으로 안다. 그 신뢰가 있어야 비로소 배움이 시작된다.

한 실제 사례를 보자. A 교사는 수업 기술이 뛰어나지만 아이들과 정서적 거리가 있다. 반면 B 교사는 수업은 평범하지만 학생들과 따뜻한 관계를 맺는다. 1년 후 두 반의 학업 성취도와 정서 지표를 비교했을 때, 오히려 B 교사의 반이 더 긍정적인 결과를 보였다.

왜일까? 교사는 단지 지식을 전달하는 사람을 넘어, 상담자이자 멘토, 중재자이자 롤모델의 역할을 동시에 수행한다.

"하루 6시간 수업 중 실제로 가르치는 시간은 4시간, 나머지 2시간이 더 중요할 때가 많아요."

어느 중학교 교사의 고백이다. 쉬는 시간의 짧은 대화, 점심시간의 따뜻한 관찰, 방과 후의 조용한 상담이 아이의 자존감과 태도, 삶 전체를 바꿔놓기도 한다.

핀란드의 교사 교육도 이 점을 분명히 한다. 교사 양성과정은 5년에 걸쳐 진행되며, 교과 지식 40%, 교육학 30%, 현장 실습 30%로 구성된다. 이 중 교육학과 실습은 단순한 '수업법 훈련'이 아니라, 학생과 인간으로서의 교사 자신을 이해하고 성장시키는 과정이다. "지식은 가르칠 수 있어도, 인격은 훈련으로만 길러지지 않는다"는 철학이 그 바탕에 있다.

일본의 '수업 연구(lesson study)'도 자칫 '수업 기술 향상'을 위한 연습으로 오해받지만, 핵심은 동료 교사들과의 성찰과 협력을 통해 학생을 더 깊이 이해하고 교육 철학을 나누는 것이다. 수업은 '목표'가 아니라, 아이를 성장시키기 위한 '수단'이다.

좋은 의사가 수술만 잘하는 사람은 아니듯, 좋은 교사도 단순히 수업만 잘하는 사람이 아니다. 학생과의 전인적인 관계 속에서만 전인적인 성장이 가능하다. 이것이 진짜 좋은 교사의 조건이다.

─ 오해와 속설 18
"교과 내용을 깊이 알수록 더 잘 가르칠 수 있다."

"박사가 가르치면 더 잘 배울까?" 의외로 그렇지 않다. 교과 지식이 깊을수록 교수 능력도 좋아진다는 직관적인 믿음과 달리, 실제로는 둘 사이에 뚜렷한 비례 관계가 성립하지 않는다.

이 차이를 설명하는 데 핵심이 되는 개념이 바로 슐만(Shulman)이 제안한 '교과 내용의 교수 지식(Pedagogical Content Knowledge, PCK)'이다. 즉, 무엇을 아는 것과 그것을 어떻게 가르치는지 아는 것은 전혀 다른 능력이라는 것이다. 수학을 깊이 아는 것과, 왜 학생들이 분수를 어려워하는지를 이해하는 것은 전혀 다른 문제다. 더 많이 안다고 해서 더 잘 가르치는 게 아니다.

이러한 차이는 실제 수업 현장에서 자주 확인된다. 예를 들어, 명문대 교수가 고등학교에서 특강을 하면 어떨까? 학생들의 반응은 "너무 어려워요.", "무슨 소린지 하나도 모르겠어요."가 대부분이다. 반면, 평범한 대학 출신의 교사라도 학생의 사고 흐름을 잘 이해하며 설명하는 사람의 수업은 "아, 이제 알겠어요!"라는 반응을 이끌어낸다. 지식의 깊이가 아니라 전달 방식이 관건인 것이다.

"전문가는 초보자의 어려움을 잊는다." 이것이 바로 인지과학에서 말하는 '전문가 맹점(expert blind spot)'이다. 지식이 깊어질수록 초보자의 눈높이에서 생각하기 어려워지고, 자신에게 너무 당연한 개념은 오히려 설명하기 더 힘들어진다.

학생의 학습에 영향을 주는 요인은 교사가 '얼마나 많이 아는가'가 아니라, '그 지식을 학생 수준에 맞게 어떻게 가르치는가'이다. 이는 교사 연수와 수업 개선의 핵심 방향이 지식 전달의 양이 아니라 전달 방식의 질에 있어야 함을 보여준다. "아이들이 왜 '-(-3)=3'을 이해 못 하는지 아는 게 중요해요. 수학 박사도 이걸 모르면 못 가르쳐요." 수학교육 전문가의 설명이다. 고도의 수학 지식보다 학생들의 사고 과정을 이해하고 설명할 수 있는 능력이 훨씬 더 중요하다는 뜻이다.

핀란드의 교사 교육도 이를 반영하고 있다. 교과 내용 40%, 교과교육학 30%, 실습 30%, 즉 '무엇을 가르칠지(what)'와 '어떻게 가르칠지(how)'의 균형을 맞추도록 설계되어 있다. 지식의 깊이만을 추구하지 않는다. 의사도 의학 지식만으론 부족하듯, 교사도 교과 지식만으론 부족하다. 지식의 양이 아니라 그것을 학생 수준에 맞게 변환하고 전달하는 능력이야말로 교사의 진짜 전문성이다.

— 오해와 속설 19

"이제는 지식보다 역량이다."

"지식은 구글에 맡기고, 이제는 역량을 기를 때다."

4차 산업혁명과 AI 시대를 맞아 이런 주장이 자주 들린다. 2015 개정 교육과정 역시 '핵심 역량'을 전면에 내세우며, 역량 중심 교육으로의 전환을 강조했다. 하지만 이 구호는 종종 지식과 역량을 이분법적으로 나누는 오류로 이어진다.

문제는 현재의 역량 중심 교육 담론이 비인지적 요소에 치중하고 있다는 점이다. OECD DeSeCo의 세부 역량을 보면, 활용 능력, 대인관계 역량, 협동 및 갈등 대처 능력, 행동 및 실천 등의 비인지적 역량이 강조되고 있다. 반면 인지적 역량은 '상호작용적으로 도구 사용하기'라는 범주에서 언어, 지식과 정보, 기술이라는 단어에 부차적으로 함축되어 있을 뿐이다. 지식과 정보가 단순히 '도구'라는 범주로 축소되면서, 학생들이 핵심적으로 학습해야 할 내용지식(content knowledge)의 중요성이 간과되고 있다.

인지과학의 결론은 명확하다. 역량은 지식 위에서 자란다. 창의성은 기존 지식의 새로운 연결이며, 비판적 사고는 깊은 이해가 전제다. 문제 해결력도 관련 지식 없이는 작동하지 않는다. 인지심리학자 대니얼 윌링햄의 말처럼, "우리는 기억한 것으로 생각한다." 장기기억에 저장된 배경지식이 없으면, 복잡한 사고는 불가능하다.

2022년 PISA 창의적 사고력 평가에서 한국 학생들이 OECD 평균을 크게 웃도는 성과를 보인 것도 이를 뒷받침한다. 이는 역설적으로 공교육과 사교육을 통한 압도적인 지식 습득과 반복적인 문제 풀이의 효과로 해석된다. "이제는 지식보다 역량"이라는 주장과 달리, 여전히 충분한 지식의 축적이 고차원적 사고 능력의 기반이 됨을 보여주는 사례다.

국내 기업들의 반응도 주목할 만하다. "창의성과 소통 능력을 강조해 뽑았더니, 정작 기초가 약해 가르칠 게 너무 많다." 한 대기업 인사팀장의 말이다. 역량만 강조한 교육의 부작용을 지적한 것이다. 과거 한국 교육에서 파편화되고 무비판적인 지식 주입, 암기 위주 교육이 문제였던 것은 맞다. 그러나 그에 대한 단순한 반작용으로 비인지적 역량을 과도하게 강조하면서, 학생들이 발달 단계에서 연계성 있게 학습해야 할 핵심 지식을 놓치게 되는 것도 문제다. 싱가포르의 사례는 중요한 시사점을 준다. 그들은 '지식 또는 역량'이 아니라 '지식과 역량의 시너지'를 추구한다. 탄탄한 기초지식 위에, 창의성·협업·문제해결력 같은 역량을 체계적으로 쌓는다. 그 결과 PISA 전 영역에서 꾸준히 세계 최상위권을 유지하고 있다.

결국 핵심은 이분법이 아니다. '지식 vs 역량'이 아니라, "지식을 통한 역량'이 되어야 한다. 인지적 역량과 비인지적 역량의 균형 있는 강조가 필요하며, 지식이라는 토양이 있어야 역량이라는 꽃도 핀다.

─ 오해와 속설 20

"디지털 세대에게는 디지털 수업이 답이다."

'디지털 네이티브'라 불리는 요즘 아이들에게는 당연히 디지털 방식으로 가르쳐야 한다는 믿음을 가진 사람들이 적지 않다. 태블릿 PC, 전자칠판, VR 등 교육 현장에 첨단 기기가 넘치고, 에듀테크가 교육을 혁신한다는 장밋빛 전망도 쏟아진다.

하지만 현실은 어떠한가? OECD의 2023년 보고서에 따르면, 학교 ICT 사용 시간과 학업 성취도는 역U자 관계[17]를 보인다. 적당히 쓰면 도움이 되지만, 과도하면 오히려 해롭다는 것이다. 한국의 경우, 디지털 기기의 과도한 사용에 대한 우려로 인해 학교 현장에서는 오히려 사용을 적정 수준으로 자제하려는 분위기가 형성되어 있다. 최근 디지털 교과서 전면 도입에 대한 교사와 학부모의 강한 반대도 이러한 우려를 반영한 결과였다.

"태블릿 나눠주고 나서 수업이 엉망이 됐어요. 수업 중에 유튜브 보고, 게임하고……." 한 중학교 교사의 한탄이다. 코로나19를 계기로 2021년부터 본격 보급된 태블릿에 대해 학교의 70%가 "기대 이하"라고 평가했다. 디지털 네이티브라 불리는 세대도 결국 집중력 앞에서는 예외가 없었던 것이다.

---

17 **역U자 관계** - 이 맥락에서는 ICT 사용 시간이 적절 수준에서는 학업 성취도에 긍정적인 영향을 주지만, 과도하게 많아지면 오히려 성취도가 떨어진다는 뜻이다.

실리콘밸리의 아이러니한 현실도 이를 뒷받침한다. IT 업계 거물들은 자녀를 '노 테크' 학교에 보내고, 스티브 잡스도 자녀의 아이패드 사용을 제한했다. 그 이유는 "우리가 만든 제품이 얼마나 중독적인지 알기 때문"이라고 말했다. 문제는 세대가 아니라 사용법이다. "첨단 기술로 구식 교육을 하는 것"이 최악이다. 종이 학습지를 PDF로 바꾼다고 혁신인가? 디지털 세대라고 해서 무조건 디지털이 답은 아니다.

성공 사례도 있다. 에스토니아는 '디지털 리터러시'[18] 교육에 집중한다. 기기 사용법이 아니라 정보 판별력, 디지털 시민성을 가르친다. "도구는 도구일 뿐, 교육의 본질이 중요하다."는 철학이다.

칸 아카데미의 살만 칸도 경고한다. "기술은 훌륭한 교사를 대체하지 못한다. 다만 훌륭한 교사를 더 훌륭하게 만들 수 있다." 디지털 세대든 아날로그 세대든, 교육의 핵심은 여전히 사람이다. 세대론에 매몰되어 본질을 놓치면 안 된다.

---

18 디지털 리터러시(digital literacy) - 디지털 기기와 정보를 비판적이고 창의적으로 활용할 수 있는 능력. 기기 사용법뿐만 아니라 정보의 신뢰성 판별, 디지털 시민의식, 온라인 안전 등을 포괄하는 개념이다. 최근에는 AI와 알고리즘의 작동 원리를 이해하고 비판적으로 평가하는 능력까지 확장되고 있다.

── 오해와 속설 21

"교사의 설명 중심 수업은
학생 중심 수업으로 바뀌어야 한다."

'강의식 수업=구식, 학생 활동=혁신'이라는 이분법적 사고가 교육계를 지배하고 있다. 그러나 이는 맥락을 무시한 과도한 일반화다.

로젠샤인(Rosenshine)의 연구는 명확한 답을 제시한다. 명시적 교수법(explicit instruction)은 특히 초보 학습자에게 매우 효과적이라는 것이다. 새로운 개념을 배울 때는 교사의 체계적 설명이 필수다.

한 수학 교사는 이렇게 말한다.

"미적분을 학생들끼리 토론해서 발견하라고요? 불가능해요. 수천 년 수학 역사를 한 시간에 재발견할 순 없죠."

프로젝트 학습에도 함정이 있다. 2012년 미국의 대규모 실험[19]에서는 발견학습만 진행한 그룹보다 명시적 설명 후 탐구를 진행한 그룹이 월등히 더 높은 성취를 보였다. '기초 없는 탐구는 시간 낭비'라는 결론이었다.

일본의 수업 연구가 제시하는 통찰도 주목할 만하다. "도입 15분은 교사 주도, 전개 20분은 학생 활동, 정리 10분은 다시 교사 주도"

---

19 2012년 미국의 대규모 실험 - "대규모 실험"으로 언급된 것은 실제 하나의 단일 실험이 아니라, 미국에서 수행된 방대한 메타분석 연구를 가리키기 때문이다. 이 연구는 Louis Alfieri, Patricia J. Brooks, Naomi J. Aldrich, Harriet R. Tenenbaum 등이 2011~2012년에 발표한 것으로, 논문 제목은 "Does Discovery-Based Instruction Enhance Learning?"이다.

라는 리듬이 효과적이라는 것이다. Either/Or가 아니라 Both/And의 접근법이다. 의사도 때로는 설명하고 때로는 환자 말을 듣듯이, 교사도 때로는 가르치고 때로는 촉진자가 되어야 한다.

핵심은 목적과 상황에 맞는 방법을 선택하는 것이다. 개념 도입에는 설명이, 심화 학습에는 탐구가, 적용 단계에는 프로젝트가 적합하다. 최고의 수업은 다양한 방법을 적절히 조합할 때 완성된다.

— 오해와 속설 22

"체험 학습이 이론 학습보다 효과적이다."

"백 번 듣는 것보다 한 번 보는 게 낫다"라는 속담 때문일까. 체험 학습이 만능인 것처럼 여겨진다. 그러나 체험만으로는 학습이 일어나지 않는다.

콜브(Kolb)의 경험학습 이론을 오해하면 안 된다. 그는 '체험→성찰→개념화→실험'의 순환을 강조했다. 체험은 시작일 뿐, 성찰과 개념화 없이는 의미가 없다. "수학여행 다녀와서 뭘 배웠니?", "재미있었어요." 이게 전부라면 체험이 아니라 놀이다. "왜 경주에 불국사와 석굴암이 함께 있을까?" 같은 성찰적 질문이 있어야 학습이 된다.

의대 교육의 사례가 교훈적이다. 과거엔 환자를 많이 볼수록 진료 실력이 는다고 생각했다. 하지만 연구 결과, 단순 경험의 양과 진료 실력은 상관이 없었다. 중요한 건 의도적 연습(deliberate practice)[20]이었다. 체계적 피드백과 성찰이 있는 경험만이 실력을 향상시킨다.

기업 교육도 바뀌었다. "OJT(On-the-Job Training)만으론 한계가 있어요. 이론 교육과 병행해야 해요." 한 인재개발원 관계자의 말이다.

체험학습의 함정도 있다. 비용은 많이 들고 효과는 불분명하다. "메이커 스페이스 만들어놨는데 먼지만 쌓여요. 뭘 만들지, 왜 만드는지 모르니까." 한 중학교의 사례다.

"체험은 이론을 확인하고 심화하는 과정이지, 대체물이 아니다." 듀이의 통찰이다. 커트 루윈이 말했듯, "좋은 이론만큼 실용적인 것은 없다." 이론은 실천을 위한 지도다. 이론 없는 체험은 맹목적이고, 체험 없는 이론은 공허하다. 둘의 균형이 진정한 학습을 만든다.

---

20 의도적 연습(deliberate practice) - 심리학자 앤더스 에릭슨(Anders Ericsson)이 제시한 개념으로, 단순한 반복이 아닌 체계적이고 목적 지향적인 연습 방법을 의미한다. 의도적 연습의 핵심 요소는 ① 명확한 목표 설정, ② 현재 수준보다 약간 높은 난이도의 과제 도전, ③ 즉각적이고 구체적인 피드백, ④ 집중된 주의력과 노력, ⑤ 반복적 수행과 점진적 개선 등이다. 에릭슨의 연구에 따르면, 어떤 분야에서든 전문가 수준에 도달하려면 약 10,000시간의 의도적 연습이 필요하며, 이는 단순히 시간을 많이 투자하는 것이 아니라 질적으로 우수한 연습을 지속하는 것이 중요함을 시사한다. 이 개념은 교육학, 스포츠과학, 음악교육 등 다양한 분야에서 학습 효과를 극대화하는 방법론으로 활용되고 있다.

미래교육과 환경에 관한
오해와 속설

23	"아이들은 스스로 탐구하며 배울 때 가장 잘 배운다."
24	"아이들이 스스로 선택하고 결정할 때 더 많이 배운다."
25	"학생을 지적할 땐 꼭 칭찬도 함께 해야 한다."
26	"숙제는 필요악이다."
27	"창의적 문제 해결 능력이 중요한 시대에는 객관식 선다형 문제보다는, 논서술형 평가가 중심이 되어야 한다."
28	"4차 산업혁명 시대의 교육은 미래교육, 미래학력, 미래역량 개발에 초점을 두어야 한다."
29	"학급당 학생 수를 줄이면 교육의 질이 향상된다."
30	"학습부진은 대개 가정 배경 요인인 경우가 많아 학교교육을 통한 개선에는 한계가 있다."
31	"아이가 '최선을 다하고 있다면' 그걸로 만족해야 한다."

── 오해와 속설 23

"아이들은 스스로 탐구하며 배울 때 가장 잘 배운다."

구성주의 열풍 이후 교사는 '가르치지' 말고 학생이 '발견하게' 하라는 주장이 유행이다. 그러나 이는 발견학습의 한계를 무시한 생각이다. 키르쉬너(Kirschner) 등의 논문 「최소 안내의 실패」(2006)가 결정적이었다. 50년간의 연구를 종합한 결과, 최소한의 안내만 주는 발견학습은 비효과적이다. 특히 초보자에게는 해롭기까지 하다. 왜일까? 인지부하 이론으로 설명된다. 초보자는 작업기억 용량이 한정적이다. 스스로 탐구하느라 인지 자원을 소진하면 정작 개념 이해에 쓸 여력이 없다. "아르키메데스의 부력 법칙을 학생 스스로 발견하게 한다고? 아르키메데스도 수 년이 걸렸는데?" 과학 교사의 현실적 지적이다. 인류가 수천 년간 축적한 지식을 매번 재발견할 순 없다.

성공적인 탐구학습의 조건은 명확하다. 충분한 사전 지식, 명확한 안내(scaffolding), 적절한 피드백이 그것이다. 자유 탐구가 아니라 안내가 따르는 탐구(guided inquiry)가 효과적이다.

핀란드 현상기반학습(phenomenon-based learning)에도 오해가 있다. 이는 완전 자유 탐구가 아니다. 교사의 치밀한 설계와 안내가 있다. "자유롭게 보이지만 사실 매우 구조화되어 있어요." 핀란드 교사의 설명이다. 예를 들어, 교사는 핵심 질문을 제공하고 탐색 자료를 구조화해 주며, 학생들이 무의미한 시행착오에 빠지지 않도록 유도한다.

사전 지식이 충분한 학습자에게는 탐구가 개념 이해를 심화하고 전이를 촉진하는 데 효과적일 수 있다. 하지만 대부분의 교실에서는 그러한 조건이 갖춰지지 않기에 구조화된 지원이 필수다. 수영을 배울 때도 먼저 자세를 배우고 물에 들어가듯, 탐구도 기초 지식과 방법을 배운 후에 해야 한다.

― 오해와 속설 24

"아이들이 스스로 선택하고 결정할 때 더 많이 배운다."

"아이들이 스스로 선택하고 결정할 때 진짜 배움이 일어난다"는 주장이 '학생 중심 학습'의 흐름과 맞물려 당연한 전제로 받아들여진다. 하지만 이는 실증적 근거가 매우 약한 교육 속설이다.

존 해티의 연구에 따르면, 학생에게 학습 내용이나 순서에 대한 통제권을 부여하는 것은 학업 성취에 거의 아무런 긍정적 영향을 주지 않는다. 학생이 어떤 주제를 연구할지, 어떤 단원을 먼저 공부할지를 정하게 하는 것이 실제 성취로 이어지지 않는다는 것이다. 이유는 분명하다. 학생은 아직 '무엇을 어떻게 배워야 하는가'를 결정할 만큼의 인지적 준비도, 교육적 전문성도 갖추지 못했기 때문이다. 어떤 개념이 핵심이고, 어떤 순서로 접근해야 이해가 깊어지는지는 교사가 설계해야 할 영역이다.

아이에게 수업의 전반을 맡기는 것은 지도 없이 낯선 숲에 아이를 들여보내는 일과 다르지 않다. 학습의 '내용'을 학생이 전적으로 선택하게 하기보다는 '방식'과 '표현'의 수준에서 선택권을 제공하는 것이 효과적이다. "이 과제를 발표로 할래, 글로 쓸래?", "혼자 풀래, 친구랑 같이 풀래?" 같은 작은 선택권은 학생의 몰입도를 높인다.

핵심은 스스로 모든 것을 결정하는 것이 아니라 스스로 '참여하고 있다'고 느끼게 하는 것이다. 교사는 뒤에서 지켜보는 '조력자'가 아니라 핵심 개념을 놓치지 않도록 구조화된 방향을 제시하는 '안내자'여야 한다.

— 오해와 속설 25
"학생을 지적할 땐 꼭 칭찬도 함께 해야 한다."

많은 교사와 부모는 비판을 전달할 때 학생이 상처받지 않도록 칭찬을 곁들여야 한다고 믿는다. 이른바 '샌드위치 피드백(칭찬-비판-칭찬)' 방식이 피드백의 기본 원칙처럼 받아들여져 왔다.

하지만 존 해티 교수는 이러한 접근이 학습 향상을 오히려 방해할 수 있다고 지적한다. 비판적 피드백이 칭찬에 둘러싸여 모호해질 때, 학생은 진심 어린 칭찬인지 비판인지 혼란을 겪는다. 내가 잘한 건지, 못한 건지에 대한 혼선이 생기면서, 학습자는 무엇을 고쳐야 하는지 명확히 인식하지 못하게 된다. 해티의 연구에 따르면, 비판적 피드백에 칭찬을 덧붙이는 방식은 오히려 피드백의 명확성과 효과를 떨어뜨린다. 학생은 자신의 약점이나 오류를 분명하게 인식해야 그것을 고치고 성장할 수 있다. 칭찬으로 이를 희석시키면 자기 인식과 학습 전략 조정의 기회를 빼앗게 된다.

중요한 것은 칭찬과 피드백을 섞는 방식이 아니라 각각의 목적에 맞게 구분하여 사용하는 것이다. 칭찬은 격려의 언어이고, 피드백은 성장의 언어다. 이 둘은 동시에 사용할 수 있지만 같은 문장 안에 억지로 담겨서는 안 된다.

효과적인 피드백은 "좋았어!"가 아니라 "이 문장은 주제가 잘 드러나지 않으니 첫 문장을 더 구체적으로 바꿔볼 수 있겠니?"처럼 명확하고 행동 가능한 제안을 담아야 한다.

― 오해와 속설 26

"숙제는 필요악이다."

"숙제는 부담스럽지만 어쩔 수 없이 시켜야 한다."는 말이 학교 현장에서 자주 들린다. 많은 교사와 부모는 숙제가 갈등의 원인이 되고 가정의 여유 시간을 빼앗는다고 인정하면서도 그래야 성적이 오른다고 믿는다.

존 해티의 메타분석은 충격적인 결과를 보여준다. 초등학생에게 숙제는 학업 성취에 거의 아무런 영향을 미치지 않는다. 이는 숙제에 대한 통념을 완전히 뒤바꾸는 발견이다. 단 해티는 숙제를 아예 시키지 말라고는 하지 않는다. 문제는 '얼마나 많이'가 아니라 '무엇을 시키느냐'다. 오늘 배운 내용을 5~10분 복습하는 것만으로도, 전혀 다른 과제를 1~2시간 하는 것과 같은 학습 효과를 낼 수 있다.

그렇다면 왜 숙제가 필요악이 될까?

첫째, 반복적인 문제풀이, 학습과 무관한 프로젝트, 부모의 개입을 전제로 한 과제처럼 학습 효과가 낮은 방식이 여전히 주를 이루기 때문이다. 특히 어린 학생에게 복잡한 프로젝트를 내는 것은 숙제 방식 중 가장 효과가 떨어지는 예다.

둘째, 학부모의 기대도 한몫 한다. 많은 부모는 자녀가 숙제를 해야만 제대로 공부한다고 믿는다. 그래서 교사는 실질적인 학습 효과보다 외형적인 성과를 의식한 과제를 반복하게 된다.

숙제는 필요악이 아니라, 잘못 설계되었을 때 불필요한 악이 되는 것이다. 진짜 중요한 것은 교실 수업에서의 깊이 있는 학습 경험이며, 숙제는 그것을 보완하는 도구일 뿐이다.

— 오해와 속설 27

"창의적 문제 해결 능력이 중요한 시대에는
객관식 선다형 문제보다는,
논서술형 평가가 중심이 되어야 한다."

인공지능과 자동화 기술 발달로 창의성과 문제 해결력이 중요해지면서, 기존 객관식 평가는 시대에 뒤처진 방식으로 간주된다. 서술형과 수행평가로 전환해야 한다는 주장이 힘을 얻고 있다.

하지만 객관식은 구시대적이고 서술형은 미래형이라는 이분법은 평가에 대한 오해다. 문제는 평가의 형식이 아니라, 그 형식이 학생의 사고를 어떻게 자극하는가에 있다.

객관식이 단순 암기형이라는 오해가 있다. 하지만 사실적 지식은 여전히 학습과 사고의 기반이다. 잘 설계된 객관식 문항은 '인출 연습(retrieval practice)'을 유도하여 장기기억 형성에 효과적이다.

객관식이 고차 사고력을 측정할 수 없다는 주장도 맞지 않다. 문항의 질이 높아질수록 사실 간의 연결, 논리적 추론, 오류 탐지 같은 사고 과정도 평가할 수 있다. 고난이도 수능 문항이나 국제 학업성취도 평가가 그 예다.

한편 서술형 평가도 만능이 아니다. 글쓰기 능력, 표현력, 채점의 주관성, 채점 기준 적용의 일관성 부족이나 불명확성 등은 오히려 평가의 신뢰성과 공정성을 해칠 수 있다. 특정 형식이 학습자 간 편차를 더 부각시킬 가능성도 있다.

평가의 형식은 도구일 뿐이다. 객관식, 서술형, 수행형은 각각 다른 기능과 용도를 가진다. 특정 방식의 폐지를 주장하기보다 학습목표에 맞게 조합하는 것이 미래교육에 걸맞은 평가 방향이다.

— 오해와 속설 28

"4차 산업혁명 시대의 교육은 미래교육, 미래학력, 미래역량 개발에 초점을 두어야 한다."

'미래교육', '미래학력', '미래역량'……. '미래'라는 수식어가 한국 교육 담론을 지배한다. 교육정책 보고서부터 교실 수업 목표까지 모든 것이 미래로 포장된다.

하지만 이 말들은 방향을 제시하는 듯하면서도 '지금 여기'의 책임을 유예하는 언어가 되기도 한다. 기초학력 미달, 교사 소진, 교실 내 격차, 정서 문제······. 눈앞의 문제들은 '미래를 준비하자'는 추상적 구호 뒤로 밀려난다.

미래학자 윌리엄 깁슨의 말이 정확하다. "미래는 이미 여기 와 있다. 다만 고르게 퍼져 있지 않을 뿐이다." AI, 유전자 기술, 자동화는 이미 일부 계층과 지역에서는 현실이다. 문제는 그 기술이 '모두에게' 적용되지 않는다는 것이다.

그렇다면 '미래교육'이란 무엇인가? 정확히 말하면 '21세기 교육', '지금 여기에서 실현되어야 할 교육'이다. 더 이상 먼 미래의 이야기가 아니다. 학생의 협력 역량은 미래에 자동으로 생기지 않는다. 정보를 해석하고 판단하는 능력, 정서 조절과 소통 능력도 마찬가지다. 이런 역량은 지금, 수업과 생활 속에서 경험될 때 비로소 자란다. '미래역량'이 실제로 중요하다면, 그 역량은 오늘의 교실에서 구현되어야 한다. 미래 담론이 아니라 미래를 가능하게 하는 오늘의 교육 설계가 필요하다.

아이들이 더 나은 내일을 살아가기 위해 필요한 것은 막연한 미래 담론이 아니라, 지금 여기에서 학생들이 살아갈 힘을 길러주는 구체적인 교육 실천이다.

— 오해와 속설 29

"학급당 학생 수를 줄이면 교육의 질이 향상된다."

학급당 학생 수를 줄이는 것이 교육의 질을 높이는 해법이라는 주장은 오랫동안 공교육 개선의 대표적 방안으로 여겨져 왔다. 직관적으로 설득력이 있다. 학생 수가 적어지면 교사가 개별 학생에게 더 많은 관심을 기울일 수 있을 것 같다.

하지만 수업의 질과 학급 규모의 관계는 그렇게 단순하지 않다. 존 해티의 메타분석은 전 세계 수천 건의 연구를 종합했는데, '학급 규모 감소'는 138개 요인 중 상위에 들지 못했다. 오히려 '교사의 피드백', '명확한 수업 목표 제시' 등이 훨씬 더 큰 영향을 미쳤다.

또한 학급당 학생 수가 줄어든다고 해서 교사가 자동으로 수업 방식을 바꾸는 것도 아니다. 강의 중심 수업을 그대로 반복하거나, 여전히 학습자를 수동적 존재로 보는 관점을 고수한다면, 학급 인원이 줄어들어도 수업의 질은 개선되지 않는다.

물론 소규모 학급이 효과적인 상황도 있다. 특히 저학년, 학습 지원이 필요한 학생, 정서적 안정이 중요한 환경에서는 학급 규모가 작을수록 분명한 효과가 있다. 그러나 이는 특정 조건 하에서 제한적으로 나타나는 것이다.

수업의 질을 결정하는 핵심은 몇 명을 가르치느냐가 아니라 무엇을 어떻게 가르치느냐다. 교사의 수업 설계 역량, 교수-학습 이론에 대한 이해, 학생 참여를 이끄는 전략 등 이런 요소들이 갖춰져야 학급 인원 감소가 실제 수업의 질 향상으로 이어진다.

학급당 학생 수는 '조건'일 뿐 '해결책'이 아니다. 수업의 질은 교실 안에서 교사가 어떻게 사고하고 설계하고 실천하느냐에 달려 있다.

─ 오해와 속설 30

"학습부진은 대개 가정 배경 요인인 경우가 많아 학교교육을 통한 개선에는 한계가 있다."

가정의 사회경제적 수준이 학습에 영향을 미친다는 것은 부인하기 어렵다. 책 읽는 환경, 언어 노출, 정서적 안정, 부모의 학력과 양육 태도 등, 학습 격차는 학교 입학 전부터 이미 존재한다.

하지만 문제는 그다음 문장이다. "학교교육을 통한 개선에는 한계가 있다." 이 말은 한계를 진단하는 척하지만, 실제로는 책임을 포기하는 선언에 가깝다. 존 해티의 대규모 메타분석 연구는 이런 통념에 정면으로 반박한다. 교사와 학교 관련 요인들이 학습에 미치는 영향력이 매우 크다는 것이 입증되었다.

특히 주목할 만한 것은 교사의 성취 예측 능력(효과크기 1.62)이다. 교사가 학생의 강점, 약점, 현재 수준을 정확히 파악할수록 그 학생의 성취도가 높아진다. 이는 수준에 맞는 수업과 과제 제공, 정교한 개별 피드백, 신뢰 관계 형성을 통해 학생에게 심리적 안전감과 동기를 부여하기 때문이다.

더욱 중요한 것은 '함께하면 해낼 수 있다'는 교사들의 집단적 믿음(collective efficacy: 효과크기 1.57)이다. 이는 교직원 전체가 학생들의 학업 성취와 삶을 성공적으로 바꿀 수 있다는 공유된 믿음을 의미한다.

훌륭한 교사들은 학생의 저조한 성취를 가정환경, 사회경제적 지위 등과 같은 외부 요인 탓으로 돌리지 않는다. 오히려 그런 제약 요인이 있더라도 그 속에서 긍정적인 변화를 만들어내려 노력한다.

학생 자신의 기대(효과크기 1.33)도 중요한 요인이다. 교사가 학생의 기대 수준(목표 성적)을 파악하고 그 기대를 뛰어넘도록 격려할 때, 학생은 자신의 학습 능력에 대한 자신감을 얻게 된다. 개입 반응(RTI: 효과크기 1.07) 전략을 통해 예방 중심 접근을 하고, 데이터 기반 의사결정을 하며, 학생의 필요에 따라 단계적으로 지원 강도를 높여가는 것도 매우 효과적이다.

교사의 신뢰도(효과크기 0.9) 역시 빠뜨릴 수 없다. 학생이 교사를 인간적으로 믿고 따를 수 있는 신뢰, 가르치는 내용에 대한 전문성, 수업에 대한 열정과 에너지, 학생 질문에 대한 즉각적 반응성이 모두 학습에 큰 영향을 미친다.

효과크기 면에서 '0.2가 효과 작음', '0.4가 효과 보통'이고 '0.6 이상은 효과 큼'임을 감안할 때, 위에서 언급한 교사 관련 요인들은 모두 매우 큰 영향력을 갖는다고 할 수 있다.

이러한 연구 결과들은 학생의 가정 배경과 상관없이 학교 요인과 교사 요인이 학생들의 성취도 향상에 결정적 영향을 미칠 수 있음을 보여준다. 학교는 개입 가능한 공간이며, 교사는 학습 회복의 가장 중요한 촉진자다.

그런데 왜 '학습부진은 가정 탓'이라는 말이 반복될까? 여러 이유가 있다. 첫째, 실제로 가정 배경이 학습에 미치는 영향이 크기 때문이다. 이는 부인할 수 없는 사실이며, 교사들이 현장에서 직접 목격하는 현실이기도 하다. 둘째, 변화 가능성에 대한 회의감이다. 오랜 경험 속에서 '아무리 노력해도 바뀌지 않는다'는 좌절감이 쌓이면서, 개입 가능성 자체를 의심하게 된다. 셋째, 시스템적 한계에 대한 현실 인식이다. 과밀 학급, 부족한 지원 인력, 제한된 시간 등 현실적 제약 속에서 개별 학생에게 충분한 관심을 기울이기 어려운 상황에 있다. 이 모든 이유들의 근본에는 '결핍 중심의 관점(deficit mindset)'이 깔려 있다. '학습부진 아동'이라는 표현부터가 문제다. '부진'이라는 단어에는 정상에서 뒤처졌다는 낙인이 내포되어 있으며, 이는 아이의 부족함에만 초점을 맞추게 만든다.

이제 언어부터 바꿔야 한다. '학습부진 아동'이 아니라 '개별적 지원이 필요한 아이', '학습 속도나 방식이 다양한 아이'라고 부르자. 결핍이 아니라 가능성에서 출발해야 한다. 모든 아동은 성공적으로 배울 수 있다는 '성장 관점(growth mindset)'이 필요하다. 단지 각자에게 맞는 방법과 시간, 그리고 적절한 지원이 필요할 뿐이다.

모든 아이는 배우고자 하는 본능을 가지고 태어난다. 단지 누군가는 그 본능에 더 많은 장애물을 안고 있을 뿐이다. 학교의 역할은 아이를 선별하고 분류하는 것이 아니라 회복을 설계하는 것이다.

학습 격차는 가정에서 시작될 수 있지만, 그 격차를 줄이는 데 있어 학교는 여전히 가장 강력한 개입 지점이다.

─ 오해와 속설 31

"아이가 '최선을 다하고 있다면' 그걸로 만족해야 한다."

"최선을 다했으면 된 거야."

성적이 기대에 못 미쳤을 때 아이를 위로하는 말로 자주 사용된다. 노력을 칭찬하고 결과에 연연하지 말자는 취지지만, 이 표현이 반복되면 아이의 성장을 가로막을 수 있다.

존 해티는 학생에게 최선을 다하라고 말하는 것을 교사가 할 수 있는 최악의 조언 중 하나라고 지적한다. '최선'이라는 말이 측정 불가능하고, 피드백도 불가능하며, 자기 기대 수준에 머무르게 만드는 모호한 목표이기 때문이다. "최선을 다했다."는 판단은 자신의 현재 상태를 기준으로 하게 된다. 이는 학습자로서의 성장을 정지시키고, 더 높은 목표를 설정하는 데 걸림돌이 된다.

해티가 제안하는 전략은 시험 전에 "너는 이번에 어떤 결과를 기대하니?"라고 묻는 것이다. 학생이 "80점 정도 받을 것 같아요."라고 답하면, "좋아, 그런데 너라면 85점 이상도 가능할 것 같은데?"라고 도전적인 피드백을 줄 수 있다.

"최선을 다했다면 됐다."는 말은 의도와 달리 현재 성취에 안주해도 된다는 신호를 줄 수 있다. 진정한 격려는 "네가 어제보다 나아졌구나.", "이번에는 어떤 전략으로 해 볼래?" 같은 구체적이고 도전적인 피드백이다. 성장의 기준은 막연한 '최선'이 아니라 어제의 나보다 오늘의 내가 나아졌는가이다.

교육의 판을 다시 짜다

교육 대전환
2035를 향한
실천 전략

제1부에서 제3부까지의 여정을 통해 우리는 중요한 깨달음에 도달했다. 교육의 본질적 사명과 가치를 재확인했고(제1부), 진정한 변화가 어떻게 가능한지를 목격했으며(제2부), 한국 교육이 왜 근본적 전환점에 서 있는지를 냉정하게 진단했다(제3부). 이제 남은 것은 실천이다.

하지만 실천은 막연한 의지만으로 시작될 수 없다. 우리에게는 명확한 방향과 구체적인 전략, 그리고 현실적인 실행 계획이 필요하다. 제4부는 바로 이를 위한 종합적인 설계도를 제시한다.

먼저 우리는 한국 교육의 앞날에 펼쳐질 수 있는 세 가지 선택지를 시나리오로 제시할 것이다. 현재의 관성이 지속될 경우 도달하게 될 '시험 공화국', 점진적 개선을 통해 이룰 수 있는 '균형 교육 생태계', 그리고 근본적 전환을 통해 실현 가능한 '생태적 학습 네트워크'가 그것이다. 이 시나리오들은 단순한 예측이 아니라, 우리의 선택에 따라 달라질 수 있는 미래의 가능성들이다. 어떤 미래를 선택할 것인가는 지금 우리가 내리는 결정에 달려 있다.

이어서 우리는 2035년을 목표로 한 교육 대전환을 어떻게 실현할 수 있을지를 구체적으로 살펴본다. 6가지 패러다임 전환과 8대 핵심 전략은 '교육 대전환 2035'의 핵심 내용이다. 삶 중심 교육으로의 전환, 생태 시민 양성을 위한 지속 가능 교육, 성장 중심 평가 체계, 사람 중심의 디지털 전환, 사회 기반 교육 거버넌스, 그리고 미래 역량 중심의 교육 혁신, 이들은 서로 유기적으로 연결되어 한국 교육의 총체적 변화를 이끌어낼 것이다.

마지막으로, 이 모든 비전과 전략이 추상적 구호에 머물지 않도록 시민설명회 형식으로 핵심 내용을 정리할 것이다. 교육 대전환이 왜 지금 필요한지, 무엇을 어떻게 바꿔야 하는지, 누가 변화의 주체가 되어야 하는지에 대해 시민들과 함께 묻고 답하는 과정을 통해, 이 변화가 정부나 교육 전문가만의 일이 아니라 우리 모두의 과제임을 확인할 것이다.

제4부의 제목이 '교육의 판을 다시 짜다: 교육 대전환 2035를 향한 실천 전략'인 이유가 여기에 있다. 우리는 더 이상 기존 체제 내에서의 부분적 개선이나 미봉책으로는 미래를 준비할 수 없다는 것을 깨달았다. 이제는 교육이라는 거대한 판 자체를 새롭게 설계해야 할 때이다. 교육의 목적과 내용, 방법과 평가, 구조와 문화를 총체적으로 재구성하는 것. 이것이 바로 '교육 대전환 2035'가 추구하는 변화의 본질이다.

1

시나리오 분석을 위한 접근

— 시나리오 구성을 위한 핵심 변수와 분석 틀

교육의 미래는 단순한 예측이 아니라 선택의 결과다. 어떤 가치를 우선시하느냐에 따라 교육의 방향과 구조는 크게 달라질 수 있다. 이 장에서는 시나리오 분석이 필요한 이유와 그 기본 접근 방식을 설명하고, 이후 시나리오 구성을 위한 핵심 변수와 분석 틀을 제시한다. 그리고 이를 통해 도출된 세 가지 시나리오에 대한 실현 가능성과 교육적 함의를 개관한다.

시나리오 분석의
목적과 방법

시나리오 분석은 미래의 불확실성과 복잡성을 체계적으로 탐색하고 대응 전략을 모색하기 위한 방법이다. 특히 교육과 같이 사회 전반의 변화와 긴밀히 연결된 분야에서는 다양한 가능성을 상정한 시나리오 설계가 필수적이다. 본 장에서는 2035년부터 2045년까지 한국 학교교육이 맞이할 수 있는 다양한 미래상을 가정하고, 그에 따른 교육정책과 시스템의 변화를 예측하고자 한다.

우리는 지금 중대한 기로에 서 있다. 한국 교육이 향후 10~20년 간 어떤 길을 선택할 것인가는 단순한 미래 예측의 문제가 아니다. 미래는 저절로 주어지는 것이 아니라, 우리가 오늘 내리는 선택과 결단에 의해 만들어진다. 애너하임 교육구가 "모든 학생의 성공"이라는 불가능해 보였던 목표를 현실로 바꿀 수 있었던 것도, 단지 비전을 외치는 데 그치지 않고 그것을 실현하기 위한 구체적인 전략과 실행이 있었기 때문이다. 마찬가지로 한국 교육도 어떤 미래를 만들어 갈 것인지에 대한 구체적인 청사진이 필요하다. 이것이 바로 우리가 시나리오 분석을 수행하는 이유이다.

— 미래 백캐스팅 방법론

이번 시나리오 분석에는 '백캐스팅(backcasting)'이라는 미래 연구 기법이 적용된다. 백캐스팅은 바람직한 미래 상태를 먼저 상정한 뒤, 그 목적지에 도달하기 위해 어떤 경로와 조건이 필요한지를 역산하는 접근이다. 이는 단순한 추세 연장이 아닌, 전략적 사고와 정책 설계를 가능하게 해준다.

이 방법론의 핵심은 의도적 변화의 가능성을 전제로 한다는 점이다. 현재의 흐름이 지속된다는 전제에서 출발하는 일반적인 예측(forecasting)과는 달리, 백캐스팅은 사회적 합의를 통한 정책 변화, 새로운 교육적 실험, 제도 개편 등을 통해 근본적인 전환이 가능하다는 관점에서 출발한다. 따라서 이 방법은 우리가 원하는 미래를 수동적으로 예측하는 것이 아니라, 능동적으로 설계하고 만들어가는 도구로 작용한다. OECD의 미래교육 시나리오 연구에서도 백캐스팅은 주요 방법론으로 채택된 바 있으며, 본 책 역시 이 접근을 활용해 세 가지의 상이한 미래교육 모델을 상정하고, 각각의 시나리오에 도달하기 위한 사회적·정책적 경로를 체계적으로 도출하고자 한다.

─ 교육의 미래를 결정짓는 5가지 핵심 변수

한국 교육의 미래를 결정짓는 주요 분기점으로 다음 다섯 가지 변수를 설정하였다. 이 변수들은 상호작용하며 교육의 제도, 문화, 기술 활용, 그리고 사회적 역할 전반에 결정적인 영향을 미친다.

- 교육의 지향 가치와 철학 : 우리 사회가 경쟁과 선발 중심의 교육을 지속할 것인지, 아니면 포용성과 다양한 역량 개발을 지향할 것인지의 선택은 교육정책 전반에 영향을 미친다. 이는 단순한 제도 설계의 문제가 아니라, 교육의 근본 목적에 대한 사회적 합의와 직결된다.
- 교육 거버넌스 구조의 변화: 중앙정부 주도의 통제적 체제가 유지될 것인지, 아니면 학교와 지역 중심의 분산형 자율 네트워크로 전환될 것인가는 교육 혁신의 실행 가능성과 지속성을 좌우하는 핵심 변수다.
- 학교의 역할과 기능 재정의: 학교가 전통적인 지식 전달 기관으로 남을 것인지, 아니면 다양한 학습 자원과 경험을 연결하는 학습 생태계의 허브로 진화할 것인지에 따라 학교교육의 형태와 의미가 근본적으로 변화하게 된다.
- 교육 격차의 양상과 대응 전략: 사회경제적 배경에 따른 교육 격차

가 심화될 것인지, 아니면 정책적 개입과 지원을 통해 형평성을 제고할 수 있을 것인가는 교육 시스템의 정당성과 사회 통합 능력을 시험하는 요인이다.
- 기술 활용의 방향성과 깊이: AI와 디지털 기술이 기존 교육 시스템을 보조하는 수단에 머물 것인지, 아니면 교육 시스템 자체의 전환을 이끄는 촉매제로 작용할 것인지에 따라 교육의 형식과 내용이 크게 달라질 수 있다.

─ 실현 가능성 평가 기준

각 시나리오의 타당성과 실행력을 균형 있게 평가하기 위해 '바람직함(desirability)'과 '실현 가능성(feasibility)'이라는 두 축을 설정하였다. '바람직함'은 교육의 공공성, 형평성, 창의성 함양 등 사회적으로 추구할 가치 기준을 중심으로, '실현 가능성'은 정치적, 재정적, 사회문화적 현실 조건을 고려한 실행 가능성을 중심으로 한다.

이 두 축을 통해 시나리오의 이상적 정당성과 현실적 실행 가능성을 함께 분석함으로써, 단순한 이상론이나 낙관적 전망을 넘어, 전략적으로 실현 가능한 미래의 교육상을 도출하고자 한다. 특히 실현 가능성 분석의 구체성을 높이기 위해 다음과 같은 5가지 세부 평가 기준을 추가적으로 적용한다.

- **문화적 적합성**: 한국 사회의 교육관, 학부모의 기대, 교육열 등 문화적 맥락과의 정합성을 평가한다. 아무리 이상적인 정책이라도 사회문화적 토양과 맞지 않으면 뿌리내리기 어렵다.
- **제도적 관성**: 교육 제도는 오랜 시간에 걸쳐 형성된 법령, 절차, 평가 방식, 조직 구조 등이 서로 얽혀 작동하는 시스템으로, 한 번 자리 잡으면 쉽게 바뀌지 않으며, 새로운 정책이 도입되더라도 현장에서 저항하거나 형식적으로 수용되는 경우가 많다. 특히 기존 제도에 적응한 상태에서는 변화에 대한 심리적·현실적 저항이 크기 때문에, 개혁이 선언적 수준에 머무르는 원인이 되기도 한다. 이처럼 제도 그 자체의 관성과 이해관계의 얽힘은 교육 변화의 속도와 방향에 결정적인 영향을 미친다.
- **기술적 구현 가능성**: 시나리오 실현에 필요한 기술 인프라의 성숙도, 확장성, 교육 현장에서의 적용 가능성을 분석한다. 특히 AI·디지털 기술과의 연계 가능성이 핵심 지표가 된다.
- **사회경제적 변화 동향**: 직업 구조, 인구 구조, 노동시장, 사회적 요구 변화 등과의 연계성을 검토한다. 교육은 사회로부터 고립된 섬이 아니라, 그 변화에 밀접하게 반응하는 생태적 시스템이다.
- **국제적 동향과의 정합성**: OECD 등에서 제시하는 교육 혁신 추세와의 연계 가능성을 평가한다. 한국 교육의 미래는 세계적 흐름과의 조화를 통해 더 지속 가능한 방향으로 나아갈 수 있다.

시나리오별 실현 가능성 개관

이제 우리는 미래교육의 구체적인 모습을 상상하고 설계해야 할 단계에 도달했다. 그래서 단일한 예측이나 처방이 아닌, 다양한 조건과 선택에 따라 전개될 수 있는 가능한 미래 시나리오를 탐색함으로써, 바람직한 교육 생태계의 방향성과 전략을 모색하고자 하였다.

세 가지 시나리오 각각에 대해 실현 가능성과 교육적 함의를 <도표 6>에 간략히 제시한다.

<도표 6> 시나리오 비교 요약

시나리오	핵심 특징	실현 가능성	교육적 함의
시험 공화국	입시 중심 문화 지속. 기술 결합한 개별화 학습. 성적 중심 줄 세우기.	높음	제도적 관성과 이해관계자의 저항이 적음. 그러나 전인적 성장과 교육 형평성 측면에서 바람직하지 않음.
균형 교육 생태계	입시 준비와 전인적 성장 공존. 점진적 개혁 모델.	중간	정책 의지와 사회적 합의가 뒷받침될 경우 점진적 실현 가능. 과도기적 단계로서의 의미.
생태적 학습 네트워크	협력과 지속가능성 중심. 근본적 패러다임 전환. 문제 해결 기반 학습.	낮음	가장 이상적이나, 교육 철학·구조·문화 전반의 대전환 필요. 장기적 비전 시나리오로 접근 필요.

— **시나리오 1: 시험 공화국**

현재의 입시 중심 체제가 기술과 결합해 개별화 학습이 강조되고 개인의 학습 이력이 정교하게 관리되는 경로다. '실현 가능성은 높지만, 학생을 성적으로 줄 세우는 입시 중심 교육문화가 지속되면서 전인적 성장과 발달은 뒷전으로 밀린다. 모든 학생의 성장을 지원하는 형평성 구현을 표방하지만, 수업을 따라갈 수 없는 하위권 학생들은 일상적으로 수업에서 배제된다.

— **시나리오 2: 균형 교육 생태계**

입시 준비와 전인적 성장이 공존하는 체제로, 제도 개선과 학교 문화 변화가 함께 이루어지는 점진적 개혁 모델이다. 급격한 변화보다는 제도적 제약 안에서 실현 가능한 개선을 추구하며, 정책 간 정합성과 현장 실행 역량이 뒷받침되어야 한다.

시나리오 1의 '시험 공화국'을 벗어나 시나리오 3의 '생태적 학습 네트워크'로 나아가기 위한 과도기적 단계다.

— **시나리오 3: 생태적 학습 네트워크**

입시와 학벌 중심 체제를 넘어 협력과 지속가능성을 핵심으로 하는 근본적 교육 패러다임 전환이다. 학습자의 다양성과 잠재력이 존중되고, 실제 문제 해결 중심의 프로젝트 기반 학습이 이루어진다. 현재로서는 실현 가능성이 낮지만 기후 위기와 사회적 불평등 시대에 교육이 나아가야 할 이상적 방향을 제시한다. 이를 위해서는 교육 철학의 전환과 사회적 합의, 제도적 재구성이 선행되어야 한다.

세 시나리오의 상호 관계는 다음 포지셔닝 맵(도표 7)을 통해 시각화할 수 있다. '바람직함(desirability)' 축은 공공성, 형평성, 창의성 등 교육이 추구해야 할 사회적 가치를 기준으로 하며, '실현 가능성(feasibility)' 축은 정책적 의지, 제도 수용성, 기술 기반 등 실제 구현 가능성을 판단하는 기준으로 삼았다.

<도표 7> 시나리오 포지셔닝 맵(Scenario Positioning Map)

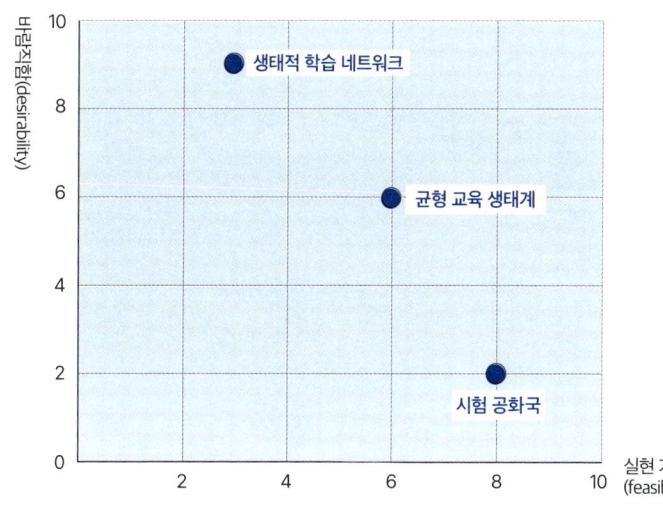

이 포지셔닝 맵은 교육정책의 방향 설정에 있어 다음과 같은 전략적 시사점을 제공한다.

- 시나리오 2는 중기적 전략 목표로 삼고,
- 시나리오 3은 장기적 비전으로 유지하며,
- 시나리오 1로의 자동적인 흐름을 방치해서는 안 된다.

이 맵은 정책 선택에 필요한 다층적 판단의 시각적 나침반으로 기능할 수 있으며, 보다 구체적인 논의는 다음 장에서 이어진다.

2

2035~2045년
한국 학교교육 시나리오 3가지

2035년부터 2045년까지 한국 학교교육이 맞이할 수 있는 세 가지 상이한 미래 시나리오 각각에 대해 구조적 특성과 함의, 실현 가능성 등을 면밀히 살펴본다. 이 시나리오들은 단순한 추측이 아니라, 각기 다른 정책 선택과 사회적 가치 판단의 결과로 나타날 수 있는 가능성 있는 경로들이다. 각 시나리오는 교육의 지향 가치, 거버넌스 구조, 기술 활용 방향, 교육 격차의 양상, 학교의 역할이라는 다섯 가지 핵심 변수의 상호작용을 토대로 구성되었으며, 이를 통해 한국 교육이 어떠한 방향으로 나아갈 수 있을지를 입체적으로 조망한다.

이 세 가지 시나리오는 각각 현 체제의 연장선상에 있는 '시험 공화국', 공공성과 실용성을 조화롭게 결합한 '균형 교육 생태계', 가장 이상적인 미래상을 제시하는 '생태적 학습 네트워크'로 구성된다. 각 시나리오는 교육의 본질, 학생 경험, 정책적 난제, 사회적 효과 등을 종합적으로 고려하여 서술되며, 한국 교육의 전략적 선택지를 사전에 검토할 수 있는 사고 도구로 기능한다.

시나리오 1:
시험 공화국

지금 우리가 아무것도 바꾸지 않는다면, 어떤 미래가 펼쳐질까? 입시 중심의 관성과 사교육 의존 구조는 이미 한국 교육 전반에 깊숙이 자리 잡고 있다. 변화 없이 이 구조가 지속된다면, 기술의 발전은 오히려 기존 체제를 더욱 정교하고 강력하게 만드는 도구가 될 가능성이 크다.

시나리오 1은 이러한 연장선상에서 도래할 수 있는 가장 현실적인 미래 중 하나를 보여준다. 첨단 기술로 포장되었지만, 그 안에서는 여전히 성적과 서열이 중심이 되는 교육 체제가 견고하게 유지되는 사회. 이른바 '시험 공화국'의 미래다.

— 2035~2045년, 기술이 결합된 시험 공화국의 일상

2035~2045년의 학교는 일부 모습만 보면 미래지향적으로 보인다. AI 기반의 맞춤형 학습 경로가 일부 교실에서 시범 적용되고, 블록체인 기술로 학습 기록을 관리하려는 시도도 점차 확산되고 있다. 메타버스 환경이나 온라인 기반 수업 역시 일상적인 교육 방식 중 하

나로 자리잡아 가고 있으며, 교사들은 AI가 제공하는 분석 데이터를 참고해 학생들에게 피드백을 제공하기도 한다.

하지만 그 내부를 들여다보면, 학교의 본질은 달라지지 않았다. 학생들은 여전히 좋은 대학에 진학하기 위한 점수 경쟁에 매몰되어 있고, 교사들은 입시 일정에 맞춰 진도를 소화하고 평가를 반복한다. 학부모들은 AI 사교육 플랫폼을 통해 최적의 학습 경로와 시험 대비 전략을 분석하며, 학습은 점점 더 시험을 위한 학습으로 수렴된다.

기술은 교육의 형식을 바꾸었지만, 그 철학은 바뀌지 않았다. 과거의 '시험 공화국'은 이제 디지털 기술로 무장한 새로운 모습으로 진화하고 있다. 이름만 '맞춤형'일 뿐, 학습의 자유와 자율성은 없고, 인간적 성장은 여전히 뒷전이다.

이것이 우리가 아무것도 바꾸지 않을 때 마주하게 될 가장 가능성 높은 미래이자, 동시에 반드시 피해야 할 디스토피아다. 기술을 어떻게 활용하느냐에 따라, 미래는 진보가 될 수도 있고, 더 정교한 통제가 될 수도 있다. '시험 공화국'의 미래를 막는 일은, 단지 기술을 도입하지 않는 것이 아니라 교육의 철학을 바꾸는 데서 시작되어야 한다.

─ 핵심 특징: 본질은 그대로, 구조는 더 정교해지다

시나리오 1의 가장 두드러진 특징은, 기술적 외양의 변화에도 불구하고 교육의 핵심 구조는 거의 변하지 않았다는 점이다. 새로운 용어와 시스템이 도입되었지만, 그것이 의미하는 것은 단지 더 정밀해진 '선발의 기술'일 뿐이다.

첫째, 입시 제도는 더 다양해진 것처럼 보이지만, 결국 선발 중심의 경쟁 구조를 유지한다. 수능은 '수능 I(기초 공통)'과 '수능 II(전공 심화)'로 이원화되고, 논·서술형 문항과 절대평가 도입이 이루어진다. 하지만 상위권 대학들이 수능 II에 높은 가중치를 두면서, 학생들은 보다 복잡한 규칙 속에서 전략적으로 움직여야 하는 또 다른 입시 게임에 빠져든다. 형식은 바뀌었지만 '누가 더 위인가'를 가리는 구조는 그대로다.

둘째, 일부 교육 현장에서는 AI 분석과 블록체인 기반 포트폴리오 등이 제한적으로 활용되고 있지만, 기술은 여전히 교육을 지원하는 보조 수단보다는 입시 전형 자료의 생성과 관리를 정교화하는 데 집중되고 있다. AI는 학습 과정을 실시간으로 분석하고, 블록체인 시스템은 공정성과 투명성을 앞세우지만, 학생들에게는 이 모든 것이 일거수일투족을 평가받는 감시 체계로 인식된다. 창의성과 탐색보다는 예측 가능한 정답과 전략적 행동이 강조되고, 학습은 여전히 점수와 등급을 위한 과정으로 축소된다. 기술은 도입되지만 그것이 교육의 본질을 바꾸지는 못한 채, 기존 시험 중심 질서를 더 세밀하게 유지·강화하는 도구로 기능하고 있다.

셋째, 교사의 역할은 여전히 제한적이며, 교육의 인간적 본질은 회복되지 않는다. AI가 일부 행정 업무를 대체하면서 교사의 업무 부담은 줄어들지만 교사는 여전히 내신과 수능 대비에 집중할 수밖에 없다. 정해진 학사 일정, 민원, 평가 압력 속에서 교사는 학습 촉진자나 안내자가 아니라 시스템의 집행자로 머무른다. 교실은 성찰과 성장의 공간이 아니라 점수를 만들어내는 작업장이 된다.

넷째, 경쟁은 사라지지 않고 더 정교하게 재편될 뿐이다. 학령인구 감소로 일부 대학의 문턱은 낮아질 수 있지만, 상위권 대학의 입학 경쟁은 여전히 치열하며, 경우에 따라 더욱 강화될 가능성도 있다. 특히 의학, 약학, AI공학, 바이오헬스 등 이른바 '프리미엄 학과'에 대한 수요는 집중되고, 대학 서열과 학과 서열이 결합된 이중 경쟁 구조가 나타난다. 겉으로는 기회가 다양해진 것처럼 보이지만, 실상은 상위권 중심의 서열화 논리가 더 은밀하고 정교한 방식으로 작동하며, 교육은 여전히 줄 세우기의 논리에서 벗어나지 못한다.

다섯째, 공교육의 정체성은 이미 심각하게 훼손되어 있으며, 앞으로도 그 상태가 더욱 고착될 가능성이 높다. 오늘날 학교는 더 이상 학생들이 삶의 방향을 탐색하고 전인적으로 성장하는 공간이라기보다는, 졸업장과 내신을 확보하기 위한 전략적 장소로 기능하고 있다. 시나리오 1이 현실화될 경우, 이러한 경향은 일시적 현상이 아니라 공식화되고 제도화된 체계로 정착된다. 학교는 사교육과 구분되지 않는 입시 관리 기관으로 굳어지고, 교육은 삶과의 연결을 잃은 채 성과 산출을 위한 행정 시스템으로만 작동하게 된다.

결국 시나리오 1은 단순한 정체가 아니라, 기술을 통해 더욱 정교하게 고착된 교육 체제의 미래다. 변화가 없는 것이 아니라, 변화가 왜곡되어 본질을 은폐하는 방식으로 작동하는 디스토피아다.

— 주요 위험 요소: 시험 공화국이 초래할 재앙

시나리오 1이 현실화될 경우, 한국 교육은 다양한 차원에서 심각한 위험에 직면하게 된다. 가장 먼저 우려되는 것은 학습에서 소외되는 학생들의 급격한 증가이다.

현재도 고등학교 수준에 오면 수업을 따라가기 어려워 교실에서 소외되는 학생들이 상당수 존재한다. 그런데 AI 기술의 발전으로 기존의 많은 직업이 사라지거나 재편되는 가운데, 교육 시스템이 여전히 상위권 대학의 프리미엄 학과 진입에만 초점을 맞춘다면 이러한 현상은 2035~2045년에 훨씬 더 심각해질 것이다.

중하위권 학생들은 갈수록 복잡해지는 입시 제도와 높아지는 학업 수준을 따라가지 못해 자신이 사회에서 설 자리가 없다는 무력감에 빠진다. 이들은 '공부해서 무엇이 달라지느냐'는 회의에 빠져 학습 동기를 상실하고, 교육 시스템에서 점차 이탈하는 현상이 확산된다. 그 결과, 학습 포기와 교육 이탈이 일상화된 대규모 청년층이 형성될 가능성이 크다.

이와 동시에 교육 불평등은 구조적으로 고착화된다. 경제적 자원이 풍부한 가정은 조기부터 체계적인 사교육을 통해 특목고와 자사고 진학을 준비하고, 이는 다시 상위권 대학 입학으로 이어지는 경로를 형성한다. 여기에 디지털 리터러시, 자기주도 학습 능력, AI 활용 역량과 같은 새로운 교육 자본의 격차까지 더해지며, 새로운 형태의 불평등이 출현한다. 고등학교 입학 단계에서 시작된 격차는 대학, 직업, 소득의 격차로 이어지며 교육을 통한 사회 이동의 사다리는 점차 사라진다.

교육 개혁의 반복적 실패도 중요한 위험 요인이다. 정부는 겉보기에는 개혁을 추진하지만, 학교 문화의 변화 부재, 경직된 교육 행정 시스템, 그리고 기득권층의 강한 저항으로 인해 근본적인 변화는 번번이 좌절된다. 국가교육위원회조차 이념적 균형을 맞추는 데 치우쳐 실질적 방향성과 실행력을 확보하지 못한다. 그 결과 교육 개혁은 마치 그리스 신화의 '시지푸스(Sisyphus) 바위'처럼 반복해서 제자리로 돌아오는 무력한 순환 구조에 빠지게 된다.

더 큰 문제는 이러한 체제가 학생들의 창의성과 인성을 구조적으로 파괴한다는 점이다. 입시 경쟁에 최적화된 교육 시스템은 표준화된 정답을 빠르게 도출하는 능력만을 강조하며, 질문하고 탐구하며 협력하는 역량은 평가의 대상에서 배제된다. 자연스럽게 학생들은 창의적 사고를 억누르고, 남보다 앞서기 위한 경쟁에 몰두하며, 타인과의 협력이나 공동체적 가치보다는 개인의 성과와 성적에만 집중하게 된다. 암기와 서열, 독점과 비교가 일상화된 교실은 교육이 인간을 성장시키는 장이라는 본래의 기능을 점차 잃어가게 된다.

이처럼 시나리오 1이 현실화될 경우, 그 결과는 단지 경쟁의 심화가 아니라 사회 전체의 창의성과 회복력을 약화시키는 구조적 재앙이 될 수 있다.

— 예방을 위한 핵심 과제: 시험 공화국을 막는 전략적 접근

시나리오 1이 현실화되는 것을 막기 위해서는 단편적인 교육정책의 조정만으로는 부족하다. 사회 구조의 근본 변화, 정책 차원의 혁신적 개혁, 그리고 학교 현장의 실천적 대응이 유기적으로 결합된 전략적 다층 접근이 필요하다.

우선, 사회구조적 차원에서의 근본 변화가 선행되어야 한다. 한국 사회에 깊이 뿌리내린 학벌 의존성을 완화하지 않고서는 어떤 교육 개혁도 실질적인 효과를 기대하기 어렵다. 이를 위해 기업들이 학력 대신 역량 중심으로 인재를 선발하도록 유도하고, 중소기업과 사회적 기업에 대한 국가적 지원을 강화하며, 직업 간 과도한 임금 격차를 줄이는 방향으로 '승자독식' 구조를 완화해야 한다. 또한, 교육을 바라보는 문화적 관점의 전환도 필요하다. 다양한 형태의 성공 사례를 적극적으로 발굴하고, 대중문화 속에서 학벌이 아닌 개인의 노력과 재능이 존중받는 서사를 확산시킴으로써, 사회 전반에 '성공의 다양성'을 심는 국가적 프로젝트가 추진되어야 한다.

다음으로, 정책 차원의 혁명적 개혁이 요구된다. 무엇보다 중요한 것은 교육 평가 시스템의 전환이다. 대학입시에서 객관식 중심의 변별 위주 평가를 점진적으로 축소하고, 과정 중심 평가와 논서술형 평가를 강화하는 장기적 로드맵을 수립해야 한다. 이를 위해 대학, 기업, 시민사회가 함께 참여하는 '국가 교육평가 혁신위원회'를 구성해 정치적 변화에 흔들리지 않는 지속 가능한 개혁 기반을 마련할 필요가 있다.

또한, 대학 서열 구조의 완화를 위한 과감한 구조 개편도 병행되어야 한다. 국립대 통합 네트워크 구축, 지역·특성화 대학에 대한 집중 투자 등을 통해 대학들이 획일적 서열 경쟁에서 벗어나 각자의 강점과 교육 철학을 중심으로 발전할 수 있는 생태계를 조성해야 한다. 이러한 변화는 단순한 구조 개편을 넘어 교육의 다양성과 지속

가능성을 회복하는 길이기도 하다. 동시에, 교육 격차 해소와 교육 질 제고를 위해 국가 차원의 재정 투입을 획기적으로 확대해야 한다. 과밀학급을 해소하고, 1수업 2교사제와 같은 새로운 교수 체제를 도입하며, 취약계층과 소외 지역에 대한 차등 지원을 통해 교육의 형평성과 실질적 기회를 보장해야 한다.

마지막으로, 학교와 교사 차원의 실천적 대응이 동반되어야 한다. 교사들은 더 이상 고립된 섬처럼 각자도생해서는 안 되며, 연대와 협력을 통해 교육 본연의 가치를 지켜내야 한다. 이를 위해 '교육 정상화를 위한 교사 연합'과 같은 플랫폼을 통해 입시 위주의 교육 관행을 사회적으로 고발하고, 대안적 교육 모델을 공동으로 개발하는 집단적 실천이 필요하다. 동시에, 학교는 교육과정과 평가에 대한 자율적 결정권을 확보함으로써 시험 중심 교육의 구조를 넘어설 수 있는 자율성과 창의성을 되찾아야 한다. '우리 학교교육 헌장'과 같은 비전 선언을 통해 각 학교가 독립적 교육 철학을 실천하는 교육 공간이 되어야 한다. 여기에 더해, 학부모와의 소통도 매우 중요하다. '미래교육 아카데미'와 같은 프로그램을 통해 학부모들이 입시 중심 교육의 한계를 인식하고, 다양한 성공 경로에 대한 이해를 높일 수 있도록 돕는 지속적인 인식 개선 활동이 요구된다.

이처럼 사회, 정책, 학교라는 세 차원의 노력이 결합될 때만이 우리는 시험 공화국으로의 퇴행을 막고, 미래지향적이고 지속 가능한 교육 체제를 구축할 수 있을 것이다.

─ 선택의 기로에서

'시험 공화국'은 우리가 아무것도 하지 않을 때 자연스럽게 도달하게 될 미래다. 하지만 이는 결정된 운명이 아니다. 애너하임 교육구가 보여준 것처럼, 명확한 비전과 전략적 실행이 있으면 불가능해 보이는 변화도 현실이 될 수 있다.

중요한 것은 지금 이 순간의 선택이다. 우리는 시험 공화국이라는 디스토피아를 받아들일 것인가, 아니면 더 나은 교육의 미래를 위해 지금부터 변화를 시작할 것인가? 그 답은 우리 모두의 손에 달려 있다. 이대로 흘러간다면, 시험 중심의 체제가 돌이키기 어려울 만큼 고착될 위험이 있다. 이러한 미래를 피하기 위해 지금 우리가 해야 할 일은 '평가 대전환'과 '학습의 본질 회복'이다.

시나리오 2 :
균형 교육 생태계

우리는 극단을 피하고, 현실과 이상 사이에서 해답을 찾아야 할지도 모른다. 급진적 혁신은 큰 저항을 불러올 수 있고, 아무런 변화도 없다면 시험 중심 교육 체제가 더욱 정교하게 고착될 것이다.

시나리오 2는 이러한 한계 사이에서, 제도적 현실을 인정하면서도 교육의 본질을 회복하려는 현실적인 대안 모델이다. 또한, 장기적 비전인 '생태적 학습 네트워크'로 가기 위한 실질적인 이행 단계로서 중요한 의미를 지닌다.

─ 전환의 철학과 방향

'균형 교육 생태계'는 한국 교육이 도달할 수 있는 가장 현실적인 미래 모델이다. 이 시나리오는 입시를 전면 부정하기보다는 제도적 제약 안에서 교육의 본질을 점진적으로 회복하려는 접근을 지향한다. 이는 애너하임의 변화와 유사하게, 급격한 단절보다 지속적이고 체계적인 전환을 통해 가능한 변화를 추구하는 전략이다.

2035~2045년, 한국 교육은 입시 준비와 전인적 성장이 공존하

는 과도기적 균형점에 도달할 수 있을 것이다. 이는 궁극적인 이상에 이르기 위한 중요한 이행 단계로, 교육의 본질을 되살리는 전환의 출발점이 될 수 있다.

핵심 특징: 균형 교육 생태계의 모습

시나리오 2의 가장 두드러진 특징은, 급진적 변화 대신 제도적 제약 안에서 점진적이고 균형적인 개선을 추구한다는 점이다. 입시 제도는 여전히 존재하지만 단순화되고, 기술은 도입되지만 인간적 교육의 본질을 되살리는 방향으로 활용되며, 경쟁은 지속되지만 보다 다면적이고 종합적인 평가 체계로 진화한다.

첫째, 입시 제도는 단순화되고 종합적 평가로 전환된다. 학령인구 감소로 중상위권 학생 대부분의 수도권 대학 진학이 가능해지지만, 최상위 대학 경쟁은 지속되며 의학계열, AI·데이터 과학, 경영학 등 인기학과의 경쟁은 더욱 심화된다. 수능은 논·서술형 문항 도입과 5단계 절대평가로 전환되어 영향력이 줄어들고, 학교생활기록부의 '세부능력 및 특기사항' 내용이 평가에서 차지하는 비중이 늘어난다. 복잡했던 수시·정시 이원화 전형은 사라지고, 내신, 수능, 면접 등을 종합적으로 반영하는 통합형 전형 체계가 자리잡는다.

둘째, 학습 방식은 개별화와 융합형 교육으로 진화한다. AI 기반의 맞춤형 학습 시스템은 각 학생의 수준, 속도, 학습 스타일에 최적화된 경로를 제공함으로써, 획일화된 커리큘럼과 학년제 중심 교육에서 탈피하게 한다. 모듈형 교육과정과 블렌디드 러닝이 중심이 되며, 온라인 학습과 대면 수업을 유기적으로 결합하는 형태로 진화한다. 공교육은 기본학력의 탄탄한 토대 위에, 창의성과 문제 해결력 등 미래 역량을 심화할 수 있는 융합형 교육과정을 지향한다.

셋째, 평가 방식은 과정과 성장을 반영하는 복합 체계로 발전한다. 블록체인 기반의 '디지털 성장 포트폴리오'는 학생의 다양한 활동과 성장을 신뢰도 있게 기록하며, AI는 학습 과정 전반을 실시간으로 분석하여 표준화된 시험 결과와 함께 과정과 성장을 반영하는 복합 평가 체계를 가능하게 한다. 이로써 단편적 시험 점수가 아닌, 학생의 다면적 역량과 성장 경로가 종합적으로 반영되는 평가 방식이 정착된다.

넷째, 교사의 역할은 학습 촉진자이자 정서적 지원자로 전환된다. AI가 일부 행정 업무를 지원하고 기초 지식 전달을 보조하면서, 교사는 학습 촉진자이자 정서적 지원자, 사고력·윤리성·협업 능력 함양의 책임자로 전환된다. 혁신적 교육을 실현할 수 있는 유연한 학습 공간과 전통적인 교실이 혼재된 환경 속에서, 교사는 학습 공동체의 중심으로서 교육의 인간적 본질을 되살려간다.

다섯째, 사교육은 학령인구 감소로 인해 전체 규모는 축소되지만,

고소득층을 중심으로 프리미엄화되는 경향을 보인다. 기존의 입시 중심 사교육은 여전히 중심축으로 남겠지만, 일부 영역에서는 AI 맞춤형 학습, 디지털 포트폴리오 컨설팅, 국제학교 대비 등 특화된 고부가가치 서비스가 부상할 수 있다. 이에 대응해 공교육은 전인교육과 사회정서적 역량 함양에 더 집중하고, 창의성, 협업력, 공감과 윤리 등 AI 시대에 요구되는 인간 고유의 능력 강화에 중점을 두며 차별화된 역할을 모색한다.

여섯째, 대학은 평생학습 플랫폼으로 기능이 확장된다. 기업들은 점차 학벌보다 실무 역량, 프로젝트 경험, AI 기반 자격 인증을 더 중시하게 되고, 대학은 전통적인 학위 과정 외에도 기업 연계형 단기 교육과정, 프로젝트 기반 학습 등을 통해 다양한 학습자의 요구에 대응한다. 대학 간에는 특성화와 전문화가 촉진되며, 획일적인 서열보다는 각 대학 고유의 강점과 정체성이 부각된다. 더 나아가 대학은 청년뿐만 아니라 성인 학습자, 경력 전환자 등을 위한 평생학습 플랫폼으로서의 기능을 확장하며, 전 생애적 교육의 중심 기관으로 변화해 간다.

― 실행 전략: 이해관계자별 역할과 책임

시나리오 2의 균형 교육 생태계를 현실화하기 위해서는 정부, 학교, 학생, 학부모, 지역사회, 대학 등 교육을 둘러싼 모든 이해관계자들이 각자의 역할과 책임을 분명히 인식하고 협력하는 체계가 필요하다.

먼저, 정부와 교육청은 정책의 일관성과 지속성을 확보하는 데 핵심적인 역할을 해야 한다. 정권 교체와 무관하게 일관된 교육 비전이 유지되도록 국가교육위원회를 중심으로 장기적 방향을 견지하고, 경쟁 중심 교육에서 학생의 성장과 다양성을 존중하는 평가 체계로의 점진적 전환을 주도해야 한다. 또한, 기초학력 격차 해소를 위한 정책적 노력을 강화해야 한다. 과밀학급 해소, 1수업 2교사제 확대, 취약계층과 농산어촌 지역 학생들에 대한 차등 지원 등 교육 자원의 재배치와 투자 확대가 필요하다. 아울러, 교사들이 단순한 지식 전달자에서 벗어나 학습 촉진자 역할을 할 수 있도록 질 높은 연수와 연구 기회를 보장하고, 다양한 교육 활동이 가능한 유연한 학교 공간 조성을 위해 과감한 인프라 투자가 뒤따라야 한다.

학교와 교사는 이러한 변화의 중심에서 실질적인 혁신을 이끌어야 한다. 각 학교는 입시 대비 중심 교육에서 벗어나, 학생 모두가 기본적인 학습 능력을 확보하면서 동시에 미래 역량을 기를 수 있도록 균형 잡힌 교육 모델을 정립해야 한다. 교사들은 표준화 시험과 과정·성장 중심 평가를 조화롭게 활용할 수 있는 전문성을 키우고, 협력적 전문학습공동체(PLC)를 활성화하여 교육적 실천을 공유하고 심화해 나가야 한다. 공교육은 전인교육을 통해 사교육과 점진적으로 차별화된 정체성을 확립하고, 교실을 단순한 지식 전달의 공간이 아닌 사고력과 창의성이 자라는 배움의 장으로 전환시켜야 한다.

학생들 역시 변화의 핵심 주체로서 능동적 역할을 수행해야 한다. 단순히 높은 성적을 목표로 하는 수동적 학습이 아닌, 창의적 사고와 협업, 실제 문제 해결 능력을 함양하는 적극적 학습자로 거듭나야 한다. AI 기반 맞춤형 학습과 프로젝트 수행을 통해 자신의 학습을 설계하고, 외부 동기가 아닌 내적 호기심과 배움의 즐거움에서 동기를 찾는 자세가 중요하다. 미래 사회에서는 자기주도성, 협력적 문제 해결력, 공감과 윤리의식이 핵심 역량으로 요구되기 때문이다.

학부모와 지역사회는 학생의 전인적 성장을 지원하는 중요한 조력자로 기능해야 한다. 학부모는 성적 중심의 교육관에서 벗어나 자녀가 다양한 경험을 통해 역량을 기를 수 있도록 열린 태도를 가져야 하며, 학교와의 소통과 협력을 강화해야 한다. 지역사회는 학교와 함께 프로젝트 학습, 체험 기반 학습의 장을 마련하고, 지역 자원과 연계된 교육 생태계를 구축함으로써 학생들의 배움이 지역과 삶으로 확장될 수 있도록 지원해야 한다.

마지막으로, 대학은 입시 중심 교육 구조 완화에 있어 핵심적인 전환점이 되어야 한다. 획일적 성적 중심 선발에서 벗어나, AI 기반 면접, 디지털 포트폴리오, 프로젝트 기반 평가 등 다양한 역량과 경험을 반영할 수 있는 입학 전형 체계를 확대해야 한다. 이는 공정성과 신뢰성을 확보하는 동시에 학생들의 다양한 성장을 인정하는 평가 문화로의 전환을 이끌 수 있다. 더 나아가 대학은 평생학습 플랫폼으로서의 기능을 강화해야 한다. 단순한 정규 학위 중심 기관이 아닌, 청년부터 성인 학습자에 이르기까지 다양한 개인이 자신만의 학습 경로를 설계하고 미래 사회에 필요한 역량을 기를 수 있는 열린 교육 공간으로 변화해야 한다.

이처럼 이해관계자 모두가 변화의 주체가 되어 각자의 책임을 다할 때, 우리는 균형 잡힌 교육 생태계로의 전환이라는 도전적인 과제를 성공적으로 수행할 수 있을 것이다.

— 현실적 희망의 길

균형 교육 생태계는 애너하임이 보여준 변화의 철학과 일맥상통한다. 급진적 혁명이 아닌 지속적이고 점진적인 혁신을 통해, 현실의 제약을 인정하면서도 교육의 본질적 가치를 회복해가는 길이다.

이 시나리오의 가장 큰 장점은 실현 가능성에 있다. 한국 사회의 문화적 맥락과 제도적 관성을 고려할 때, 이는 우리가 현실적으로 도달할 수 있는 최적의 미래 모델이다. 학업적 성취와 행복이 대립하는 것이 아니라 함께 추구할 수 있음을 보여주는 구체적인 경로이기도

하다.

 중요한 것은 이 변화가 하루아침에 이루어지지 않는다는 점이다. 20년에 걸친 체계적이고 단계적인 접근이 필요하며, 모든 교육 주체들의 지속적인 노력과 협력이 전제되어야 한다. 하지만 이는 충분히 달성 가능한 목표이며, 우리가 함께 만들어갈 수 있는 현실적 희망의 길이다.

 이 시나리오는 현실적으로 도달 가능한 균형 모델이다. 그러나 이 역시 사회적 합의와 정책적 의지가 뒷받침되지 않으면 실현되기 어렵다. 이어지는 시나리오 3에서는 보다 장기적인 미래 비전으로서, 교육 생태계의 근본적 전환을 상상해 본다.

시나리오 3 :
생태적 학습 네트워크

— 교육의 근본적 재구성을 꿈꾸다

'생태적 학습 네트워크'는 한국 교육의 가장 급진적이고 이상적인 변화 가능성을 탐색한다. 이 시나리오는 현재로서는 실현 가능성이 낮아 보이지만, 기후 위기와 AI 혁명, 사회적 불평등이 심화되는 시대에서 교육이 나아가야 할 근본적 방향을 제시한다.

애너하임의 변화가 불가능을 현실로 만든 사례라면 이 시나리오 역시 상상을 현실로 만드는 커다란 도전이다. 2035~2045년, 한국 교육은 지금과는 완전히 다른 패러다임 위에 서 있을 수 있다. 경쟁과 학벌 중심의 위계 구조는 현재에 비해 대폭 약화되고, 개개인의 고유한 가능성과 다양성이 존중받는 교육 생태계가 자리잡는다. 입시 경쟁과 대학 서열 중심의 교육 체제가 점차 약화되고, 협력과 지속가능성이 핵심이 된 새로운 학습 환경이 등장하는 미래 말이다.

─ 핵심 특징: 패러다임의 완전한 전환

시나리오 3의 가장 두드러진 특징은 교육의 철학과 구조 자체를 근본적으로 재구성하는 완전한 패러다임 전환을 지향한다는 점이다. 입시와 대학 서열 중심의 교육 체제가 해체되고, 개인의 다양성과 공동체의 지속 가능한 발전을 중심으로 하는 새로운 교육 생태계가 구축된다.

첫째, 입시 개념이 해체되고, 지식과 역량을 함께 평가하는 다면적 시스템이 주류가 된다. 수능과 내신의 비중은 이전보다 약화되며, 학생의 성장 과정, 개념적 이해, 문제 해결력, 공동체 기여도 등 다양한 요소를 종합적으로 반영하는 평가 방식이 확대된다.

전이 가능한 개념적 지식은 여전히 중요한 교육의 핵심 축으로 유지되며, 이는 비판적 사고력과 창의적 응용 능력을 기르는 데 필수적인 기반으로 간주된다. 따라서 미래의 평가 시스템은 지식의 깊이와 역량의 확장을 함께 고려하는 방향으로 진화하며, 표준화된 시험은 선발 도구로서의 중심성을 점차 잃게 된다. 대학 진학 또한 단순한 점수 중심이 아니라, 학생의 학습 여정과 다면적 역량을 균형 있게 반영하는 방식으로 변화하고, 대학 간 위계 구조 역시 점차 완화된다.

둘째, 교육의 목적과 철학이 생태적 교육관으로 전환된다. 학습은 더 이상 성적과 스펙을 위한 수단이 아니라, 지속가능성과 생명 존중, 공동체적 책임을 실천하는 시민을 길러내기 위한 과정이 된다. 학생들은 개인의 성공이 아니라 사회적 가치 창출과 공동의 번영을 목표로 삼고, 경쟁이 아닌 협력, 소비가 아닌 지속가능성을 중심에 둔 생태적 교육관 속에서 성장한다.

셋째, 교육 내용과 방법에서 실제 문제 해결 중심의 학습이 점차 확대된다. 학생들은 기후 위기, 불평등, 공동체 회복 같은 현실 문제를 주제로 프로젝트 기반 학습에 참여한다. 학문 간 경계를 넘나들며, 다양한 지식과 기술을 실제 상황에 적용하는 훈련이 이루어진다. 이 과정에서 단순한 지식 암기가 아닌, 개념과 원리에 대한 깊은 이해가 중요해진다. 이렇게 축적된 개념적 지식은 새로운 문제 상황에 적용되며, 창의적 문제 해결력과 연결된다. 학교는 지식을 가르치는 공간을 넘어, 삶과 연결된 배움의 장으로 변화한다.

넷째, 학습 환경이 학교의 울타리를 넘어 확장된다. 학교는 지역사회, 자연환경, 디지털 공간을 아우르는 열린 학습 생태계의 한 축으로 변화하고, 모든 세대가 함께 배우는 평생학습의 허브가 된다. 공간 역시 에너지 자립형 친환경 건축으로 재설계되며, 물리적 경계와 제도적 구획을 넘는 공유 기반 학습이 이루어진다.

다섯째, 교사의 역할이 근본적으로 재정의된다. 교사는 단순한 지식 전달자가 아니라, 학습자와 지역사회를 연결하는 중재자이자 촉진자, 그리고 공동체 학습의 조직자가 된다. 지역 전문가, 시민단체, 예술가 등과 협력하여 학생들에게 살아 있는 배움의 경험을 제공하고, 교실은 더 이상 폐쇄적인 공간이 아니라 열린 사회 속 배움의 플랫폼이 된다.

여섯째, 교육 자원의 분배 방식이 보다 정의롭게 재편되고, 사교육의 성격도 크게 변화한다. 교육 기회의 형평성을 높이기 위해 디지털 인프라와 교육 재정이 보다 공정하게 배분되며, 부모의 사회경제적 배경이 학습 기회에 미치는 영향은 점차 줄어든다.

이러한 공교육 기반의 강화와 함께, 사교육의 성격도 달라진다. 전통적인 입시 대비 중심의 사교육은 점차 약화되고, 학생의 진로·진학 컨설팅이나 관심사 및 특기 개발을 지원하는 보완적 성격의 사교육이 확대된다. 이에 따라 사교육은 경쟁을 위한 도구에서 벗어나, 점차 공교육을 보완하는 학습 자원으로서의 역할을 강화해 나간다.

일곱째, 교육 거버넌스가 민주적 교육 자치 모델로 전환된다. 교육 정책 결정 과정은 중앙정부 중심에서 벗어나 지역 공동체 중심의 민주적 교육 자치 모델로 전환된다. 학생, 교사, 학부모, 지역사회 등 다양한 이해관계자가 의사결정에 참여하며, 교육은 더 이상 '위로부터 내려오는' 시스템이 아니라 지역과 삶에 뿌리 내린 공동의 설계물이 된다.

여덟째, 대학이 공동체 문제 해결과 생태적 전환의 중심 허브로 변화한다. 입시 경쟁의 최종 목적지로서의 대학 기능은 줄어들고, 공동체 문제 해결과 생태적 전환을 위한 연구와 실천의 중심 허브로서의 역할이 강화된다. 학문 간 통합, 지역사회와의 협업, 사회문제 해결을 위한 실천적 연구가 대학의 핵심 기능이 되며, 학습자는 그 안에서 평생 성장을 설계하고 실현할 수 있는 열린 플랫폼을 만난다.

─ 전환 경로: 불가능을 현실로 만드는 전략

'생태적 학습 네트워크'라는 급진적 미래상을 실현하기 위해서는 이상과 현실 사이의 간극을 메우는 실천 가능한 전략과 전환 경로가 필요하다. 단숨에 교육 시스템 전체를 바꾸기보다는, 점진적 접근과 다중 협력, 정책적 기반 마련을 통해 점진적으로 변화의 동력을 확장해 나가야 한다.

먼저, 단계적 전환 전략과 중간 지점 확보가 핵심이다. 생태적 학습 네트워크를 장기적 목표로 설정하되, 그에 앞서 '균형 교육 생태계'를 현실적인 중간 경유지로 삼는 전략이 효과적이다. 급진적 개혁보다는 지역이나 특정 영역에서 실험적 모델을 먼저 구축하고, 그 성공 사례를 확산해 나가는 하향식-상향식 통합 전략이 요구된다. 특히 초등학교 저학년부터 진로탐색이나 창의적 체험활동과 같은 입시 부담이 적은 영역에서부터 전환을 시작하고, 성과가 축적된 이후에 핵심 교과로 확대해 나가는 방식이 바람직하다. 혁신학교, 특성화고, 대안교육기관 등 이미 실험적 교육에 열린 학교들을 변화의 마중물로 삼아, 일반 학교로의 확산 기반을 마련해야 한다.

　이러한 전환을 실현하기 위해서는 사회적 합의 구축과 다중 이해관계자의 협력이 뒷받침되어야 한다. 교사 양성과 재교육 체계에는 생태시민교육과 미래 역량 교육을 핵심적으로 포함시켜, 교육자들이 새로운 교육 철학을 내면화할 수 있도록 해야 한다. 동시에 학부모를 대상으로도 미래 사회 변화와 교육 방향에 대한 인식 개선 프로그램을 지속적으로 운영해 사회적 기반을 다져야 한다. 이를 제도적으로 뒷받침하기 위해 '2035 교육미래위원회'와 같은 공론화 기구를 통해 다양한 이해관계자가 참여하는 정례적 포럼을 마련하고, 장기적 비전과 실행 전략에 대한 사회적 공감대를 확대해 나가야 한다. 더불어 지역 단위에서는 학교-지역사회-기업-대학이 함께 참여하는 협의체를 구성하여 지역 맞춤형 교육 모델을 기획하고 실행할 수 있도록 자율성과 지원 체계를 보장해야 한다.

　대입 제도를 개혁하여 미래 사회에 필요한 지식 외에 역량까지 평가하는 방향으로 전환하는 것이 핵심이다. 학생부종합전형에 '생태시민 역량'과 같은 미래 핵심 역량을 반영하고, 그 비중을 점차 확대해 나가야 한다. 각 대학은 자신의 특성과 지역적 요구에 맞춰 생태

환경 전형, 지역문제 해결 전형 등 다원적 입학 경로를 개발하고, 고교학점제와 연계하여 프로젝트 기반 학습이나 지역사회 활동을 정규 학점으로 인정받을 수 있어야 한다. 또한 상대평가 기반의 서열 경쟁 대신 절대평가 기반의 이수 중심 평가체계를 도입하여, 학생의 성장과 변화 과정에 집중하는 평가 문화로의 전환을 이끌어야 한다. 더불어 지역 거점 국립대학의 집중 육성과 대학 특성화 전략을 통해 대학 간 서열 구조를 완화하고, 실질적 경쟁력을 다양한 기준에서 평가할 수 있는 교육 생태계를 조성해야 한다.

교육 전환은 교육 내부에만 머물 수 없다. 교육이 바뀌기 위해서는 경제와 노동시장 구조 역시 함께 전환되어야 한다. 공공기관과 대기업은 학벌보다 역량을 중시하고 지방대 출신 채용도 확대하는 새로운 채용 문화를 선도해야 한다. 시민사회와 소비자 운동은 학벌 중심 채용에 대한 사회적 문제 제기를 강화하여 문화적 전환을 이끌어야 한다.

동시에 전통적인 엘리트 진로 외에도 지역공동체, 사회적 경제, 생태전환 관련 분야 등에서 새로운 성공 모델을 발굴하고 확산시켜, 다양한 삶의 방식과 직업적 성취가 공존하는 사회로 나아가야 한다. 이를 위해 학령기를 넘어서도 지속적인 학습이 가능하도록 평생학습 안전망을 구축하고, '일-학습 병행' 모델을 확산시켜 교육이 삶의 질을 높이는 문화적 기반으로 기능하도록 해야 한다.

마지막으로, 이러한 변화는 기술 활용과 증거 기반 접근에 의해 뒷받침되어야 한다. 장기적 종단 연구를 통해 새로운 교육 모델의 효과를 과학적으로 검증하고, 그 결과를 바탕으로 지속적으로 개선해 나가는 시스템이 필수적이다. 학생들의 인지적·사회정서적·시민적 역량까지 종합적으로 기록하고 분석할 수 있는 디지털 포트폴리오 시스템을 구축해 평가와 교육을 연결하고, 인공지능 기술을 활용한 개인화 학습 시스템을 개발해 교육 기회의 형평성을 높여야 한다. 특히 지역 간, 계층 간 교육 격차를 해소하기 위해 디지털 교육 인프라에 대한 전국적 투자와 지원이 병행되어야 한다.

결국, 생태적 학습 네트워크로의 전환은 한 번에 도달할 수 있는 목표가 아니라, 중간 경유지와 실천 경로를 확보하면서 사회 전체의 인식과 구조를 함께 바꿔가는 긴 여정이다. 불가능처럼 보이는 미래를 현실로 만드는 힘은, 이상을 향해 한 걸음씩 나아가는 구체적 전략과 사회적 연대 속에서 나온다.

― 장기적 실현 조건: 불가능을 가능하게 만드는 전제들

'생태적 학습 네트워크'라는 급진적 비전은 단기간의 정책 변화만으로는 실현되기 어렵다. 이를 가능하게 만들기 위해서는 교육을 둘러싼 사회 전체의 구조와 인식, 제도와 문화 전반에 걸친 전환적 조건들이 충족되어야 한다. 다시 말해, 교육 내부의 개혁뿐 아니라 사회 전반의 변화가 함께 일어날 때에만 이 비전은 현실이 될 수 있다.

무엇보다 우선되어야 할 것은 사회문화적 패러다임의 근본적 전환이다. '상위권 대학', '높은 성적'이 성공의 유일한 척도였던 기존의 관점을 벗어나, 역량 중심 사회, 공동체적 가치 중심 사회로의 이행이 필요하다. 경쟁보다는 협력, 개인의 성취보다는 공동체의 지속가능성을 중시하는 가치 전환이 전제되어야 한다. 이러한 변화는 단순한 제도 개편을 넘어, 사회 구성원 개개인의 사고방식과 삶의 태도, 교육에 대한 기대 자체가 변화해야 가능하다. 기후 위기와 사회적 불평등, 기술 격차 등 지금 우리 사회가 직면한 거대한 위협이 바로 이러한 인식 전환의 촉매가 될 수 있다. 기존 교육 시스템으로는 이 거대한 도전에 대응할 수 없다는 현실 인식이 확산될 때, 보다 근본적인 교육 개혁에 대한 사회적 공감대가 형성될 것이다.

이와 함께 경제 구조와 노동시장 시스템의 변화 역시 핵심 조건이다. AI와 자동화로 기존 직업군이 대폭 재편되고, 새로운 직업이 속속 등장하면서 입시 중심 교육으로는 미래를 준비할 수 없다는 위기의식이 교육 패러다임 전환의 강력한 동력으로 작용할 수 있다. 동시에, 기본소득제나 보편적 기본서비스 도입 등 사회보장 체계가 확충되어 생존을 위한 경쟁 압력이 완화되면, 교육은 단순히 계층 상승의 수단이 아니라 자기 성장과 사회적 기여를 위한 과정으로 자리매

김할 수 있다.

또한, 정치적 안정성과 사회적 합의도 장기적 실현을 위한 필수 조건이다. 정권 교체 시마다 교육정책이 흔들리는 현실 속에서는 장기 비전을 실현할 수 없다. 20~30년에 걸친 지속 가능한 교육 비전은 초당적 합의를 바탕으로 사회 전체가 공유해야 한다. 이를 위해서는 시민사회의 성숙이 동반되어야 하며, 교육정책이 소수 정치 엘리트나 전문가에 의해 좌우되지 않고, 다양한 시민이 참여하는 민주적 거버넌스 구조가 정착되어야 한다. 정책의 수용성과 지속가능성은 바로 이러한 참여 민주주의 기반 위에서만 실현될 수 있다.

국제적 흐름과의 연계 역시 중요한 실현 조건이다. 전 세계적으로 교육 혁신은 공통된 흐름으로 진행되고 있으며, 핀란드의 현상 기반 학습, 싱가포르의 역량 중심 교육과정, 에스토니아의 디지털 시민교육 등은 우리에게 유의미한 참고 모델이 된다. 글로벌 교육 공동체와의 협력은 국내 개혁의 외적 정당성을 강화할 뿐 아니라, 다양한 실천 사례와 제도적 교훈을 공유하며 우리의 변화를 가속화할 수 있다. 특히 기후 위기 대응과 지속가능발전목표(SDGs)와 같은 글로벌 의제는 교육 체제를 바꾸는 강력한 외부 요인이 될 수 있다. 국제 사회가 요구하는 교육의 역할과 방향에 동조하고 기여할 때, 국내 교육 변화의 필요성과 동력이 더욱 분명해질 것이다.

마지막으로, 기술 인프라와 교육자 역량의 강화도 장기적 실현 조건의 중요한 축이다. 인공지능, 빅데이터, 메타버스 등 디지털 기술이 성숙하고 전면적으로 보급될 때, 개인화된 학습과 협력 기반 프로젝트 학습이 본격화될 수 있다. 하지만 기술의 유무만으로는 교육의 질을 보장할 수 없다. 이를 실제로 교육에 적용하고, 학습 경험을 혁신적으로 재설계할 수 있는 교사의 교육학적 역량과 디지털 리터러시가 함께 강화되어야 한다. 기술을 단지 '보유하는 것'이 아니라, '의미 있게 활용하는 것'이 핵심이기 때문이다.

결국, 생태적 학습 네트워크는 기술이나 정책의 문제가 아니라 사회 전체의 방향성과 문화, 가치관, 제도의 종합적 전환 속에서만 실현 가능한 비전이다. '불가능해 보이지만 반드시 가야 할 길'을 현실로 만들기 위해, 지금부터 우리는 장기적 조건을 하나하나 성실히 준비해야 한다.

— 상상에서 현실로: 가능성의 씨앗들

'생태적 학습 네트워크'는 현재로서는 이상적인 시나리오에 가깝다. 하지만 애너하임의 사례가 보여주듯, 불가능해 보이는 변화도 명확한 비전과 전략적 실행, 그리고 지속적인 노력이 있으면 현실이 될 수 있다.

중요한 것은 이 시나리오를 단순한 몽상이 아니라 구체적인 목표로 설정하는 것이다. 당장 모든 것을 바꿀 수는 없지만, 그 방향으로 가는 작은 실험들을 지금부터 시작할 수 있다. 혁신학교에서의 생태교육 실험, 지역사회 연계 프로젝트 학습, 학생 참여형 학교 운영 등이 그 씨앗이 될 수 있다.

'생태적 학습 네트워크'는 우리가 꿈꿀 수 있는 교육의 최고 형태다. 이 꿈이 현실이 되는 날, 한국 교육은 세계가 주목하는 혁신 모델이 될 것이다. 그리고 그 변화는 바로 우리의 선택에서 시작된다.

미래교육을 위한
전략적 과제
시나리오를 넘어 실행으로

지금까지 살펴본 세 가지 시나리오는 단지 가능성의 나열이 아니다. 그것은 우리가 어떤 교육 철학과 사회적 가치를 선택하느냐에 따라 펼쳐질 수 있는 전략적 미래다. 그러나 시나리오는 방향을 제시할 수 있을 뿐, 스스로 미래를 실현하지는 않는다. 이제 중요한 것은 바람직한 시나리오를 현실로 만들기 위한 구체적 실행 전략이다. 여기에서는 앞서 제시한 시나리오 분석을 바탕으로, 미래교육 전환을 위한 핵심 과제들을 정리하고자 한다.

— 지속가능성과 생태 교육 강화

"2050년 탄소중립 목표를 달성하려면 지금 중학생들이 전혀 다른 삶의 방식에 적응해야 합니다."

이 말은 교육이 단지 오늘의 성취를 위한 도구가 아니라, 미래 세대를 위한 준비라는 점을 상기시킨다. 기후 위기 시대에 생태적 감수성과 지속 가능한 삶의 실천 역량은 선택이 아닌 필수다.

학교교육은 생태전환교육을 일회성 활동이 아니라, 교육과정 전반에 녹여내야 한다. 기술과 생태의 융합, 프로젝트 기반 학습, 지역사회와의 연계가 활성화되어야 하며, 학생들이 실생활과 연결된 문제 해결 활동을 통해 생태 시민으로 성장할 수 있도록 해야 한다.

이를 위해서는 ▲ 교사 대상 생태교육 전문성 연수 확대, ▲ 과목 간 통합 교육과정 설계, ▲ 생태 교육에 적합한 인프라 구축, ▲ 태도와 실천 중심의 평가 체계 도입 등이 시급하다. 또한 기업, 시민사회, 국제기구 등과의 협력도 전략적으로 모색되어야 한다.

— 다양성과 포용성 교육 확대

한국 사회는 점점 더 빠르게 다문화·다양화되고 있으며, 이는 학교 현장에서도 이미 피부로 체감되고 있다. 앞으로는 '획일적 교육'이 아닌 '다양한 학생 각각을 위한 교육'이 되어야 한다. 학생 개개인의 문화, 언어, 정체성, 신체적 조건이 존중받고 반영되는 교육 시스템이 필요하다. 다양성과 포용성을 실현하기 위해서는 ▲ 교사들의 문화·언어 감수성 및 포용적 교수법 강화, ▲ 교육과정과 교재의 다문화성 확대, ▲ 평가 방식의 유연화, ▲ 차별과 편견을 줄이기 위한 학교와 지역사회의 협력 구조가 필요하다. 나아가 AI와 같은 기술도 다양성과 포용성을 증진시키는 도구로 적극 활용해야 한다.

교육은 단지 소수자를 위한 배려가 아니라, 모든 학생의 사회적 역량과 협력 능력을 키우는 핵심 과정으로 자리 잡아야 한다.

― 교육의 본질 회복과 평가 대전환

'시험 공화국'이라는 시나리오가 암시하듯, 현재의 입시 중심 체제는 교육의 본질을 가리고 있으며, 창의성, 비판적 사고, 협력 능력 등의 미래 역량을 기르기 어렵게 만들고 있다. 이제는 '무엇을 가르칠 것인가'만이 아니라 '무엇을 평가할 것인가'가 교육 개혁의 핵심 과제가 되어야 한다. 평가의 대전환은 단순히 시험 문항을 바꾸는 문제가 아니라, 교육의 목적과 방식 전체를 재구성하는 일이다. 이를 위해서는 ▲ 성적순 선발 입시 구조 개편, ▲ 과정·성장 중심 평가 확대, ▲ 수행평가와 포트폴리오 평가 활성화, ▲ 지역사회 및 실천 과제를 반영한 입체적 평가 체계가 필요하다.

이러한 변화 없이는 아무리 좋은 교육과정을 설계해도 실제 수업과 학습의 변화는 일어나기 어렵다.

― 학교의 역할 재정립과 교육 거버넌스 혁신

미래교육은 더 이상 학교 안에서만 완결되지 않는다. 학교는 지역사회, 기업, 공공기관, 대학, 시민사회 등과 연결되는 '학습 생태계의 허브'로 변화해야 하며, 이를 위한 구조적 뒷받침도 필요하다.

이를 위해 ▲ 학교 자율성 강화와 행정 규제 완화, ▲ 지역 교육 자치 강화, ▲ 학교-지자체-교육청 간 협력 플랫폼 구축, ▲ 교육부, 교육청의 역할 전환(규제자 → 지원자) 등이 요구된다. 또한 교육정책의 지속성과 현장성과 책임성을 확보하기 위해 중앙정부 주도의 하향식 개혁에서 벗어나야 한다.

실행력 있는 거버넌스를 위해서는 학교 현장의 주체들이 설계부터 실행까지 참여하는 구조로 전환해야 하며, 성과 중심이 아닌 학습 중심의 평가와 지원 시스템이 뒷받침되어야 한다.

─ 교사의 전문성과 교육문화의 전환

아무리 좋은 정책도 교사가 변하지 않으면 교육은 바뀌지 않는다. 교사는 정책의 수용자가 아니라 변화의 설계자이자 실행자여야 하며, 이를 위해 교사의 전문성과 교육문화에 대한 전면적인 전환이 필요하다.

이를 위해서는 ▲ 교사 연수 방식의 혁신(일방적 전달 → 실행 중심, 사례 기반), ▲ 동료성과 성찰 기반의 교사 학습 공동체 확대, ▲ 교사 자율성 보장과 책임성 강화, ▲ 실천 기반 연구와 정책 참여 기회 확대가 시급하다. 또한 관리자 역시 교사를 지원하고 성장시키는 리더십을 갖추어야 한다.

결국 교육은 사람을 통해 변화한다. 교사들이 전문성과 자긍심을 회복하고, 학생과의 신뢰를 기반으로 교육의 방향을 이끌어가는 문화가 만들어져야 한다.

─ 맺으며

이처럼 시나리오 분석을 넘어 구체적인 실행 전략을 세우는 일은, 미래를 단순히 예측하는 것이 아니라 함께 설계하고 실현해 가는 집단적 책임의 출발점이다. '2035~2045년 교육의 미래'를 준비한다는 것은, 지금 우리가 어떤 과제를 선택하고 어떤 방향으로 실천해 가느냐에 달려 있다. 더 나은 교육을 위한 변화는 어느 한 날의 결단이 아니라, 오늘의 작은 실천에서 시작된다.

다음 장에서는 2035~2045년을 향한 미래교육의 나침반을 제시한다. 교육이 나아가야 할 6가지 패러다임 전환의 방향을 살펴보고, 이를 실현하기 위한 8대 전략과 구체적인 실행 가이드라인을 제안한다. 생태적 학습 네트워크로의 전환을 위한 새로운 청사진을 구체적으로 그려본다.

3

미래교육의 나침반
— 2035~2045년 비전과 전략 방향

앞에서 2035~2045년 한국 교육의 세 가지 시나리오를 살펴보았다. 관성적 개선, 균형적 혁신, 생태적 학습 네트워크라는 서로 다른 경로는 각각 다른 미래를 예고하며, 우리가 어떤 선택을 하느냐에 따라 교육의 운명이 달라질 것임을 보여주었다. 이제 우리가 답해야 할 질문은 "어디로 가야 하는가?"이다.

변화의 필요성을 인식하는 것과 변화의 방향을 설정하는 것은 전혀 다른 차원의 과제다. 특히 교육과 같이 한 사회의 미래를 결정짓는 영역에서는 더욱 그러하다. 우리가 지향하는 교육의 미래상이 명확하지 않다면, 아무리 많은 개혁을 시도해도 결국 방향을 잃은 항해가 될 뿐이다.

어디로 가야 하는가

6가지 패러다임 전환

30년 전, 우리는 "세계화·정보화 시대를 주도하는 신교육체제"라는 5.31 교육 개혁의 비전을 품었다. 그 비전은 당시 우리에게 필요했던 나침반이었다. 하지만 세상은 급변했다. 이제 우리는 완전히 다른 바다에서 항해하고 있다. 과거의 지도만으로는 미래로 나아갈 수 없다. 우리는 여전히 30년 전 지도를 가지고 내일의 미래를 설계하고 있는 것은 아닐까? 시대의 지각변동, 교육 시스템의 부작용, 사회적 기대의 변화, 학령인구 감소라는 현실, 디지털 기술의 양면성 등, 이 모든 변화는 단순한 정책 수정이나 부분적 개선으로는 충분하지 않음을 보여준다. 우리에게 필요한 것은 교육의 목적, 내용, 방법, 구조 전반에 걸친 근본적 재구성이다.

제2의 5.31 교육 개혁, '교육 대전환 2035'는 단순한 정책 패키지가 아닌, 미래 세대를 위한 새로운 교육 패러다임의 선언이 되어야 한다. 그렇다면 우리가 그리는 미래교육의 비전은 무엇이어야 하는가? 이는 모든 아이가 존엄한 존재로 성장하며 삶의 의미를 발견하고, 더불어 살아가는 사회를 만드는 데 기여할 수 있도록 돕는 교육이어야 한다.

이러한 비전을 현실로 만들기 위한 구체적 방향으로 다음 6가지 패러다임 전환을 제안한다. 이는 교육의 목적과 내용, 방법, 평가, 거버넌스에 이르는 총체적 변화를 지향하는 통합적 비전이다.

― 삶 중심 교육으로의 패러다임 전환 (교육 목적의 전환)

왜 삶 중심 교육인가

"이걸 왜 배워야 하나요?" 교실에서 이 질문이 던져질 때마다 우리 교육의 본질적 문제가 드러난다. 30년 전, 5.31 교육 개혁은 '공급자 중심'에서 '수요자 중심'으로의 전환을 이루며 혁신적 변화를 시도했다. 당시로선 획기적인 패러다임 전환이었다.

그러나 이제 우리는 '수요자 중심'을 넘어 '삶 중심' 교육으로 한 걸음 더 나아가야 한다. 현재 한국 교육의 가장 큰 문제는 교실과 삶이 분리되어 있다는 점이다. 학교에서 배우는 지식과 학생들의 실제 삶 사이의 괴리가 너무 크다. 이는 학습 동기의 저하, 배움의 의미 상실, 그리고 궁극적으로는 교육에 대한 불신으로 이어진다.

삶 중심 교육의 핵심 특징

- 학습의 맥락성과 연결성: 지식은 맥락 속에서 의미를 갖는다. 핀란드 교육학자 파시 살베리(Pasi Sahlberg)는 "교육의 역할은 학생들

을 시험에 대비시키는 것이 아니라, 삶을 준비시키는 것이다"라고 강조했다. 이것이 바로 삶 중심 교육의 본질이다.

국내에서도 실천 중심의 프로젝트 수업이 시도되고 있다. 예를 들어, 경기도의 한 혁신학교에서는 미세먼지 문제를 주제로 학생들이 책상 앞 수업을 넘어 지역사회로 나갔다. 학생들은 지역의 대기질을 직접 측정하고, 원인을 조사하고, 개선안을 지자체에 제출했다. 수학, 과학, 사회, 국어 교과가 자연스럽게 통합되었고, 학생들은 '왜 배우는지' 묻지 않았다. 그들은 이미 알고 있었기 때문이다.

- 학습자의 주체성과 자기주도성: 우리 교육의 가장 큰 역설 중 하나는 스스로 배울 줄 아는 인간을 키우겠다고 하면서, 모든 것을 타인이 결정하는 환경에서 12년을 보내게 한다는 것이다. 배움의 주체는 교사가 아닌 학생이어야 한다.

국내 IB(국제 바칼로레아) 프로그램을 모범적으로 도입한 학교들의 사례는 주목할 만하다. 한 IB 학교 학생은 이렇게 증언한다. "전에 다니던 학교에서는 학교 수업만으로는 따라가기 어려워서 학원이나 과외가 꼭 필요했어요. 그런데 IB 중학교에 와서는 스스로 학습 계획을 세우고 주도적으로 공부하니까 사교육이 필요 없다는 생각이 들었어요." 학습자가 진정한 주체가 될 때, 외부 의존도는 자연스럽게 줄어들고 내적 동기는 강화된다.

- **전인적 성장과 웰빙의 강조:** "저는 공부는 잘하지만 행복하지 않아요." 성적 상위 1%의 한 고등학생이 필자에게 한 말이다. 이 말에 교육의 본질적 실패가 담겨있다. 교육은 인간의 머리만 키우는 과정이 아니다. 지성, 감성, 사회성, 신체, 영성을 포함한 전인적 성장을 지향해야 한다.

  2022년 청소년건강행태조사에 따르면 일상생활을 중단할 정도로 슬프거나 절망감을 느낀 청소년이 28.7%나 된다. 전 세계에서 가장 공부 잘하는 아이들이 가장 불행하다면, 무언가 근본적으로 잘못된 것이다.

- **관계성과 공동체성의 강화:** 초개인화 시대, 역설적으로 협력 능력이 더욱 중요해지고 있다. 복잡한 문제들은 혼자서 해결할 수 없기 때문이다. 덴마크 교육의 핵심 가치 중 하나는 '공동체성'이다. 1993년부터 시행된 '학급 시간'[21]이라는 주간 수업을 통해 학생들은 자신의 문제를 논의하고 함께 해결책을 모색하며 공감 능력을 키운다.

---

21 덴마크의 '학급 시간(klassens tid)' - 덴마크 초중등학교에서 운영하는 특별한 교육 프로그램으로. 1993년부터 초중등 교육과정에 도입된 주간 정규 수업이다. 매주 정해진 시간에 학생들이 원형으로 앉아 자신의 고민이나 문제를 자유롭게 이야기하고 함께 해결책을 모색하는 시간이다. 이 시간에는 교과 학습이 아닌. 학급 내 갈등. 개인적 어려움. 학습 문제. 친구 관계 등 다양한 주제가 다뤄지며. 교사는 조력자 역할을 하면서 학생들이 스스로 문제를 해결할 수 있도록 돕는다. 1970년대부터 시작된 이 프로그램은 학생들의 민주적 참여 능력. 공감 능력. 소통 능력. 갈등 해결 능력을 기르는 데 중점을 두며. 덴마크 교육의 핵심 가치인 '공동체 의식'과 '민주 시민성' 함양에 중요한 역할을 한다. 현재 덴마크 대부분의 학교에서 의무적으로 운영되고 있으며, 북유럽 국가들의 높은 사회 신뢰도와 시민 의식 형성에 기여하는 교육 모델로 평가받고 있다.

― 생태 시민 양성을 위한 지속 가능 교육 체계 (교육 내용의 전환)

기후 위기 시대의 교육적 사명

2019년 여름, 스웨덴의 그레타 툰베리가 세계를 향해 외쳤다. "우리 집이 불타고 있습니다."[22] 이 한마디는 전 세계 젊은이들의 가슴에 불을 지폈다. 우리는 지금 문명의 갈림길에 서 있다. 기후 위기, 생물다양성 붕괴, 자원 고갈은 단순한 '환경 문제'가 아니다. 이는 인류의 존재 방식 자체에 대한 근본적 질문이다.

'기후변화에 관한 정부간 협의체(Intergovernmental Panel on Climate Change, IPCC)'에 따르면, 지구 온도 상승을 1.5°C 이내로 제한하기 위해 남은 시간은 불과 몇 년뿐이다. 교육은 이 위기의 시대에 단순한 지식 전달을 넘어, 새로운 문명으로의 전환을 이끌어야 한다. 이것이 '생태 시민'을 위한 교육의 시급한 과제다.

생태 시민 교육의 핵심 요소

- 생태적 감수성과 윤리의식의 함양: 현대 도시 아이들의 '자연 결핍 장애'[23]가 심각하다. 리처드 루브(Richard Louv)의 연구에 따르면, 자연과의 직접 교감 경험은 인지 발달, 창의성·집중력 향상,

---

22 "우리 집이 불타고 있습니다." - 지금 우리가 사는 지구가 심각한 기후 위기에 처해 있다는 경고의 메시지이다. 이 표현은 단순한 은유가 아니라, 지구 환경이 실제로 매우 긴급하고 되돌리기 어려운 상태에 이르렀다는 사실을 강조하기 위해 사용되었다.

스트레스 감소에 결정적 영향을 미친다. 더 중요한 것은 자연에 대한 감수성과 책임 의식의 발달이다. 우리는 보호하고 싶은 것만 보호한다. 사랑하는 것만 지킨다.

- 시스템 사고와 통합적 접근: 오늘날 환경 위기의 복잡성은 분절된 지식으로는 이해할 수 없다. 기후변화는 과학 문제인 동시에 경제, 정치, 윤리의 문제다. MIT 피터 센게 교수팀이 개발한 K-12 시스템 사고 교육 프로그램은 학생들의 문제 해결력과 장기적 사고력을 크게 향상시켰다.
- 지속 가능한 삶과 실천의 강조: 환경에 대한 지식과 행동 사이에는 깊은 간극이 있다. 교육은 이 '앎과 삶의 간극'을 좁혀야 한다. 국내 환경교육 시범학교들에서는 학생들이 학교 식당의 음식물 쓰레기를 줄이는 프로젝트를 진행하고 있다. 이러한 실천 중심의 교육이 진정한 변화를 만들어낸다.

---

23 자연 결핍 장애(Nature-Deficit Disorder) - 미국 작가 리처드 루브(Richard Louv)가 저서 『자연의 마지막 아이들(Last Child in the Woods, 2005)』에서 처음 사용한 개념이다. 이는 의료적 진단 용어는 아니지만, 현대 아동들이 자연과의 접촉이 줄어들면서 경험하는 주의력 저하, 스트레스 증가, 정서 불안, 창의력 감소 등의 현상을 설명하기 위해 제안된 용어이다. 루브는 이를 통해 아동 발달과 자연환경의 단절 문제에 대한 사회적 경각심을 촉구했다.

— 성장과 배움 중심의 교육 평가 체계 (평가 체계의 전환)

평가 패러다임의 혁명적 전환

얼마나 많은 아이들이 시험 점수 때문에 꿈을 포기했을까? 한국 교육의 가장 큰 아킬레스건은 바로 평가와 시험에 목줄이 매여 있는 교육 시스템이다. 2023년 OECD 조사에 따르면, 한국 청소년의 학업 스트레스는 회원국 중 최상위인 반면, 학습 내적 동기는 최하위권에 머물고 있다.

미래교육을 위해서는 '시험 중심'에서 '성장과 배움 중심'으로의 과감한 교육 시스템 전환이 필요하다. 이는 단순히 시험 문제의 형식을 바꾸는 피상적 변화가 아니라, 평가의 근본 목적과 방식, 나아가 교육 전반의 패러다임을 재구성하는 혁명적 변화를 의미한다.

성장 중심 평가의 핵심 원리

- 과정 중심 평가와 형성평가 강화: 결과물만 들여다보는 평가는 마치 빙산의 일각만 보는 것과 같다. 학습의 전 과정을 지속적으로 관찰하고, 그에 따라 피드백을 제공하는 형성평가는 학생의 학습 동기를 높이고 성장을 촉진하는 데 핵심적인 역할을 한다.
- 다양한 역량과 가치의 균형 있는 평가: 현재의 평가는 주로 인지적 영역, 특히 지식의 암기와 문제 풀이 능력에만 초점을 맞추고

있다. 그러나 21세기를 살아가는 시민에게 필요한 것은 단편적 지식이 아니라, 개념적 이해 중심의 지식과 이를 바탕으로 한 창의성, 비판적 사고력, 협업 능력, 의사소통 능력, 윤리적 판단력, 공감 능력 등의 복합적 역량이다.
- 개별화된 성장과 발달 중심 평가: 모든 아이를 같은 잣대로 재는 것은 서로 다른 나무들의 성장을 같은 방식으로 측정하는 것만큼이나 무의미하다. 각 학생의 시작점과 성장 과정, 고유한 강점을 고려한 개별화된 평가가 필요하다.

─ 사람 중심의 디지털 전환과 배움 구조 (교육 방법의 전환)

기술과 인간성의 조화

4차 산업혁명과 디지털 대전환은 교육의 내용과 방법, 공간과 시간에 근본적인 변화를 가져오고 있다. AI, 빅데이터, 메타버스 등 첨단 기술은 교육의 새로운 가능성을 열어주지만, 동시에 여러 도전과 과제도 제기한다. 특히 기술 자체에 매몰되어 교육의 본질적 가치와 목적을 잃어버리는 위험을 경계해야 한다. 미래교육을 위해서는 '기술 중심'이 아닌 '사람 중심'의 디지털 전환이 필요하다. 이는 기술이 교육의 목적이 아니라 수단이며, 교육의 중심에는 항상 사람(학생, 교사, 학부모 등)과 그들의 관계, 가치, 성장이 있어야 한다는 관점이다.

사람 중심 디지털 전환의 원칙

- 기술의 교육적 가치와 목적 중심 접근: 기술 도입의 출발점은 '최신 기술을 어떻게 교육에 적용할 것인가'가 아니라, '교육의 본질적 가치와 목적을 실현하기 위해 기술을 어떻게 활용할 것인가'라는 질문이어야 한다.
- 디지털 기술과 인간적 요소의 조화: 디지털 기술이 지닌 효율성, 확장성, 개인화 등의 장점과 인간적 접촉, 관계, 정서적 교감 등 인간적 요소 간의 균형과 조화를 이루는 교육 모델을 모색해야 한다.
- 교육 형평성과 접근성 강화: 디지털 전환 과정에서 발생할 수 있는 디지털 격차와 불평등에 적극적으로 대응해야 한다. 모든 학생이 필요한 디지털 기기와 인터넷에 접근할 수 있도록 하고, 디지털 리터러시와 역량을 균형 있게 발달시킬 수 있도록 지원해야 한다.

사회 기반으로의 교육 거버넌스 전환 (교육 협치의 전환)

중앙집권에서 사회 협치로

한국 교육의 전통적인 특징 중 하나는 강한 중앙집권적 거버넌스이다. 이러한 거버넌스는 단기간에 교육의 양적 확대와 기본 수준 보장에 효과적이었지만, 현재와 같은 복잡하고 다양한 교육적 요구와 도전에 대응하기에는 한계가 있다.

미래교육을 위해서는 '국가 주도'에서 '사회 기반' 교육 거버넌스로의 전환이 필요하다. '사회 기반' 교육 거버넌스란 국가, 지방자치단체, 학교, 교사, 학생, 학부모, 시민사회, 기업 등 다양한 주체들이 교육의 비전과 방향을 함께 설정하고, 각자의 역할과 책임을 다하며, 상호 협력하는 체제를 의미한다.

사회 기반 교육 거버넌스의 핵심 요소
- 분권화와 자율성 강화: 중앙정부의 권한을 지방자치단체, 시도교육청, 학교로 대폭 이양하여, 지역과 학교 특성에 맞는 자율적이고 창의적인 교육이 가능하도록 해야 한다.
- 다양한 주체의 참여와 협력: 교육정책의 수립과 실행 과정에 교사, 학생, 학부모, 시민사회, 기업 등 다양한 주체들의 참여를 확대하고, 이들 간의 소통과 협력을 강화해야 한다.
- 지역 기반 교육 생태계 구축: 학교와 지역사회가 긴밀하게 연계되어, 학생들이 보다 풍부하고 다양한 학습 경험을 할 수 있는 교육 생태계를 구축해야 한다.

미래 역량 중심의 교육 혁신 (역량 체계의 전환)

급변하는 세계에 필요한 새로운 역량

인공지능, 자동화, 기후변화, 사회 불평등 심화 등 복합적 위기 시대에 우리는 과거와는 전혀 다른 역량을 갖춘 인재를 길러내야 한다. 단순한 지식 암기나 정형화된 문제 해결 능력을 넘어, 불확실한 미래를 능동적으로 개척해 나갈 수 있는 역량이 필요하다.

미래 역량의 핵심 요소

- 창의적 사고와 혁신 역량: 기존의 틀을 뛰어넘어 새로운 해결책을 찾아내는 능력이다.
- 비판적 사고와 성찰 역량: 정보를 분석하고 판단하며, 자신의 학습과 성장을 성찰하는 능력이다.
- 협업과 소통 역량: 다양한 배경을 가진 사람들과 효과적으로 소통하고 협력하는 능력이다.
- 디지털 시민성과 미디어 리터러시: 디지털 환경에서 책임감 있게 행동하고, 정보를 비판적으로 분석하는 능력이다.
- 감정 조절과 회복탄력성: 스트레스와 변화에 적응하며, 실패를 성장의 기회로 전환하는 능력이다.

— 전환의 철학적 토대

이러한 여섯 가지 패러다임 전환을 통합하고 지탱하는 철학적 기반이 있어야 한다. 교육 비전의 철학적 기반은 교육정책과 실천의 일관성과 통합성을 보장하고, 변화하는 환경 속에서도 교육의 본질적 가치를 지켜나가는 나침반 역할을 한다.

- 인간 존엄성과 잠재력에 대한 믿음: 모든 교육의 출발점은 각 인간이 지닌 고유한 가치와 존엄성, 그리고 성장과 발전의 잠재력에 대한 근본적인 믿음이다. 교육은 모든 학생이 자신의 고유한 재능과 가능성을 발견하고 발현할 수 있도록 지원하는 과정이어야 한다.
- 다양성과 포용성의 가치: 모든 인간은 고유하고 다양한 특성, 배경, 재능, 필요를 가지고 있으며, 이러한 다양성은 억압되거나 동화되어야 할 대상이 아니라, 존중되고 환영받아야 할 가치이다.
- 관계성과 상호연결성의 인식: 인간은 독립적이고 고립된 존재가 아니라, 타인과 사회, 자연환경과 상호연결된 관계적 존재이다. 교육은 이러한 관계성과 상호연결성을 인식하고, 학생들이 자신과 타인, 공동체, 자연과의 관계 속에서 조화롭게 살아가는 법을 배울 수 있도록 해야 한다.

어떻게 실행할 것인가

8대 전략과 실행 가이드라인

앞서 제시한 6가지 패러다임 전환은 추상적인 이상이 아니다. 미국 캘리포니아주의 애너하임 교육구는 지난 10여 년간 '삶 중심 교육', '배움 중심 평가', '지역 기반 거버넌스', '디지털 기술의 인간 중심 활용'을 일관되게 추진하며 이러한 비전을 현실화해 왔다. 애너하임의 경험은 '교육 대전환 2035'의 철학과 전략이 실현 불가능한 꿈이 아니라, 명확한 비전과 실행이 결합될 때 가능한 변화임을 생생히 보여준다.

그렇다면 한국적 맥락에서 이러한 전환을 어떻게 실현할 것인가? 이를 위해 8대 핵심 전략과 구체적인 실행 가이드라인을 제시한다.

— 8대 핵심 전략

6가지 패러다임 전환을 현실로 만들기 위해서는 구체적이고 실행 가능한 전략이 필요하다. 다음 8가지 전략은 상호 연관되어 있지만, 특히 평가 체계의 변화를 최우선으로 배치했다. 한국 교육에서는 평가가 모든 교육 활동을 좌우하는 핵심 변수이기 때문이다.

평가가 바뀌지 않으면 아무리 좋은 교육과정이나 교수법을 도입해도 결국 시험을 위한 도구로 전락하고 만다. 따라서 평가 혁신을 시작으로 거버넌스, 교육과정, 교원, 교육환경에 이르는 체계적 변화를 추진해야 한다.

전략 1: 성장 중심 평가 체계로의 전면 전환

한국 교육에서 평가는 모든 교육 활동을 규정하는 핵심 동력이다. 평가 체계가 바뀌지 않으면 다른 어떤 혁신도 제대로 작동하기 어렵다. 현재의 시험 중심, 결과 중심, 서열화 중심의 평가를 성장 중심, 과정 중심, 개별화 중심의 평가로 전환해야 한다. 이는 단순히 평가 방법을 바꾸는 것이 아니라, 교육의 목적과 가치관 자체를 바꾸는 혁명적 변화다.

모든 학교에서 형성평가를 중심으로 한 과정 중심 평가를 일상화하고, 학생 개개인의 성장과 발달을 종합적으로 기록하는 포트폴리오 평가를 도입해야 한다. 또한 창의성, 비판적 사고력, 협업 능력, 의사소통 능력, 윤리적 판단력 등 21세기 핵심 역량을 다면적으로 평가할 수 있는 새로운 평가 도구를 개발하고 활용해야 한다.

IB 프로그램을 도입한 국내 학교들에서 나타나는 긍정적 변화들처럼, 평가의 변화는 학생들의 학습 동기와 주도성을 높이고 교실 분위기를 근본적으로 바꿀 수 있는 강력한 동력이 된다. 이를 위해서는 무엇보다 대학입시제도의 동반 변화가 필수적이며, 사회 전체의 인재관과 성공관의 전환이 함께 이루어져야 한다.

전략 2: 분권화된 교육 거버넌스와 사회 협치 체제 구축

미래교육의 성공은 중앙정부 혼자만의 힘으로는 달성할 수 없다. 국가, 지방자치단체, 교육청, 학교, 교사, 학생, 학부모, 시민사회, 기업 등 다양한 주체들이 각자의 역할을 다하면서 유기적으로 협력하는 사회 기반 교육 거버넌스 체제를 구축해야 한다. 이는 2010년부터 시행된 혁신학교 모델이나 경기도의 교육 주민 참여 예산제 같은 기존의 성과를 바탕으로 더욱 확장되고 심화되어야 한다.

중앙정부의 권한을 시도교육청과 단위학교로 대폭 이양하여 지역과 학교의 자율성을 강화하고, 교육정책의 수립과 실행 과정에 다양한 이해관계자들의 참여를 제도화해야 한다. 또한 학교와 지역사회가 긴밀하게 연계된 교육 생태계를 구축하여 학생들이 보다 풍부하고 다양한 학습 경험을 할 수 있도록 해야 한다. 서울 성북구의 마을결합형학교 모델처럼 학교와 지역의 다양한 기관들이 협의체를 구성하여 학생들에게 확장된 학습 기회를 제공하는 사례를 전국적으로 확산시켜야 한다. 2022년 출범한 국가교육위원회가 정권의 변화에 관계없이 교육의 장기적 비전과 방향성을 일관되게 유지할 수 있는 지속 가능한 거버넌스의 구심점 역할을 해야 한다.

전략 3: 국가교육과정의 혁신적 유연화와 학교 자율성 확대

현재의 과밀한 국가교육과정은 삶 중심 교육의 가장 큰 걸림돌 중 하나다. 교사들이 진도 나가기에 급급해 학생들의 흥미와 관심, 지역의 특성을 반영한 창의적인 수업을 설계할 여유가 없기 때문이다. 이를 해결하기 위해서는 국가교육과정의 필수 학습요소를 대폭 축소하고, 학교별 자율 교육과정 편성 권한을 획기적으로 확대해야 한다.

구체적으로는 현재 국가교육과정의 총량을 30% 이상 감축하고, 학교별 자율 교육과정 편성 비율을 50% 이상으로 확대하는 것이 바람직할 것이다. 이를 통해 각 학교는 지역의 특성과 학생들의 요구에 맞는 융합형, 프로젝트형 교육과정을 자유롭게 설계할 수 있게 된다. 또한 주제 중심의 통합 교육과정 모델을 개발하여 보급하고, 교사들이 교육과정을 창의적으로 재구성할 수 있는 역량을 기를 수 있는 연수 체계를 구축해야 한다. 이러한 변화는 교사를 단순한 지식 전달자가 아닌 교육과정 설계자이자 학습 촉진자로 전환시키는 계기가 될 것이다.

전략 4: 미래 역량 중심 교육과정과 교수법 혁신

급변하는 미래 사회에서 성공적으로 살아갈 수 있는 역량을 기르기 위해서는 기존의 파편화되고 무비판적인 지식 주입, 암기 위주 교육에서 벗어나 탄탄한 기초지식을 바탕으로 창의적 사고, 비판적 사고, 협업, 소통, 문제해결 등 핵심 역량을 통합적으로 함양하는 교육과정과 교수법의 혁신이 필요하다. 이는 '지식 vs 역량'의 이분법이 아니라 '지식을 통한 역량 개발'을 의미하며, 인지적 역량과 비인지적 역량의 균형 있는 강조를 추구한다. 모든 교과에서 학생들이 발달 단계에 맞게 연계성 있는 핵심 지식을 체계적으로 학습하는 동시에, 이러한 지식이 고차원적 사고 능력으로 발현될 수 있도록 교육과정을 재구조화해야 한다. 창의성은 기존 지식의 새로운 연결이고, 비판적 사고는 깊은 이해가 전제되며, 문제해결력도 관련 지식 없이는 작동하지 않기 때문이다.

교수법 측면에서는 충분한 지식 습득을 기반으로 프로젝트 기반 학습, 문제 기반 학습, 토론과 토의 중심 수업, 협력학습 등 학생 참여형 교수법을 모든 교실에서 일상화해야 한다. 또한 디지털 네이티브 세대의 특성을 고려하여 디지털 시민성과 미디어 리터러시, 정보 분석 능력 등을 체계적으로 기를 수 있는 교육 프로그램을 개발해야 한다. 특히 AI 시대에 더욱 중요해지는 인간 고유의 역량인 감정 조절 능력, 공감 능력, 윤리적 판단력, 회복탄력성 등을 기를 수 있는 사회정서학습(SEL) 프로그램을 교육과정에 체계적으로 통합해야 한다. 덴마크의 '학급 시간'처럼 학생들이 자신의 문제를 공유하고 함께 해결책을 모색하며 공동체성을 기를 수 있는 시간을 제도화하는 것도 중요한 방향이다. 이러한 혁신을 통해 지식이라는 토양 위에서 역량이라는 꽃이 피어날 수 있도록 하는 것이 핵심이다.

전략 5: 교원 역량 강화와 교직 문화 혁신

교육 혁신의 성공은 결국 교사에게 달려 있다. 아무리 좋은 제도와 정책을 만들어도 이를 현장에서 실현하는 교사들의 역량과 의지가 뒷받침되지 않으면 공허한 구호에 그칠 수밖에 없다. 따라서 미래교육을 위해서는 교사의 역할 변화에 맞는 새로운 역량을 기르고, 혁신적인 교수법을 시도할 수 있는 자율성과 창의성을 보장하며, 지속적인 성장을 지원하는 체계적인 교원 정책이 필요하다.

예비교사 양성 과정부터 미래교육의 철학과 방법론을 체계적으로 교육하고, 현직 교사들에게는 새로운 교육과정과 평가 방법, 디지털 기술 활용, 학생 상담과 코칭 등에 대한 실무 중심의 연수를 제공해야 한다. 또한 교사들이 수업 혁신을 위해 도전하고 실험할 수 있는 안전한 환경을 조성하고, 실패를 두려워하지 않고 지속적으로 개선해 나갈 수 있는 학습하는 조직 문화를 만들어야 한다. 교사 개인의 노력뿐만 아니라 전문학습공동체 등을 통한 동료 교사들과의 협력과 성장도 체계적으로 지원해야 한다.

무엇보다 교사가 교육 전문가로서 존중받고, 창의적이고 자율적인 교육 활동을 펼칠 수 있는 여건과 환경을 조성하는 것이 교육 혁신의 기본 전제가 되어야 한다.

전략 6: 마을교육공동체 기반의 삶 중심 교육 생태계 구축

삶 중심 교육의 실현을 위해서는 무엇보다 학교와 지역사회의 경계를 허물고, 마을 전체가 하나의 거대한 학교가 되는 교육 생태계를 구축해야 한다. 이는 단순히 학교 밖 체험활동을 늘리는 것이 아니라, 지역의 다양한 인적·물적 자원을 교육과정과 유기적으로 연계하여 학생들이 실생활 맥락에서 의미 있는 학습을 경험할 수 있도록 하는 것이다.

경기도의 한 마을에서 실시하고 있는 사례처럼, 학생들이 주 2일 지역 장인, 농부, 예술가, 기업가 등과 함께 학습하며 하천 복원, 전통시장 활성화, 노인 복지 서비스 등 실제 지역 문제를 해결하는 활동은 매우 의미 있는 변화의 시작점이다.

이러한 접근을 통해 학생들은 교과서 속 지식이 아닌 살아있는 지식을 체험하고, 자신의 학습이 실제 사회에 어떤 기여를 할 수 있는지를 직접 확인하게 된다. 마을교육공동체의 확산을 위해서는 학교별로 지역사회 연계 교육과정을 개발하고, 지역 전문가들과의 협력 프로그램을 체계적으로 구축하며, 이를 지원하는 네트워크와 제도적 기반을 마련해야 한다.

전략 7: 생태전환교육의 전면적 확산과 체계화

기후 위기 시대에 생태 시민을 양성하는 것은 선택이 아닌 필수다. 현재 일부 시도교육청과 선도학교 중심으로 시범 운영되고 있는 생태전환교육을 전국 모든 학교로 확산하고, 이를 체계적으로 지원할 수 있는 법적·제도적 기반을 구축해야 한다. 생태전환교육은 단순히 환경 지식을 가르치는 것이 아니라, 학생들이 자연과 인간, 사회의 상호연결성을 이해하고 지속 가능한 삶의 방식을 체험적으로 학습할 수 있도록 하는 총체적 접근이어야 한다.

이를 위해서는 모든 교과에서 생태적 관점을 통합할 수 있는 교육과정 모델을 개발하고, 학교 내외의 생태학습 공간을 확충해야 한다. 또한 학생들이 직접 기후변화나 환경 문제 해결에 참여할 수 있는 실천 중심의 프로젝트를 확대하고, 지역사회와 연계한 환경 보전 활동을 교육과정에 체계적으로 편입시켜야 한다. 서울특별시 환경교육센터의 '기후정의 교육 프로그램'처럼 환경 문제와 사회적 불평등의 구조적 연결성을 이해할 수 있는 비판적 사고력도 함께 기를 수 있어야 한다.

전략 8: 사람 중심 디지털 전환과 미래형 학습 환경 조성

디지털 기술의 교육적 활용에서 가장 중요한 것은 기술 자체가 아니라 그 기술을 어떻게 인간적 가치와 교육적 목적에 부합하게 활용하느냐다. 코로나19 팬데믹을 통해 우리는 디지털 기술의 가능성과 한계를 동시에 경험했다. 이제는 단순한 기술 도입을 넘어, 교육의 본질적 가치를 실현하기 위한 수단으로서 디지털 기술을 체계적이고 전략적으로 활용해야 한다.

　AI와 빅데이터를 활용한 개별화 학습 시스템을 구축하되, 이것이 학습자의 주체성과 창의성을 억압하지 않도록 신중하게 설계해야 한다. 또한 메타버스나 VR/AR 기술을 활용한 몰입형 학습 경험을 제공하면서도, 현실 세계에서의 직접적인 경험과 인간적 관계의 중요성을 간과하지 않아야 한다. 무엇보다 디지털 전환 과정에서 발생할 수 있는 디지털 격차를 해소하고, 모든 학생이 공평하게 디지털 학습 기회에 접근할 수 있도록 하는 것이 중요하다. 교사의 역할도 지식 전달자에서 학습 설계자, 촉진자, 코치, 멘토로 전환되어야 하며, 이를 위한 체계적인 연수와 지원이 필요하다.

― 실행을 위한 로드맵과 과제

　앞서 제시한 8대 실행 전략의 성공적 실행을 위해서는 단계적이고 체계적인 접근이 필요하다. 모든 것을 한 번에 바꿀 수는 없지만, 명확한 비전과 일관된 방향성을 가지고 지속적으로 추진해 나간다면 2035년까지 한국 교육의 근본적 전환을 이룰 수 있을 것이다. 다소 빠듯한 일정이긴 하지만, 다음과 같이 3단계로 나누어 단계적으로 추진하는 방안을 그 예로 들 수 있다.

우선 2025~2027년을 '사회적 숙의 및 기반 조성기'로 설정하여 개혁의 공감대를 형성하고 법적·제도적 기반을 정비하며 선도 모델을 확산한다. 이 시기에는 교육기본법과 초중등교육법 등 관련 법령 개정을 통해 새로운 교육 비전을 법적으로 뒷받침하고, 시범학교와 혁신학교를 중심으로 한 성공 사례를 전국적으로 확산시키는 것이 중요하다.

2028~2032년은 '전면 확산기'로서 모든 학교에서 새로운 교육 패러다임이 정착될 수 있도록 지원하는 단계다. 국가교육과정의 전면 개편, 대학입시제도의 혁신적 변화, 교원 양성 및 연수 체계의 전환 등 핵심적인 제도 변화들을 이 시기에 추진하는 것이 바람직하다.

마지막으로 2033~2035년은 '완성 및 정착기'로서 새로운 교육 체제가 안정적으로 운영되고 지속적으로 발전할 수 있는 기반을 완성하는 단계로 구상할 수 있다. 이 시기에는 변화의 성과를 종합적으로 평가하고, 미진한 부분을 보완하며, 2035년 이후의 더 장기적인 발전 방향을 설정하는 것이 필요하다.

무엇보다 중요한 것은 이러한 변화가 위로부터의 강요가 아닌 교육 현장과 사회 구성원들의 자발적 참여와 협력을 바탕으로 이루어져야 한다는 점이다. 교육 개혁과 혁신은 결국 사람의 마음과 의식을 바꾸는 일이기 때문에 충분한 소통과 공감대 형성 없이는 성공할 수 없다.

미래교육 비전은 단순한 정책이나 제도가 아니라, 우리의 가장 근본적인 가치와 희망, 그리고 미래에 대한 상상력을 담고 있어야 한다. 그것은 우리가 함께 꿈꾸고 만들어가는 더 나은 미래에 대한 집단적 비전이자 약속이다. 애너하임의 변화 사례가 보여주듯, 불가능해 보이는 변화도 명확한 비전과 지속적인 노력, 그리고 공동체의 의지가 있다면 현실이 될 수 있다. 한국 교육도 마찬가지다. 우리에게는 변화를 만들어낼 역량이 있다.

─ 생태전환교육의 전면적 확산과 체계화

기후위기 시대, 생태 시민 양성은 선택이 아닌 필수 과제가 되었다. 일부 시도교육청과 선도학교 중심의 시범 운영을 넘어, 생태전환교육을 전국 모든 학교로 확산하고 이를 체계적으로 뒷받침할 수 있는 법·제도 기반과 행정 지원체계를 구축해야 한다.

이를 위해 먼저, 전 교과에 생태적 관점을 통합할 수 있는 국가 교육과정 모델을 개발하고, 지역별 생태학습 거점 학교와 학교 내외 생태 체험 공간을 확대해야 한다. 특히 학생들이 기후변화나 환경 문제 해결에 직접 참여할 수 있도록 실천 중심의 프로젝트를 일상 수업 속으로 정착시키고, 지역사회·지자체와 연계한 협력 체계를 제도화할 필요가 있다.

생태전환교육은 단순한 환경 지식 전달을 넘어, 학생이 자연-사회-인간의 상호 연결성을 이해하고, 지속 가능한 삶의 방식을 체험하며, 행동으로 연결되는 교육이어야 한다. 이를 가능하게 하려면, 교사 연수와 학교 평가 기준에도 생태적 요소를 반영하고, 각 교육청이 지역 특성과 연계한 실행 계획을 수립하도록 하는 국가-지방-학교 간 분권형 실행 체계가 뒷받침되어야 한다.

4

함께 설계하는 미래교육
— 시민설명회

교육의 미래는 먼 훗날의 이야기가 아니다. 오늘 우리가 내리는 선택과 시작하는 변화가 2035~2045년의 교실 풍경을 만들어낼 것이다. 이제 그 여정의 방향과 구체적인 실행 전략을 함께 그려보자.

"하루 종일 수업하고 행정 처리하느라 화장실 갈 시간도 없어요."

"학교 수업 마치고 늦은 시간까지 학원에서 공부하느라 잠도 충분히 못 자는 우리 아이 모습이 너무 애처로워요."

"고교 3년 내내 학교생활기록부랑 성적의 노예처럼 살아야 하는 것이 너무 힘들어요."

이들은 모두 교육의 주체이자 피해자이다. 교사도, 학부모도, 학생도 지금의 교육이 어디론가 잘못 가고 있다는 것을 알고 있다. 수십 년 동안 교육 개혁은 반복되어 왔지만, 왜 교실의 풍경은 달라지지 않았는가? 그 질문이 지금, 교육 대전환을 요구하고 있다.

단지 새로운 제도나 정책을 말하려는 것이 아니다. 이 책은 왜, 무엇을, 어떻게 바꿔야 할지를 구체적으로 제시하려는 시도이다. 과거의 한계를 직시하고, 미래를 준비하며, 무엇보다 지금의 현실에 발 딛고 시작하는 변화의 설계도이다. 이제는 더 이상 미룰 수 없다. 대한민국 교육은 지금, 근본적인 전환의 갈림길에 서 있다.

이러한 상황은 한국만의 문제가 아니다. 미국 캘리포니아의 애너하임 교육구도 유사한 문제의식을 출발점으로 삼았다. 교사의 탈진, 학생의 중도 탈락, 학부모의 불신이 만연했던 상황에서, 애너하임은 "모든 학생의 성공"이라는 명확한 비전을 세우고, 시스템 전환에 나섰다. 그 과정에서 보여준 전략적 실행은 오늘날 한국 교육이 나아갈 방향에 중요한 시사점을 제공한다.

교육 대전환,
왜 지금인가

─ 기존 교육 개혁의 한계와 실패 원인

"5.31 교육 개혁은 혁명이었습니다."

1995년, 전 세계적으로 신자유주의 물결이 교육계로 확산되던 시기, 한국은 '학생 중심 교육'과 '개별화 교육'을 전면에 내세우며 대대적인 교육 개혁을 시작하였다. 국가수준 교육과정 도입, 단위학교 자율화, 고교 다양화, 대입제도 개편까지, 개혁의 의지는 분명했다.

그러나 그 개혁은 시작은 거창했지만, 뿌리는 얕았다. 핵심 결정은 여전히 중앙에서 이루어졌고, 현장의 자율성은 선언에 그쳤다. '개별화'는 교사 혼자 감당해야 할 업무 부담이 되었고, '다양화', 특히 고교 체제의 다양화는 오히려 사교육 시장을 더 확장시키는 결과를 낳았다. 무엇보다, 교사와 학부모, 학생을 변화의 동반자가 아닌 수동적 수용자로 바라본 구조적 한계가 결국 개혁을 멈춰 세운 원인이 되었다.

물론 지난 30년간 많은 교사들이 학생 중심 교육을 위해 노력해 왔고, 수업 방식이나 학생과의 관계에서 긍정적 변화들이 나타난 것도 사실이다. 그러나 근본적인 변화는 여전히 부족하다는 현장의 목소리가 여전히 존재하는 이유는 무엇일까? 부분적 개선에도 불구하고 교육의 기본 틀과 시스템은 크게 달라지지 않았고, 평가 중심의 교육 철학이 여전히 지배적이기 때문이다.

— 한국 교육의 현재 위기 상황

지금 우리는 교육의 임계점에 도달해 있다. 학생 수는 줄고 있는데, 경쟁은 더 치열해지고 있다. 머지않아 전국 초중고 학생 수가 500만 명 아래로 떨어지고, 대학 신입생 수는 정원을 채우지 못하는 곳이 점점 늘어날 전망이다. 그럼에도 교육 시스템은 여전히 성적 중심, 입시 중심이다. 교육 불평등은 더욱 고착화되고 있다. 부모의 소득과 지역에 따라 학력 격차가 구조화되고 있으며, 학습 부진 학생들은 방치되고 있다. 공교육이 학생을 끌어주는 '사다리'가 아니라, 기회를 분배하는 '선별 장치'가 되고 있다는 비판도 제기되고 있다.

교사들은 탈진하고 있다. 행정 업무에 시달리고, 무력감을 느끼며, 교육의 본질에 집중할 시간과 에너지를 잃고 있다. 10년 차 이하 교사들의 이직 희망률은 급증하고 있으며, 신규 교사의 조기 탈락도 증가하는 추세이다. 이러한 흐름 속에서, 단지 교육과정을 고치거나 시험 방식을 조금 바꾸는 정도로는 아무것도 달라지지 않는다.

─ 시스템 전환의 필요성과 방향

이제는 질문을 바꿔야 할 때이다. "무엇을 바꿀 것인가"가 아니라, "왜 교육을 하는가"에서 다시 출발해야 한다.

지식 전달이 목표였던 시대에서 삶을 준비하는 교육으로, 성적이 인생의 좌표가 되던 시대에서 각자의 가능성을 발현시키는 구조로, 정부가 정답을 제시하던 방식에서 현장과 시민이 함께 해답을 찾아가는 방식으로. 우리가 말하는 '교육 대전환'은 단순한 제도 개편이 아니다. 철학, 구조, 문화의 삼중 전환이다. 이제는 '개혁'을 넘어 '전환(transformation)'을 이야기해야 할 때이다. 그것도 누군가의 몫이 아니라, 우리 모두의 책임으로서 말이다.

주체별 역할과
실천 방안

변화를 말하는 것은 쉽다. 하지만 무엇을, 어떻게 바꿀 것인가에 대해 구체적인 설계도를 제시하는 일은 어렵다. 특히 교육은 수많은 주체와 제도가 복잡하게 얽혀 있는 시스템이다. 따라서 단순한 제도 개편이나 구호 수준의 개혁이 아니라, 각 주체가 자신의 위치에서 할 수 있는 실질적인 변화를 만들어나가야 한다.

교육 대전환은 누군가 혼자 해낼 수 있는 일이 아니다. 교사와 학교, 학부모, 지역사회, 정부와 교육청이 각자의 역할을 다하면서 서로 연결될 때 비로소 가능하다. 다음은 각 주체가 '지금 당장' 시작할 수 있는 구체적인 실천 방안들이다.

― 교사와 학교가 할 수 있는 것

교육 변화의 가장 중요한 주체는 바로 교사와 학교다. 어떤 정책이나 제도도 교실에서 학생과 만나는 교사의 실천 없이는 의미가 없기 때문이다. 그렇다면 교사와 학교는 지금 당장 무엇을 할 수 있을까?

가장 먼저 평가 방식을 바꿔야 한다. 결과만 보는 평가에서 벗어나 학생의 학습 과정을 지속적으로 관찰하고 피드백을 제공하는 과정 중심 평가를 도입할 수 있다. 시험 점수로만 학생을 평가하는 대신, 학생 개개인의 성장과 발달을 종합적으로 기록하는 포트폴리오 평가를 활용하는 것이다. 이는 현재 제도 안에서도 충분히 가능한 변화다.

수업 방식도 달라져야 한다. 교사가 일방적으로 설명하는 강의식 수업에서 벗어나, 학생들이 직접 문제를 발견하고 해결해나가는 프로젝트 기반 학습을 도입할 수 있다. 교과 간 경계를 허물고 실제 문제를 해결하며 배우는 융합 수업을 설계하는 것이다. 토론과 토의, 협력학습을 통해 학생이 주체가 되는 교실 문화를 조성하는 것도 중요하다.

교육과정의 창의적 재구성도 가능하다. 획일적인 교과서 진도에 매몰되지 않고, 지역의 특성과 자원을 활용한 맞춤형 교육과정을 개발할 수 있다. 학생의 흥미와 관심을 반영한 주제 중심 통합 수업을 운영하고, 현재 제도 내에서도 가능한 자율 교육과정을 적극 활용하는 것이다.

무엇보다 중요한 것은 협력적 학교 문화를 구축하는 일이다. 교사 혼자만의 노력으로는 한계가 있기 때문이다. 동료 교사들과 수업을 나누고 성찰하는 교사학습공동체에 적극 참여하고, 학생들의 의견을 수업과 학교 운영에 반영하며, 교육 철학과 방향을 학부모와 공유하고 협력 관계를 구축해야 한다.

지역사회와의 연결도 빼놓을 수 없다. 지역의 다양한 전문가들을 교육과정에 참여시키고, 학생들이 실제 지역 문제를 탐구하고 해결 방안을 제시하는 프로젝트를 진행할 수 있다. 지역의 교육 자원과 네트워크를 적극 활용하는 마을교육공동체에 참여하는 것도 의미 있는 변화의 시작점이다.

─ 학부모가 할 수 있는 것

학부모의 역할은 생각보다 크다. 교사가 아무리 좋은 교육을 시도해도 학부모가 오직 성적과 입시만을 중시한다면 그 노력은 제자리걸음을 할 수밖에 없다. 따라서 학부모부터 교육관을 바꿔야 한다.

가장 중요한 것은 성장 중심의 관점을 갖는 것이다. 성적보다 자녀의 성장과 변화에 관심을 갖고, 학업 성취 외의 다양한 영역에서의 자녀 강점을 발견하고 지지해야 한다. 결과보다 노력하고 도전하는 과정 자체를 격려하는 것이 중요하다. "몇 등 했니?"보다는 "어떤 것을 새롭게 배웠니?", "어떤 부분이 재미있었니?"라는 질문을 하는 것에서부터 변화는 시작된다.

학교교육에 대한 신뢰와 지지도 필요하다. 교사의 교육적 판단과 새로운 시도를 믿고 지지하며, 학교의 교육 철학과 혁신 시도에 대해 이해하고 협력해야 한다. 학부모 재능기부나 진로 멘토링 등을 통해 교육과정에 직접 참여하는 것도 의미 있는 실천이다.

사교육에 대한 관점도 바꿔야 한다. 사교육을 학교교육의 대체재가 아닌 보완재로 인식하고, 사교육 선택에서도 자녀의 의견과 관심사를 우선 고려해야 한다. 무엇보다 학습과 휴식, 놀이의 균형 잡힌 일상을 만들어주는 것이 중요하다. 매일 늦은 시간까지 학원에서 보내는 것보다, 가족과 함께하는 시간, 친구들과 뛰어노는 시간, 혼자만의 여유로운 시간을 충분히 보장해 주는 것이 진정한 교육이다.

지역사회 교육에도 적극 참여해야 한다. 마을교육공동체의 다양한 활동과 프로그램에 참여하고, 학교운영위원회나 교육정책 참여 기구에서 건설적인 역할을 해야 한다. 교육 철학을 공유하는 다른 학부모들과 네트워크를 구축하여 함께 변화를 만들어가는 것도 중요하다.

─ 지역사회가 할 수 있는 것

지역사회는 학교교육의 든든한 파트너가 되어야 한다. 학교만으로는 해결할 수 없는 다양한 교육적 요구들을 지역사회가 함께 책임져야 한다.

가장 직접적인 방법은 교육 자원을 제공하는 것이다. 지역의 다양한 전문가들이 자신의 전문성을 교육과정에 나누고, 도서관, 박물관, 문화센터 등의 시설과 공간을 교육 공간으로 개방할 수 있다. 지역 기업과 기관들은 학생들을 위한 견학과 체험 프로그램을 확대하여 살아있는 학습 경험을 제공할 수 있다.

학생들의 지역 문제 해결 프로젝트에 현실적인 조언과 지원을 제공하는 것도 의미 있는 참여다. 지역 청년과 전문가들이 학생들의 멘토가 되어주고, 다양한 진로 체험 기회를 제공하는 것이다. 이를 통해 학생들은 교과서 속 지식이 아닌 살아있는 지식을 체험하고, 자신의 학습이 실제 사회에 어떤 기여를 할 수 있는지 직접 확인할 수 있다.

교육 거버넌스에도 적극 참여해야 한다. 지역 교육정책에 대한 시민 감시와 의견 제시, 교육 관련 주민참여예산 등에 참여하여 교육의 공공성을 강화해야 한다. 학교, 학부모, 지역사회 간 소통과 협력을 위한 플랫폼을 구축하는 것도 중요한 역할이다.

더 나아가 지역 전체가 학습 생태계가 되어야 한다. 다양한 연령층이 함께 배우는 평생학습 문화를 조성하고, 어르신들의 경험과 지혜를 젊은 세대와 나누는 프로그램을 운영하는 것이다. 지역의 역사, 문화, 환경을 활용한 특색 있는 교육 프로그램을 개발하여 지역 정체성과 자긍심을 함께 기를 수 있다.

─ 정부와 교육청이 해야 할 것

정부와 교육청은 교육 변화를 위한 제도적 기반을 마련하고 지원해야 한다. 무엇보다 중앙집권적 교육 거버넌스를 분권형으로 바꿔야 한다. 중앙정부의 권한을 시도교육청과 단위학교로 대폭 이양하고, 교육과정 편성, 교원 인사, 예산 운용의 학교 자율권을 강화해야 한다. 교육정책 수립 과정에는 교사, 학생, 학부모, 시민사회가 참여할 수 있는 제도를 마련해야 한다.

평가와 입시제도의 근본적 개혁도 필요하다. 정량 평가 일변도에서 벗어나 다양한 재능을 인정하는 입시제도로 바꾸고, 국가 수준 평가도 점수로 줄 세우기보다 학생 성장 진단에 초점을 둔 체계로 전환해야 한다. 학교 평가 역시 성과 중심에서 과정과 맥락을 고려하는 방식으로 개선해야 한다.

교원 정책도 전면 개편이 필요하다. 실무 중심, 현장 연계를 강화한 예비교사 교육 체계를 구축하고, 현직 교사를 위한 체계적이고 지속적인 연수와 학습공동체를 지원해야 한다. 무엇보다 교사가 본연의 업무인 교육 활동에 집중할 수 있도록 행정업무를 대폭 경감하고 근무 환경을 개선해야 한다.

교육과정과 제도의 유연화도 시급하다. 필수 학습요소를 대폭 축소하여 국가교육과정을 간소화하고, 학교별 자율 편성 권한을 확대해야 한다. 블록 수업, 집중이수제 등 다양한 수업 운영 방식을 허용하고, 학년제, 학급제 등 경직된 학사 제도를 유연하게 운영할 수 있도록 해야 한다.

마지막으로 교육 인프라와 지원 체계를 구축해야 한다. 모든 학생이 디지털 학습 기회에 공평하게 접근할 수 있도록 인프라를 구축하고, 미래형 학습 환경에 맞는 교육 시설을 조성해야 한다. 지역 간, 계층 간 교육 격차 해소를 위한 체계적 지원도 강화해야 한다.

― 함께 만드는 변화

이러한 변화들은 각 주체가 독립적으로 추진하는 것이 아니라, 서로 연결되고 지지할 때 비로소 의미 있는 전환을 만들어낼 수 있다. 교사의 수업 혁신은 학부모의 이해와 지지가 있을 때 더 큰 효과를 얻고, 학교의 변화는 지역사회의 참여와 협력이 있을 때 지속 가능하며, 정부의 제도 개선은 현장의 목소리와 요구가 반영될 때 실효성을 갖는다.

중요한 것은 '지금 당장' 시작하는 것이다. 완벽한 조건이 갖춰질 때까지 기다릴 필요는 없다. 각자의 위치에서 할 수 있는 작은 변화부터 시작하면서, 점차 더 큰 변화의 물결을 만들어가는 것이 교육 대전환의 현실적 경로다. 애너하임 교육구의 변화도 하루아침에 이루어진 것이 아니라, 각 주체가 자신의 역할을 다하면서 점진적으로 만들어낸 결과였다.

한국 교육도 마찬가지다. 우리 모두가 각자의 자리에서 변화의 주체가 될 때, 비로소 진정한 교육 대전환이 가능하다.

시민들의 질문에 답하다

설명회나 간담회, 글을 통해 교육 대전환의 청사진을 소개하면 가장 자주 듣는 반응은 "말은 좋은데, 가능하겠느냐"는 질문이다. 누구보다 현장의 어려움을 잘 아는 교사, 불안 속에서 자녀를 키우는 학부모, 정책 변화의 굴곡을 지켜본 교육 관계자일수록 더 회의적인 눈빛을 보이곤 한다.

지금부터는 이 주제에서 가장 많이 받은 질문 몇 가지에 대해 회피하지 않고 정직하게 답하고자 한다.

"이상적인데, 비현실적인 거 아닌가요?"

그렇다. 지금 우리가 제안하는 내용은 단기간에 쉽게 이룰 수 있는 변화는 아니다. 그러나 이상적이기 때문에 불가능하다고 단정짓는 것은 위험하다. 오히려 지금까지의 변화가 실패했던 이유는 '현실 가능성'만을 좇다 보니 본질적 문제에 손을 대지 못했기 때문이다.

이상과 현실 사이에서 균형을 잡아야 한다. 교육 대전환은 오늘 당장 모든 걸 바꾸자는 이야기가 아니다. 다만 지금부터 방향을 명확히 잡고 하나씩 전환을 시작해야, 10년 뒤 우리는 전혀 다른 지점에 도달할 수 있다.

"입시 제도가 그대로면 바뀔 수 있나요?"

정확한 지적이다. 현재의 대학입시가 교육 시스템 전반에 미치는 영향은 절대적이다. 그래서 교육 대전환의 청사진에서는 '학생 중심 평가와 입시 시스템 개혁'을 핵심 전략 중 하나로 제시하였다. 지금처럼 성적으로 줄 세우는 입시 구조로는 수업도, 평가도, 교사의 시선도 바뀌기 어렵다. 입시는 반드시 개혁되어야 하며, 고등학교 교육과정과의 정합성, 학교생활기록부의 신뢰성, 대학의 평가 방식이 함께 논의되어야 한다.

수능만으로는 미래 인재를 제대로 선발할 수 없다는 사회적 공감대는 이미 충분하다. 이제는 용기 있는 실행만 남았다.

"현장은 여전히 바쁘고 지칩니다."

이 말에 가장 깊이 공감한다. 교사들의 피로감은 이미 한계를 넘어섰다. 변화는 더 이상 '더 많은 일'을 의미해서는 안 된다. 교사가 수업에 집중할 수 있도록 불필요한 행정업무를 줄이고, 학교가 '혁신을 실험해 볼 여력'을 가질 수 있도록 여유를 만들어야 한다. 변화의 속도를 조절하고, 각자의 출발선이 다름을 인정하면서 '함께 가는 변화'를 만들어야 지속 가능하다. 교육 대전환은 누구의 희생을 전제로 하지 않는다. 지친 현장을 살리는 것이, 바로 이 변화의 핵심이자 시작점이다.

"학부모와 교사가 어떻게 소통하면 좋을까요?"

가장 중요한 것은 서로를 적으로 보지 않는 것이다. 교사와 학부모는 모두 아이의 성장을 원한다는 공통 목표를 갖고 있다.

문제는 그 방법에 대한 견해 차이다. 교사는 학부모에게 교육 철학과 수업 방향을 명확히 설명하고, 학부모는 교사의 전문성을 신뢰하며 인내심을 갖고 기다려주는 것이 필요하다. 정기적인 교육과정 설명회, 수업 공개, 학급 소식지 등을 통해 일상적인 소통 채널을 만들어야 한다. 갈등이 생겼을 때는 아이를 사이에 두고 대립하지 말고, 아이를 위해 함께 해결책을 찾는 자세가 중요하다.

"지역사회가 학교교육에 어떻게 참여할 수 있나요?"

생각보다 방법은 많다. 우선 자신의 전문성을 교육과정에 나누는 것부터 시작할 수 있다. 의사라면 보건 교육을, 요리사라면 식생활 교육을, 목수라면 목공 체험을 학생들과 함께할 수 있다. 지역 도서관이나 박물관, 문화센터도 학생들의 확장된 교실이 될 수 있다.

더 나아가 학생들이 지역 문제를 탐구하고 해결 방안을 제시하는 프로젝트에 현실적 조언과 지원을 제공할 수 있다. 중요한 것은 교육을 '학교의 일'이 아니라 '우리 모두의 일'로 인식하는 것이다. 작은 참여와 관심이 모여 마을 전체가 아이들의 배움터가 될 수 있다.

"교육 변화에 반대하는 사람들과는 어떻게 대화해야 하나요?"

변화를 반대하는 사람들에게도 나름의 이유가 있다. 대부분은 불안감이나 기득권 보호 심리에서 나온다. 이들을 설득하려면 먼저 그들의 우려를 충분히 들어주어야 한다. "왜 반대하시는지 구체적으로 말씀해주세요."라고 묻고, 그 우려가 해결될 수 있는 방안을 함께 찾아가야 한다.

일방적인 설득보다는 작은 실험이나 시범 사업을 통해 변화의 효과를 직접 보여주는 것이 더 효과적이다. 모든 사람을 한 번에 설득할 수는 없지만, 변화에 동참하는 사람들이 늘어나면서 점차 분위기가 바뀔 수 있다.

"작은 학교, 작은 지역에서도 이런 변화가 가능한가요?"

오히려 작은 학교와 지역이 더 유리할 수 있다. 구성원 간의 관계가 밀접하고, 의사소통이 빠르며, 변화에 대한 공감대 형성이 상대적으로 쉽기 때문이다. 실제로 많은 혁신 사례들이 작은 학교에서 먼저 시작되었다. 중요한 것은 규모가 아니라 의지와 방향이다.

작은 변화라도 지속적으로 축적되면 큰 변화로 이어질 수 있다. 또한 온라인 네트워크를 통해 다른 지역의 사례를 배우고, 경험을 공유하며, 함께 성장할 수 있다. 작다고 해서 포기할 이유는 없다.

"정부나 교육청의 정책이 바뀌면 어떻게 하나요?"

정책 변화의 위험성은 분명히 존재한다. 하지만 진정한 변화는 정책에만 의존하지 않는다. 교사의 수업 혁신, 학부모의 의식 변화, 지역사회의 참여는 정책과 관계없이 지속될 수 있다. 오히려 현장에서 먼저 변화를 만들어내면, 정책이 그에 맞춰 따라오게 된다.

중요한 것은 변화의 동력을 현장에서 만들어내는 것이다. 또한 국가교육위원회 같은 중장기 거버넌스 기구를 통해 정권 변화에 관계없이 일관된 교육 방향을 유지할 수 있는 시스템을 구축해야 한다.

"학교 안에서 갈등이 생기면 어떻게 해결하나요?"

갈등은 피할 수 없는 자연스러운 현상이다. 중요한 것은 갈등을 어떻게 건설적으로 해결하느냐다. 우선 갈등의 원인을 정확히 파악해야 한다. 의견 차이인지, 이해관계 충돌인지, 소통 부족인지를 구분해야 한다. 그 다음에는 모든 당사자가 참여하는 열린 대화의 장을 만들어야 한다.

이때 중요한 것은 상대방의 입장을 이해하려는 노력과 공동의 목표(학생의 성장)를 상기시키는 것이다. 필요하다면 외부의 전문적인 갈등 조정 전문가나 퍼실리테이터의 도움을 받을 수도 있다. 갈등 해결 과정에서 더 단단한 공동체가 만들어질 수 있다.

2035~2045년,
우리가 만들어낸 미래교육

이제는 상상할 때다. 만약 우리가 지금 이 변화의 첫걸음을 내디딘다면, 10~20년 뒤 한국의 학교는 어떻게 달라져 있을까?

이 주제는 미래의 어느 하루를 상상하며, 우리가 바꿔낸 교육의 모습을 그려본다.

— 교실의 변화 : 교사와 학생의 눈높이가 맞는 수업

2035~2045년의 교실은 더 이상 교사가 일방적으로 지식을 전달하는 공간이 아니다. 교사와 학생이 함께 질문을 만들고, 함께 탐구를 설계하며, 함께 답을 찾아가는 협력의 공간이다.

학생들은 자신의 흥미와 필요에 따라 주제를 선택하고, 프로젝트를 설계하며, 교사는 그 여정을 곁에서 조율하는 안내자가 된다. 칠판 앞이 아닌, 학생들 사이에서 활발하게 오가는 토론과 질문이 수업의 중심이 된다. 수업은 더 이상 시험을 위한 훈련이 아니라, 세상과 연결된 실천의 장이다.

── 학교의 변화 : 유연한 교육과정과 삶 중심 평가

학교는 모든 학생이 같은 속도로, 같은 내용을 배우는 곳이 아니다. 2035~2045년의 학교는 각자의 배움이 존중받는 곳이다. 학생마다 배움의 경로와 속도는 다르며, 학교는 이를 존중하여 유연한 교육과정을 운영한다. 특정 교과에 얽매이지 않고, 삶의 문제를 중심으로 교과 간 경계를 넘나드는 융합형 배움이 일상화된다.

평가는 '정답'을 맞히는 시험이 아니라, 성장의 과정을 기록하고 피드백하는 수단이 된다. 수시로 이루어지는 형성평가와 자기 성찰, 또래 평가가 중심이 되고, 학기 말에는 포트폴리오 발표회가 열린다. 시험이 아닌 삶이 교육의 중심에 놓인다.

── 지역의 변화 : 마을과 연결된 배움의 공간

학교는 더 이상 울타리 안에 갇힌 공간이 아니다. 학생들은 지역도서관, 공공기관, 기업, 문화예술 공간에서 배우고 성장한다.

지역사회는 단순한 자원이 아니라 교육의 공동체이다. 학생들은 마을의 문제를 함께 해결하고, 지역 주민들과 협력하며, 실생활과 연결된 배움을 경험한다. 교실에서 배우고 마을에서 실천하며, 학교와 지역이 하나의 배움 생태계를 구성한다. 학교는 물리적 공간이 아니라, 연결의 허브이자 협력의 플랫폼이 된다.

― 사회 전체의 변화: 성장이 존중받는 교육문화

2035~2045년의 사회는 단순히 '똑똑한 사람'을 길러내는 것이 아니라, '함께 성장할 수 있는 사람'을 길러내는 교육을 지향한다.

성적 중심, 입시 중심 문화는 퇴색되고, 각자의 배움과 성장의 과정을 존중하는 분위기가 사회 전반에 퍼진다. 입시 제도도 학생의 다양한 가능성과 성장을 평가하는 방식으로 진화하며, 대학 역시 잠재력과 경험 중심의 전형을 운영한다.

무엇보다 중요한 변화는 '교육에 대한 인식'이다. 교육은 더 이상 '개인의 경쟁 수단'이 아니라, '사회적 공동의 책임'으로 인식된다. 교육은 모두의 삶을 더 낫게 만들기 위한 기반이며, 국민 누구나 이에 기여할 수 있다는 공감대가 형성된다.

후기

지금이기 때문에 가능하다
이 변화는, 함께할 때 이루어진다

　15년 전, 나는 교육의 공정성과 가능성을 믿으며 교실의 벽 너머를 바라보기 시작했다. 학교 안에 갇힌 지식 중심 교육이 아니라, 아이들이 자신의 가능성을 발견하고, 삶을 살아갈 힘을 기를 수 있는 교육을 꿈꿨다. 그 꿈을 위해 연구하고, 정책을 비판하며, 대안을 찾는 지난한 여정을 걸어왔다.

　이 책은 그 여정에 대한 성찰이자, 다음 세대를 위한 절실한 제안이다. 단순한 정책 변화가 아니라, 우리가 어떤 사회를 만들고자 하는가에 대한 본질적인 물음에서 출발한 제안이다.

　그러나 지금 교육계에는 깊은 무기력이 자리하고 있다. "교육이 바뀌겠어?", "또 금방 지나가겠지." 현장에서, 회의에서, 심지어 교사 연수 자리에서조차 이런 말들이 습관처럼 흘러나온다. 수없이 쏟아진 개혁에도 교실의 본질은 달라지지 않았다는 실망, 그 실망이 반복되며 형성된 학습된 무기력. 마치 아무것도 바뀌지 않을 것이라는 집단 최면처럼 교육을 잠식하고 있다.

나는 이 책을 통해 그 무기력과 자포자기를 정면으로 마주하고 싶었다. 교육은 바뀔 수 있다. 아니, 지금이야말로 반드시 바뀌어야 한다. 우리가 되찾아야 할 것은 교육의 본래적 사명이다. 모든 아이가 존엄한 존재로 존중받고, 각자의 가능성을 발견하며, 함께 살아갈 힘을 기르도록 돕는 일. 이것이야말로 교육이 존재하는 이유이며, 우리가 되돌아가야 할 출발점이다.

이제는 단순한 제도 개편이 아니라, 교육 철학과 구조, 문화 전반의 전환, 곧 '교육 대전환'이 필요한 시점이다. 그리고 그 변화는 누군가의 명령이나 선언으로는 이루어질 수 없다. 교실에서, 마을에서, 가정에서, 그리고 시민들의 연대 속에서만 실현될 수 있다. 진짜 변화는 언제나 '사람'에서 시작되며, 함께할 때 지속된다.

다행히 우리는 이미 곳곳에서 그 변화를 목격하고 있다. 묵묵히 교실을 바꾸는 교사들, 아이의 삶을 걱정하며 함께 고민하는 학부모들, 학교 밖 자원을 엮어내려는 지역사회. 교육의 가능성은 바로 이들의 일상 속에서 다시 태동하고 있다.

이 변화는 가능하다.
그러나 오직, 함께할 때만 가능하다.

지금이 아니면 늦는다.
지금이기 때문에 가능하다.
이 절박한 시간의식에서 우리는 다시 출발해야 한다.
그리고 이번에는, 끝까지 함께 가야 한다.

우리가 꿈꾸는 변화는 결코 이상적인 상상만이 아니다. 미국 애너하임 교육구는 교사의 탈진, 학생의 탈락, 학부모의 불신이라는 무기력의 악순환을 정면으로 돌파했다. 교사와 학부모, 지역사회가 함께 만든 작은 변화는 결국 전면적 시스템 전환으로 이어졌고, 그 과정은 지금의 우리에게도 분명한 가능성을 보여준다. 변화는 가능하다. 그리고 실제로 변화는 사람들로부터 시작되었고, 함께했기 때문에 지속되었다.

"사려 깊고 헌신적인 시민들의 작은 집단이
세상을 바꿀 수 있다는 사실을 절대 의심하지 마라.
실제로 세상을 바꿔온 것은 언제나 그런 사람들이었다."
- 마거릿 미드 -

찾아보기

20 to Watch 93
2022 개정 교육과정 53
2028 대학입시제도 개편 시안 49
IB(국제바칼로레아) 177, 306, 317
LEAD 프로그램 71, 80
OECD DeSeCo 231
OECD TALIS 174, 200
PISA(국제학업성취도평가) 171, 222, 232
SCAMPER 기법 226
School Excellence Model 205
Skrappy 69, 74, 101
Thrively 진단 도구 74

[ㄱ]

가오카오(高考) 개혁 210
강제결합법 226
개별화 교육 133, 136, 153, 157, 163, 186, 332
객관적 의미(objective meaning) 59
고교 다양화 159, 332
고교 평준화 137, 209
고교학점제 44, 49, 51, 194, 203, 206, 292
공감적 시스템 리더십(Compassionate Systems Leadership) 79
공유된 의미(shared meaning) 60
교원성과급제 161
교원평가제 50, 54, 153

교육개혁국민회의 203
그랑제콜 209
근접발달영역 220
기초학력 22, 26, 31, 245, 282
기초학력 보장 방안 137
기후정의 교육 프로그램 323

[ㄴ]

내용지식(content knowledge) 231

[ㄷ]

다감각적 학습(multi-sensory learning) 221
다중지능 이론 221
대학설립준칙주의 142, 153, 154, 158
디지털 리터러시 175, 234, 273
또래 튜터링(peer tutoring) 99

[ㄹ]

리플렉션 타임(reflection time) 95

[ㅁ]

문제 기반 학습 320

[ㅂ]

바람직한 어려움(desirable difficulties) 219
백캐스팅(backcasting) 259
분산 리더십(distributed leadership) 71, 72, 86

[ㅅ]

사회정서학습(SEL)　320
사회정의　26, 41, 131
선택형 교육과정　137, 140, 157
센터시험　209
수준별 교육과정　137, 140, 157
수평적 사고(lateral thinking)　226
슬로우 러닝(Slow Learning)　94
시스템 사고(system thinking)　85, 207, 309
시스템 사고 교육 프로그램　309
쌍감(Double Reduction) 정책　215

[ㅇ]

아비투어　209
의도적 연습(deliberate practice)　236, 237

[ㅈ]

자기주도성　27, 41, 131, 283, 306
자연 결핍 장애(Nature-Deficit Disorder)　308, 309
자유학기제　44, 56, 199
자율형 사립고(자사고)　141, 157, 158, 203, 204
전문학습공동체　177, 208, 282, 321
정체성 중심 학습(Identity-Driven Learning)　70, 71
주관적 의미(subjective meaning)　57, 59, 60, 117

[ㅊ]

청킹(chunking)　224

최소성취수준　51
최소성취수준 보장 지도(최성보)　49, 50, 51

[ㅋ]

캡스톤 과제　69

[ㅍ]

프로젝트 기반 학습　265, 281, 288, 292, 299, 320

[ㅎ]

학교운영위원회　69, 97, 138, 141, 153, 157, 338
학급 시간(klassens tid)　307, 320
학생부종합전형　166, 170, 175, 212, 291
학생 학습역량 성찰(Student Learning Capacity Reflection)　95
학습과학(Science of Learning in Education)　59, 119, 120, 175
학습과학 네트워크　119
혁신학교　177, 202, 203, 208, 214, 291, 297, 306, 318, 325
현상기반학습(phenomenon-based learning)　239
회복적 정의 프로그램(restorative justice program)　81

우리가 바라는 교육, 우리가 만드는 교육
현장에서 시작되는 진짜 변화의 이야기

ⓒ 이찬승

2025년 9월 20일 초판 1쇄 발행

편집 마케팅 장현주 김태균 권구훈
디자인 네모점빵(최수정)

펴낸곳 교육을바꾸는책
출판등록 2012년 4월 10일 | 제313-2012-114호
주소 서울시 마포구 양화로 7길 76, 평화빌딩 3층
전화 02-320-3600(경영) 02-320-3604(편집)
팩스 02-320-3611

홈페이지 http://21erick.org
이메일 gyobasa@21erick.org
유튜브 youtube.com/user/gyobasa
블로그 blg.naver.com/gyobasa_edu
트위터 twitter.com/GyobasaNPO
인스타그램 instagram.com/gyobasa

ISBN 978-89-97724-43-7 (03370)

책값은 표지 뒤쪽에 적혀 있습니다.
잘못 만든 책은 구입하신 서점에서 바꾸어 드립니다.